Ten-Year Observation of
MEDIA CONVERGENCE
D E V E L O P M E N T

融媒发展
十年洞见

刘建华　◎著

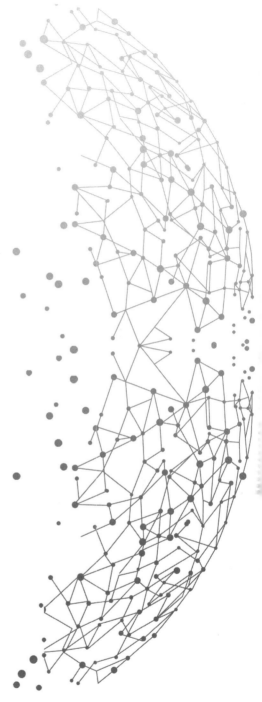

人民日报出版社
·北京·

图书在版编目（CIP）数据

融媒发展十年洞见 / 刘建华著 . -- 北京：人民日
报出版社，2025. 4. -- ISBN 978-7-5115-8354-3

Ⅰ. G219.2-53

中国国家版本馆 CIP 数据核字第 20243LG170 号

书　　名：融媒发展十年洞见
　　　　　RONGMEI FAZHAN SHINIAN DONGJIAN

著　　者：刘建华

出 版 人：刘华新
责任编辑：梁雪云　　王奕帆
封面设计：春天书装
版式设计：九章文化

出版发行：人民日报 出版社

社　　址：北京金台西路 2 号
邮政编码：100733
发行热线：（010）65369509　65369527　65369846　65369512
邮购热线：（010）65369530　65363527
编辑热线：（010）65369526
网　　址：www.peopledailypress.com
经　　销：新华书店
印　　刷：大厂回族自治县彩虹印刷有限公司
法律顾问：北京科宇律师事务所　（010）83622312

开　　本：710mm×1000mm　1/16
字　　数：365 千字
印　　张：23
版次印次：2025 年 4 月第 1 版　　2025 年 4 月第 1 次印刷

书　　号：ISBN 978-7-5115-8354-3
定　　价：68.00 元

如有印装质量问题，请与本社调换，电话（010）65369463

本书出品单位

· · ·

江西省鹰潭市贵溪市融媒体中心
中国新闻出版研究院传媒研究所

要有一点洞见力

在全球已整体迈向信息时代的今天，数字经济成为当下国际社会的主流，各行各业利用数字技术打通行业隔阻，以融合发展的方式最大化创造社会福利，提高全人类的整体生活质量。天下大势，合久必分，分久必合。人类社会经济最初并没有产业与行业之分，随着经济与科技的进步，在人们追求生存与生活质量的不断努力下，农业、工业、服务业、信息业、知识业等产业门类不断涌现，在自然禀赋与专业化生产的推动下，比较优势引发的产业分工在所难免，因为人们通过贸易可以给双方带来福利的增加。由是，分工越来越细，行业越来越丰富，产品越来越多元，人们欲求得到极大满足。知识经济时代，在高新技术迅速发展与经济全球化等因素的推动下，产业融合成为提高生产率和竞争力的一种发展模式和产业组织模式，有利于产业结构优化、竞争力提升与区域经济一体化，通过高新技术融合、产业间延伸融合与产业内部的重组融合等融合发展方式，产生了新产业或新增长点，促进了完全竞争，催生了新产品新服务，降低了社会成本，增加了民众福利。

新时代以来，我国数字经济得到了大飞跃大发展，融合发展既是数字经济的重要路径也是社会发展的重要规律。党的十八大以来，习近平总书记发表了很多有关融合发展的论述，党中央在各个领域、各个方面、各个层次制定的战略、方针、政策，无不贯穿着融合发展的重要理念并基本形成了完整的体系。在所有关于媒体融合发展的论述中，习近平总书记尤其重视媒体融合发展，在不同场合发表了许多推动媒体融合发展的重要论述，体现了宣传思想文化工作在党的当前工作中的极端重要性。

经过十多年的融合发展，我国传媒业取得了较大成绩。一个个的融媒体机构已然成形，全媒体传播能力已然具备，全媒体内容生产也在不断地提质增效，新型主力军挺进网络主战场也脚跟渐稳，发挥强大的意识形态塑造和主流价值观传播作用，主流舆论阵地得到稳固。当然，也存在思想观念尚未完全转变、体制机制尚不灵活、全媒体人才队伍尚不成熟、融媒体发展资金尚有较大缺口、国有媒体尚未构建核心竞争力等问题。在国内外各种经济、政治、文化力量的交锋中，媒体融合的历史性任务必将胜利完成，中国式现代化进程中也必然有融媒体的重要贡献和关键力量。

党的二十届三中全会审议通过的《决定》指出，"构建适应全媒体生产传播工作机制和评价体系，推进主流媒体系统性变革"。"主流媒体系统性变革"已成为习近平文化思想"掌握信息化条件下舆论主导权、广泛凝聚社会共识"中的重要内容。在党中央和地方各级党委政府的支持下，四级媒体获得了十年的融合发展时间与空间，从思想上和实践上为"系统性变革"作好了充分准备，也打下了坚实基础。主流媒体系统性变革是一种非渐进式变革，是由媒介技术革命性突破、生产传播要素创新性配置、传受方式颠覆性改变而促进主流媒体根本转型的发展手段。融合发展是量变式的持续性动作，系统性变革是质变式的累积性结果，量变不因质变而停止，系统性变革后的主流媒体将在新的层级继续融合发展。主流媒体系统性变革以生产机制、传播矩阵、技术赋能、评价体系、运营模式、人才发展为基本内涵，对这些相互关联要素进行全面、深层次的调整与优化，实现主流媒体系统运行逻辑和最终目标的重塑。

主流媒体系统性变革正处在人工智能大发展大飞跃的历史风口，媒体融合发展也是源于媒体技术的不断革新。未来层出不穷的新技术新应用，融媒体深度发展的新业态新服务，全媒体传播体系不断成熟的新规律新特点，需要我们对其情态与走势有基本把握，用我们绵长劲道的洞见力去透视、去微调、去赋能。

当下，我们该洞见媒体融合发展怎样的态与势呢。

第一，媒体融合发展的目标是建立全媒体传播体系。媒体融合不是传媒发展的目的，只是一种发展模式或者说是发展手段。从最大化减少生产成本、最大化提升社会福利的目标来看，媒体融合发展没有休止符，而应该一直在路上，媒体融合发展的目标就是建立全媒体传播体系。习近平总书记关于媒体融合发展的论述有一个不断深化认识的过程，从你是你我是我，到你中有我我中有你，到你就是我我就是你，到"四全"媒体，最后到全媒体传播体系。就整个传媒大行业来看，新型主力军共同构筑的综合性全媒体传播体中，传统媒体和新兴媒体都有自己的位置和职责，共同为社会主义意识形态塑造与核心价值观传播发挥作用，合力为党和人民服务，构建网上网下一体、内宣外宣联动的主流舆论格局，建立以内容建设为根本、先进技术为支撑、创新管理为保障的全媒体传播体系，牢牢占据舆论引导、思想引领、文化传承、服务人民的传播制高点。作为四级构成的一个个具体的媒体组织机构——融媒体中心（全媒体），从内容传播业务来看，全媒体传播并不是指所有媒体机构所有时候对同一新闻题材都得进行全媒体传播。实际上，全媒体传播只是一种理论要求和能力具备，并不是说每一个媒体机构都得要把报刊、图书、广播电视、网站、微博、微信等各种介质的产品生产出来，而是要根据消费者需求有选择性地生产或全媒体或新媒体或传统媒体形态的内容产品。通过灵活的新闻传媒生产，既可以最大化节约生产成本，又可以达到最佳化传播效果。

第二，全媒体与融媒体中心是一块硬币的正反面。全媒体实际上就是融媒体中心，我们所看到的央视、人民日报、光明日报等媒体，经过融合发展转型之后，既可以说是全媒体机构，也可以说是融媒体中心（融媒体中心规模可大可小，小至县级融媒体中心，大至中央级媒体），这两者的核心要求是一致的，即不论是哪一种新闻机构，都应具备多介质多形态传媒产品的生产与传播能力。所谓多形态主要指的是利用新媒体技术，对文字、图片、音频、视频等几种表达元素进行无极限的组合，满足不同圈子消费者的需求；所谓多介质主要指的是报刊、图书、广播电视、互联网、微信微博等不同介质的媒介形态。融媒体中心作为一个个新闻机构，深度融合的结果就像是太阳光一样，看起来是一种颜色，但实际上是由红、橙、黄、绿、蓝、靛、紫七种色光组成。在融媒体这个太阳光之中，涵括了文字、图片、音视频等不同形态和原子、电子、数字等不同介质的各种色光，这些多元媒体介质既是一个结构整体，又有各自独立存在，真正实现融媒体社会生产全过程的一体策划、一次采集、多种生成、多端发布。

第三，媒体融合发展转型已取得较好成果。2014年媒体融合上升为国家战略，经过各方努力，我国媒体十年融合发展已取得预期成果：党的新闻出版理论创新成果斐然，成为指导媒体融合发展当下与未来的主要理论支撑；媒体融合发展政策不断完善，成为传媒业勇于创新的强大保障；党端短视频成为宣传报道第一抓手，丰富了舆论引导的传播平台与手段；中央和省级党媒初步建成新型主流全媒体，是确保意识形态安全的中流砥柱；市级媒体朝融媒体中心目标快速迈进，成为媒体融合发展新的增长极；县级融媒体中心全面挺进互联网主阵地，大大拓展了新型主力军阵容；媒体技术不断革新，引领中国传媒弯道超车走在国际传媒前沿队列；全媒体人才队伍不断扩大，有力夯实了传媒全行业核心竞争力；国际传播能力不断加强，有效传播了我国良好的国际形象。为适应媒体格局的深刻变化、巩固宣传思想文化阵地、强化主流思想舆论，媒体融合发展是一种必然选择，也是更好地传播党和政府声音、更好地满足人民群众美好精神文化需求的一种重要手段。从中央级、省级媒体率先发展到市县级融媒体中心在全国范围内基本全部覆盖，我国媒体融合发展进入了一个全新阶段，为主流媒体系统性变革做好了理论上与实践上的准备。

第四，融媒体是"治国理政"的抓手与平台。从媒体角色与功能来看，媒体融合发展的根本宗旨是巩固马克思主义在意识形态领域的指导地位，巩固全党全国人民团结奋斗的共同思想基础，为实现中华民族伟大复兴的中国梦提供强大精神力量和舆论支持。从媒体传播主体地位来看，媒体融合发展的根本目的是占领舆论引导、思想引领、文化传承、服务人民的传播制高点。从媒体社会生产总过程来看，媒体融合的根本任务是建立以内容建设为根本、先进技术为支撑、创新管理为保障的全媒体传播体系。由此可见，传媒关系到一个国家经济、政治、文化、社会和生态文明的方方面面，不论城市乡村，不论阶层民族，不论教育年龄，不论男女老少，不论国内国外，不论古往将来，只要是社会生活中的历史个体，无一不能避免传媒的影响，无一不能不需要信息。媒体的重要性正如著名媒体人梁衡在第六届范敬宜新闻教育奖颁奖仪式上所说：新闻记者在改革开放 40 年来，捧起了 100 个太阳。因为这 100 个人的成名，没有一位没有经过我们新闻界的报道、宣传与推广。每一个名人的背后都有一双看不见的"新闻手"。

进入新时代以来，随着网络生存方式的普及，国家治理体系和治理能力现代化的提出，融媒体被赋予了"治国理政"的重要角色。基于这种角色扮演和功能发挥，融媒体机构已由最初的转型发展阶段进入到今后较长时期的能力建设阶段。这个能力建设就是要通过体制机制、生产流程、经营管理、技术应用、人才培养、队伍激励、政策资源等方面的综合发力，形成符合本区域本行业实际的全媒体生产与传播能力，成为各级党委政府"治国理政"的抓手和平台，为中国式现代化实践服务，为中华民族伟大复兴中国梦目标助力。未来一段时间内，融媒体中心（全媒体机构）能力建设有两大重要任务：一是占领舆论引导制高点，二是要建设本区域文化体系。在舆论引导方面，融媒体中心要紧紧围绕中央及各级党委政府的中心任务，通过解读好党的理论和路线方针政策、讲好本地老百姓生产生活故事、做好重大危机事件干预和外宣传播等工作，发挥强大的舆论引导作用。各级各类媒体应高度重视对本区域本行业文化的传播，形成自己独特的文化体系，成为传媒产品生产传播取之不尽、用之不竭的活力源泉，形成各区域各行业融媒体中心核心竞争力，打通传播"最后一公里"，紧紧黏附本区域本行业传媒文化产品用户，真正成为不可替代的各层级新型主流全媒体。

值此书出版之际，对各位领导、专家及朋友们的帮助深表谢意，对我的合作者黄晓新、董毅敏、卢剑锋、李文竹、张志军、杨雨晴等深表谢意，对本书支持单位江西省贵溪市融媒体中心致以特别的感谢。

刘建华

于三路居

2025 年 2 月 28 日

目录

2013年

关键词：数字化　信息化　传统媒体　新兴媒体　融合发展

全媒体传播的发展趋势及传播力指标体系构建[1]

全媒体传播力与地方政府执政能力及政府执行力有密切关系。本文站在全媒体传播力与地方政府执政能力及社会稳定的关系的立场，研究全媒体传播力的指标体系构建问题。这只是一种理论上与方向上的探讨，当然也具有一定的实践价值。在实际工作中，由于引起社会冲突的因素多元而复杂，全媒体传播力体系也无法做到准确而及时的预警，只能根据实践发展的情况，不断微调全媒体传播力体系，提升地方政府执政能力，尽力有效引导舆论，使有利舆情"长起"，不利舆情"消落"，维持政治稳定与社会和谐。

一、全媒体传播的发展趋势

总的来说，全媒体传播的发展趋势主要表现在以下三方面。

1. 从传播功能来看，全媒体传播将由信息传播功能逐渐向社会管理功能挺进。全媒体传播除为公众提供信息、娱乐等需求外，还承担着为社会管理服务的职能。风险社会的到来，人们随时面临危机，而这种危机爆发的不可预料性与后果的巨大破坏性，使人们对身边乃至全球的变动都有一种强烈的及时了解的需求，并根据提供的信息作出决策，应对各种变动。这也导致了一种看似矛盾的现象，一方面，人们拥有了丰富多元的知识，仿佛对世界了然于胸；另一方面，人们又变得日益偏狭，一旦风吹草动，虚拟世界就变成了非理性的讨伐汪洋，甚至转化为实际行动，影响政治稳定与社会

---

[1] 本文原载于《传媒》2013 年第 11 期。

和谐。对于政府全媒体传播而言，真正科学理性有效的传播，就是凸显其社会管理功能，以"信息管家、舆论领袖、时事顾问"的姿态，传播与管理各种信息，协调各种利益冲突，实现为社会管理服务的职能，维护政治稳定与社会和谐。

2. 从传播主体来看，全媒体传播将由传媒单主体传播走向多元化主体传播。全媒体传播不仅是指传媒组织的传播，而且包括政府领导、宣传职能部门、其他行政部门、公务人员及全社会公民的传播。数字技术、网络技术与移动技术使人们的媒介接近与媒介传播权唾手可得，论坛、博客、播客、微博、微信等媒介形态，真正催生了全民记者时代。

在这样的背景下，首先要加快推进政府媒体组织的全媒体转型，建设全媒体传播体系，使每个媒体组织都成为"一种信息、多元化生产，一个平台、多渠道传播"的全媒体巨鳄，掌握信息传播与舆论引导的主动权。其次是强化宣传职能部门的全媒体传播能力，既能熟练运用全媒体传播方式进行信息发布与舆论疏导，又能管理包括官方媒体组织在内的各种社会媒体，使其产生合力，共同发挥全媒体传播的正能量。最后是提高其他行政部门及公务员个体的全媒体传播能力，充分发挥组织管理作用，利用各种媒体形式进行全媒体传播。

3. 从传播经营管理来看，全媒体传播将打破媒介类型的利益障碍，实现跨媒体经营。如国家新闻出版广电总局的成立，其核心就是转变政府职能，降低行政成本，简政放权。路径是推进政府事务综合管理与协调，按政府综合管理职能合并政府部门，组成超级大部的政府组织体制。特点是把多种内容有联系的事务交由一个部管辖，最大限度地避免政府职能交叉、政出多门、多头管理。人民网有观点认为，国家新闻出版广电总局的组建，将会在媒体融合背景下，实现新闻、出版、广播、影视等媒体优化资源配置，整合成全媒体形态，带给人们更多选择。更有观点认为，新机构的组建，能够使传媒业实现强强联合，打造出多个国际市场上的传媒大鳄，传播中华民族文化，实现文化强国目标。

二、如何构建全媒体传播力指标体系

全媒体传播力由 2 个一级指标、5 个二级指标与 10 个三级指标构成。

（一）信息下行力

信息下行力是指媒体在上情下达功能上的传播能力与传播效果。这个下行力要达到三个要求：一是及时，把中央政府与上一级政府部门及领导的声音及时传达给下一级政府与广大人民群众；二是准确，即不折不扣地把中央精神与上一级政府的政令传达给下一级政府与人民群众；三是解读，即政府宣传机构与媒体要对中央政府与上一级政府的政策进行解读，突出核心内容与要点。

1.纸媒报道力。分为报纸报道力和期刊媒体报道力。报纸报道力主要是指时政类报纸报道新闻、传播信息的能力，报纸具体是指各级党报与其主管的时政类晚报、都市报等。衡量报纸报道力的指标主要包括关注度与影响力。关注度是指报纸的期发行量，影响力是指某地方报纸的新闻被其他媒体转载的情况，一是指被本省其他类型媒体转载的情况，二是指被省外媒体转载的情况。

期刊媒体报道力主要是指时政类期刊传播信息的能力。由于期刊周期较长，时效性差，应侧重于深度报道。其也包括关注度与影响力两个维度。

2.广电媒体报道力。分为广电媒体报道力和电视媒体报道力。广播报道力主要是指省、市二级人民广播电台在地方信息传播中的作用，包括关注度与影响力两个维度。关注度主要是指广播电台的收听率，影响力主要是指其被中央级媒体与新媒体（门户网站、微博、论坛等）转载的情况。

电视媒体报道力主要是指省、市、县三级电视台的信息传播力，也包括关注度与影响力两个维度。关注度是指其收视率。影响力是指被转播与再开发的情况，一是指被网络媒体等原样转播；二是指被其他媒体再开发后进行传播，既指纸媒的再开发、广电媒体的再开发、数字媒体的再开发，也指中央电视台的再开发与其他省市级电视台的再开发。

3. 数字媒体报道力。分为网络媒体报道力和手机媒体报道力。网络媒体主要是指各级政府门户网站，如云南网、正北方网、新疆网等，它们是政府的官方网站，是一级政府对内对外宣传的窗口，在数字化时代已日益发展为信息传播的主导力量。网络媒体报道力包括关注度与影响力两个维度。关注度是指其网民人数。影响力是指被其他媒体转载的情况，一是指省内媒体转载，包括报纸期刊、广播电视、数字媒体等；二是指省外媒体转载。省外转载媒体从媒体级别来看，包括中央级媒体与地方媒体；从媒体类型来看，首先是指其被其他新媒体转载的情况，如各大商业门户网站，其次是指被传统媒体转载的情况，如报刊等。

手机媒体报道力。风险社会，突发性事件此起彼伏，手机因为其用户的全民性，具有巨大的信息传播力，是社会舆情预警与处理突发事件的有效工具。2008 年汶川地震中，手机传播挽救了很多人的生命。当下，通过手机发送短信、彩信、微信或发布微博，具有极大的社会动员作用，既可以为普通大众所用，也可以为政府所用。手机媒体报道力包括关注度与影响力两个维度。关注度是指政府信息发布的目标受众量。影响力是指信息被目标受众转发的次数，包括单次转发与叠加转发。单次转发是指手机用户只收到一个转发信息，叠加转发是指手机用户收到不同用户转发的同一个信息。

（二）信息上行力

信息上行力是指下情上达的能力，主要是指由大众传媒组织与政府组织机构从人民群众中采集信息，并传播给上一级政府部门与广大公众的传播能力与传播效果。这个上行力要达到以下三个要求：一是具有及时而准确的预警能力，能够及时发现萌芽状态的社会舆情，准确上传给政府管理部门；二是要对自然灾害、流行疾病、危机事件等进行即时信息采集与传播，让社会公众掌握最新动态；三是调节政府议题与社会公众议题，既不能使政府议题完全主宰公众议题（这在全媒体时代也是不可能的），又不能让公众议题失范，超出政府可控范围。

1.传媒组织采集力。主要是指大众传媒组织真实报道社情民意的能力，要深入实践"走基层、转作风、改文风"，着力提升新闻媒体正确引导舆论、回应社会关切、服务百姓生活的能力。

传媒议题与公众议题的吻合度。这个指标的出发点与目的指向都是社会舆情。因此，需要传媒组织切实把握社情民意，在有效传播党的方针政策与主流价值观的前提下，尽力使传媒议题与公众议题保持一致。主要从议题量、议题类型、议题排序、焦点议题这四个维度来考量议题的吻合程度。议题量是指媒体报道的新闻议题量多于还是少于公众真实讨论的议题量，以具体吻合的数量作为评估对象。议题类型是指传媒报道的议题类型是否与公众关注的议题类型一致。

内参议题与公众议题的吻合度：内参是指新闻媒体通过记者采访或者群众来信等信息源获得的重要情况，暂不适合在大众媒体上传播，又亟须领导者知悉，往往以内参的形式供领导者或一定范围内的人员阅读参考的内部情况报道。内参议题由于关系社会民生与政府权威，一般都较为重大，且还未被广大公众所知悉，因此，有时与公众议题的离散度较大。内参议题与公众议题吻合度越大，则说明传媒组织提前预警的能力越低；相反，吻合度越小，则说明传媒组织的预警能力越高，能提前抓取处于萌芽状态的社情民意。其吻合度也是从议题量、议题类型、议题排序三个维度来衡量。

2.政府组织采集力。主要是指政府专门的宣传机构及其他行政部门抓取社情民意的能力。

政府议题与公众议题的吻合度。主要是指政府当下的工作内容与重心和公众的诉求的吻合程度，如果吻合度高，则说明政府组织信息采集能力高，反之则相反。其吻合度主要从议题量、议题类型、议题排序三个维度来衡量。

政府议题与传媒议题的吻合度：主要是指传媒组织的关注点是否与政府的工作重心一致。如果不一致，则说明两个问题：一是传媒未能领会党和政府的真实意图，未能切实贯彻党和政府的政策决定，新闻媒体可能处在党和政府的可控范围之外，后果可能会很严重；二是传媒关注的是与老百姓切身利益相关的议题，真实反映了社情民意，而政府却脱离人民群众，置社会公众的真实需求于不顾，这同样会产生严重的消极后果。政府议题与传媒议题的吻合度也是从议题数量、议题类型、议题排序三个维度进行考量。

参考文献

［1］喻国明.中国传媒发展指数报告（2013）［M］.北京:中国人民大学出版社,2013.

［2］陈国权.勉为其难的全媒体平台［J］.中国报业,2012（3）.

数字时代"扫黄打非"的落点与内化[1]

习近平总书记在全国宣传思想工作会议上指出,意识形态工作是党的一项极端重要的工作,宣传思想工作就是要巩固马克思主义在意识形态领域的指导地位,巩固全党全国人民团结奋斗的共同思想基础。要继续推进文化体制改革,推动文化事业全面繁荣和文化产业快速发展,建设社会主义文化强国。美国经济学家彼得·德鲁克认为,在现代经济中,知识已成为真正的资本与首要的财富。[2]文化产业作为知识经济中的一个新兴产业,是经济形态从低级阶段演进到高级阶段后出现的一种新型产业经济类型。"黄""非"出版物的泛滥,不仅不能促进文化事业繁荣与文化产业发展,反而是对文化建设的一种破坏。本质上讲,"扫黄打非"通过保护人民文化权益,创造良好的文化市场环境,才能促使好的创意与作品产生。

数字时代"黄""非"出版物具有如下传播特点。(1)传受主体界限模糊。数字技术催生的大众互联网赋予人们自由传播的权利,媒介接近权与使用权大幅提高,每个人既是接受者,又是传播者。(2)传播内容个性化。传播的即时与互动特性,使得生产者可以快速获知消费者的多元需求,为其提供个性化服务。(3)传播形式隐匿。主要是"黄""非"网站服务器设在海外以及网络技术给发布者提供了更加隐匿的传播方式。[3](4)传播空间无极限。传播空间无极限一是指心理空间的无极限,二是指地理空间的无极限,三是

---

[1] 本文原载于《出版发行研究》2013年第12期,《新华文摘》全文转载。

[2] 叶险明."知识经济"批判[M].北京:人民出版社,2007:1.

[3] 刘小标.网络淫秽色情信息传播新特点与对策研究[J].中国出版,2012(4):72.

指关系空间的无极限。(5)传播速度迅捷。以云计算、大数据为代表的新理念与新技术,使得更大容量"黄""非"信息的传播更为迅速便捷。(6)传播行为互动。(7)传播载体多媒体化。数字技术、移动技术、云计算、大数据等新技术的出现,使得"黄""非"内容可以用多种媒体进行表现与传播,"黄""非"的全媒体传播已是一种现实。(8)传播管控事后化。在网络这个虚拟空间,只有当"黄""非"信息传播后,被用户消费,才被举报或者发现,传播管控进入事后化时代。

一、数字时代"扫黄打非"的落点

基本而言,数字时代"扫黄打非"的落点表现在消费者、移动互联网、社会化阅读三个层次,它们是依次推进的关系。

第一落点是消费者。消费者之所以成为第一落点,原因有三:一是"黄""非"信息只有与消费者相结合,也就是为用户所阅看,才能产生不良后果,影响人们的身心健康,破坏全民族创造力。二是消费者是"扫黄打非"工作的最后一块屏障,也是最能有效挡住"黄""非"信息的关口,在所有的"把关人"中,消费者既是其他所有"把关人"(如执法组织、大众媒体、编辑记者等)所保护的对象,同时自己也是"黄""非"信息的最后"把关人",消费者为了个体利益与家庭利益,为了自己的前途命运,也会成为自觉的"黄""非"信息把关人,将其拒之门外。三是消费者站在"扫黄打非"工作一边,既是有可能的,也是可行的。管理部门和人民群众都要矫正对于"扫黄打非"工作的观念,有些人认为"扫黄打非"只不过是烧点黄色光盘,打掉几个盗版团伙,实际上,"扫黄打非"关系到人民群众的正当文化权益,关系到文化事业繁荣与文化产业发展,关系到国家文化软实力。这是一个非常重大的国家战略问题,从这个意义上而言,消费者在全身心参与"扫黄打非"工作方面是有可能的,也是可行的。

第二落点是移动互联网。截至 2012 年 9 月底,全球移动互联网用户已达15 亿。"据中国工信部统计数据,截至 2013 年 3 月底,中国共有 11.46 亿移动通信服务用户,占全国人口的84.9%,其中,有8.17亿用户接入移动互联网,占全部用户的 71.34%。"[1]

移动互联网在与其他媒体的竞争中具有如下优势:移动社交将成为客户数字化生存的平台,手机游戏将成为娱乐化先锋,手机电视将成为时尚人士的新宠,移动电子阅读将填补狭缝时间等。同样,"黄""非"信息传播也将竭力占领移动互联网平台,以更少的成本获取更大的利益,造成的破坏力也是不可估量的。移动资讯、移动娱乐、移动社交、移动电子阅读、手机内容共享、移动商务等移动互联网发展模式,是"黄""非"信息传播的温床,中国 8 亿多移动互联网用户将成为"黄""非"发布者最大的市场。因此,移动互联网今后将成为"扫黄打非"的主战场。

第三落点是社会化阅读。社会化阅读是指以读者为核心,强调分享、互动、传播的全新阅读模式,它更加注重人、注重基于阅读的社交,倡导共同创造 UGC、共同传播和共同盈利,在多方位的互动基础上(读者与读者、读者与作者等),实现阅读价值的无限放大。典型案例是"无书网"、电信天翼阅读平台等。

社会化阅读的本质就是挖掘关系,实现社交,达至利益共享,形成不同的圈子。在这些重叠交叉的圈子中,利益一致者聚在一起,分享各自的信息,在社会交往中享受阅读的利好。这种形式日益成为原子式孤独个体的趋好,为这个风险社会中分散的个体提供一个多重聚合的松散平台。同时,这个平台也必然成为"黄""非"的重点目标与阵地,通过这种社会化阅读平台,"黄""非"信息畅通无阻,传播面更宽,破坏性更大。因此,"扫黄"工作的第三落点必然是众多的作为主流趋势的社会化阅读社区与圈子。

二、数字时代"扫黄打非"的内化型路径

找到了"扫黄打非"工作的落点,立足于消费者的主体地位与最后"把关人"角色,数字时代"扫黄打非"应沿着内化型路径开展工作,沿着"消

---

[1] http://telecom.chinabyte.com/460/12601460.shtml,2013-10-06.

费者→移动互联网→社会化阅读"这条基本路径,我们可以推动内化进程。内化是一个心理学概念,由法国社会学家杜尔克海姆提出,其含义是社会意识向个体意识的转化。内化的途径主要是:反对灌输,倡导内化;反对客体化,倡导主体论;反对强制,倡导自主。

"扫黄打非"工作其实是一种关于精神性内容的工作,它的执行者、打击对象与保护对象都与人的思想相关,也就是说,"扫黄打非"绝不是一种机械的物理工作,而应该将其理解成一个能动的有自我意识的生命体。"扫黄打非"工作是有生命力的,是一个由执法者、生产者(传播者)、消费者构成的恶性生态系统,在执法者生态主体力量有限、生产者(传播者)生态主体攻势凶猛的情况下,为了取得"扫黄打非"战争的胜利,通过解构"扫黄打非"生态系统,建设良好的生态系统,必须依靠作为核心主体力量的消费者。必须使消费者认清"黄""非"信息对国家文化软实力与民族国家文化合法性地位的危害,使"扫黄打非"内化其感性认识与理性认识,化为其自主自愿的抵制行为。

一般而言,"扫黄打非"的内化型路径主要有:

1. 个体内化型路径

这是一种全面性的整体内化型路径,指的是社会中的每个个体都认识到"黄""非"对个人身心健康、家庭和睦团结、国家文化软实力与民族合法性地位的威胁,使其成为自己的理性认识,并自觉主动地抵制"黄""非"信息传播,从根基上消灭"黄""非"泛滥的市场。每个个体都呈现一种主动性与积极性,成为社会主义文化事业繁荣与文化产业发展的促进者。然而,这种内化型路径带有一种理想化色彩。现实情况是:或者是"扫黄打非"这个社会意识难以成为个体意识;或者是认同了"扫黄打非"这个理念,但在实际行动上却未能执行;或者是部分个体真正内化了"扫黄打非"理念,并化为自己的实践行动。如此等等,不一而足。目前,"黄""非"市场不小,从反面佐证个体内化型路径的难度之高。但是,这并不是说我们可以放弃这个路径,相反,这是我们长期追求的一个目标,在一代代人的不断追求中,必然会实现全面的个体内化型路径。

2. 家庭内化型路径

家庭内化型路径指的是"扫黄打非"这个社会意识化为家庭内部的整体意识，并化为整体抵制"黄""非"信息的实践行为。实现这种路径，必须做到三点：一是家长自身（包括父母双方）都已经成为内化型主体，"扫黄打非"理念已成为其理性认识，譬如《一位母亲强烈呼吁："扫黄打非"不可手软》，母亲的含泪控诉在全国引起了强烈反响，社会各界强烈要求严惩制造和贩卖精神毒品的违法犯罪分子。[1]这说明该母亲已成为"扫黄打非"的个体内化型主体。二是家长要适时对孩子进行必要的性教育，青春期的少男少女对性非常好奇，如果没有正常的性教育引导，在接触淫秽出版物后，他们便会想入非非。三是家长要与孩子保持互动沟通，及时掌握孩子的思想动态，采取有效措施，使孩子的不良倾向得以纠正，防患于未然，使整个家庭朝内化型路径挺进，最终成为抵制"黄""非"信息的坚强堡垒。

3. 学校内化型路径

学校内化型路径是指"扫黄打非"理念不但要内化为整个组织的文化理念，也要内化为管理者与教师的个体理性认识，更要内化为学生个人的理性认识。唯有如此，"扫黄打非"才能从根本上解决问题。通过对一代代人的良好理念的教育，把"扫黄打非"理性认识带到各个部门将来的工作中，必将从根本上遏制"黄""非"信息的传播与消费。要实现这个路径，应从三方面入手。一是学校要与教材编写出版单位合作，精心编写有关"扫黄打非"工作的教材，这种教材不应生硬说教，而应侧重把"扫黄打非"理念内化于相关教材中，通过教学，内化成学生的理性认识与实践行为。二是学校要与家庭合作，及时沟通，互通有无，做到对孩子校内外思想动态的全景把控，如此，便不会出现那位母亲哭诉孩子从好学生变成差学生的惨痛教训。三是学校教师及管理者要与学生合作，以一种朋友式的、互为主体的方式进行交流沟通，尊重学生，使其能敞开心扉，向老师及管理者倾诉喜怒哀乐，通过适当引导，使"扫黄打非"理念如同春风化雨，成为学生的理性认识与

---

[1] 杨毅."扫黄打非"：文化产业健康发展的重要保障[J].中国出版，2013（2）：63.

自觉行为。

4. 组织内化型路径

组织内化型路径，一是指数字时代（尤其是移动互联网时代）社会化阅读所形成的不同圈子与社区的内化，这种组织是一种弱联系组织，是一种社交性组织形式。这种弱组织更有利于"扫黄打非"理念的内化，只要稍加引导，以圈子与社区中的意见领袖为切入口，便能顺利地把"扫黄打非"社会意识内化为圈子与社区的共同认识，并化为一致的实际行为。譬如史蒂芬的"打开乌托邦"，在线上，一本书可以变成一个集合的社区、一个分享的平台，在这里，记录用户的反应以及对话，当然，也可以潜移默化地影响参与者的思想。二是指公益组织的内化，"扫黄打非"工作可以利用各种公益组织力量，使之内化为公益组织的共同思想认识。譬如红丝带等艾滋病公益组织，在宣传防艾的各种活动中，一项重要工作是倡导人们洁身自好，洁身自好的前提之一是杜绝接触"黄""非"出版物，避免不良影响，养成良好的社会伦理道德与家庭责任意识。在实践中，公益组织不仅自己需要实现"扫黄打非"理念的整体内化，而且通过自己的行为，促进了该理念在更大范围的内化与实践。三是指企事业部门的内化，公司与各种事业单位是社会的主体组成部分，"扫黄打非"理念的内化更是不能缺位，只有这些社会主体组成部分真正实现了"扫黄打非"理念的内化，在追求经济效益的同时兼顾社会效益，才能从根本上促进个体内化型路径，也才能真正消灭"黄""非"市场。四是指政府组织的内化，主要是指执法部门的内化，"扫黄打非"不能流于形式，不能仅仅通过运动式的整治来解决问题，而应该内化为一种长期战争的理念，内化为日常工作的理念，内化为与广大人民群众联手作战的理念，一步步压缩"黄""非"生存空间，最终净化文化市场环境，促进文化事业全面繁荣与文化产业快速发展。

三、结论

"扫黄打非"不是一种机械化的物理工作，而应该将其理解为一个生态系统，是由执法者、"黄""非"生产者（传播者）、消费者扭结在一起构成的一个恶性生态系统。必须破坏这个生态系统,遏止"黄""非"的泛滥与危害,促进全民创造力,维护社会主义核心价值体系,形成共同价值观认同,增强国家文化软实力,维护民族国家文化合法性存在地位。因此,一是要厘清数字时代"黄""非"传播的新特征,二是要扣准"扫黄打非"的落点,三是要以一种生命体的视角,认可参与者的主体地位,使"扫黄打非"理念内化为个体、家庭、学校、组织的理性认识,内化为自主自愿的行为,从而取得"扫黄打非"工作的根本胜利。

2014年

关键词: 数字化转型　互联网思维　优势互补　一体发展　深度融合

出版业的集团化、数字化转型与品牌建设^[1]

数字技术给出版业提供了新的阅读方式与传播媒介，但也形成了新的挑战，传统出版业面临生存竞争的大变局。在所有可供选择的方略中，集团化数字转型与品牌建设是所有出版主体创新发展的制胜法宝。

一、出版业的集团化

随着文化产业市场与竞争的日趋国际化，从单体社逐渐走向集团化，是出版业生存发展及社会主义文化强国目标实现的必然选择。集团化给出版社带来的机遇如下。

一是可以合理配置资源，产生规模经济效应。集团化后，出版社可以在发行、物流、财务等公共平台进行统一运行，节省成本。于产品生产线而言，可以对出版社的结构进行调整，合理配置各类资源，进行专业化生产，产生规模效应。于子公司而言，可以使相互联系、相互作用的子公司组成高效的复杂系统，实现各生产要素的互动和协同，使系统产生创新和发展的推动力量，实现"1+1>2"的协同效应，即范围经济效应。

二是实行现代企业制度，进行资本运作与上市融资。集团化使出版社取得国有资产经营授权，拥有独立的市场法人主体地位，由原来的产品经营转型为资产经营。出版业作为文化产业的核心部分，天然具有大投入大产出特征，必须通过资产经营，才能实现这个目标。文化全球化，出版业的国际竞争已是大势所趋，动辄几亿甚至几十亿元的投入，单体出版社往

---

［1］　本文原载于《出版参考》2014 年第 1 期。

往力不从心，对资金的迫切需求不言而喻。集团化后，可以开展资本运作和企业并购，实现资产扩张。条件合适后，进行上市融资，通过发行股权募集所需资金，实现产品结构、产业结构的调整，抢占国内外市场，做大做强。

三是可以提高出版社的创新能力，促进综合竞争。集团化可以促进出版业的内容创新、形式创新、品牌创新、管理创新、经营创新、技术创新与人才创新，降低成本和费用，提供多元个性且有竞争力的产品与服务，形成综合竞争力，挺进国际市场，输出中华文化产品，掌握国际文化话语权，增强中华文化影响力。

二、出版业的数字化转型

数字化转型，是出版业必须面对的挑战，同时又是千载难逢的机遇。信息技术、数字技术与网络技术，促使传统的纸质阅读主导格局朝数字化阅读主导格局转型。移动互联网与社会化阅读的兴起，需要出版业快速占领这两大领域，而前提就是数字化转型。截至 2012 年 9 月底，全球移动互联网用户已达 15 亿。"据中国工信部统计数据，截至 2013 年 3 月底，中国共有 11.46 亿移动通信服务用户，占全国人口的 84.9%，其中，有 8.17 亿用户接入移动互联网，占全部用户的 71.34%。"社会化阅读是指以读者为核心，强调分享、互动、传播的全新阅读模式，是相对于传统以书为核心，强调内容本身的阅读模式提出来的，它更加注重人，注重基于阅读的社交，倡导共同创造 UGC、共同传播和共同盈利，在多方位（读者与读者、读者与作者等）的互动基础上，实现阅读价值的无限放大。

基于此，在数字化转型中，出版业的优势也非常明显：

一是具有强大的内容优势，可以说，技术只是改变了传播的载体与形式，关键还是要靠内容，靠高质量有价值的内容。譬如人民邮电出版社，目前每年出版各类图书 6000 余种，60 年出版的图书总量可以说是洋洋大观了。这些图书资源，先数字化，再碎片化。所谓碎片化，即把图书资源分门别类地归成不同类型的不可再分资源，既可以供用户直接消费，也可以供用户作为原始素材，进行混搭式生产创作。

二是出版业的阅读定位天然地与社会化阅读进行对接，使移动互联网时代的人们在社会化阅读形成的不同圈子中欣赏丰富多元的图书内容，从而牢牢嵌入出版业的生产价值链条中。

实现出版业的数字化成功转型，关键要做到以下三点。

首先，需要具备真正的数字化生存理念。目前，尽管人人都在谈数字化，但真正把数字化作为出版业生存目标的理念还为数不多，一些老牌出版社效益较好，未能真切感受到生存危机，数字化只不过是某些领导挂在嘴边的时髦词汇而已。在各种出版业数字化的讨论与探索中，出版业的高管存在缺位。真正活跃的是两类人：一类是出版业的中层干部与一般工作人员，另一类是技术领域人员。这两类人员力量有限，前者没有话语权，难以左右出版社大局，后者只是纯粹出于兴趣而已，对他们而言，图书出版业乃至文化产业的数字技术问题，只是小儿科，不是他们施展手足的大舞台。

其次，需要大量资金。一是用于基础设施的数字化改造，包括生产系统、技术系统与管理系统的数字化改造。二是用于发展新媒体项目与培养新媒体团队，这个投入非常大。例如，号称国内报业上市第一家的浙江日报传媒集团，年产值有 27 亿元，用于并购边锋网络平台的资金是 33 亿元，其中 26 亿元是从股市募集的，另外 7 亿元是贷款。这种发展新媒体项目的投入巨大，不是一般新闻出版企业所能支撑得起的，办法要么是希望积极上市，要么是希望国家设立专项资金，并辅之以税收减免支持，才有可能做到。三是把传统图书资源数字化与挺进国际数字市场需要大量的资金投入，这些前期工作不一定能马上产生效益，但没有大量资金投入，将会影响出版业数字转型的成功与否。

最后，需要大量数字人才。一是数字技术人才，这是出版业数字转型的基础，没有他们，便寸步难行。二是数字编辑业务人才，这是出版业数字转型的核心，必须在掌握基本数字技术的基础上，掌握数字产品的生产规律，才能提供为消费者所接受的产品与服务。三是经营管理人才，这是出版业数字转型的保证，通过经营管理者，了解图书消费市场态势，进行企业战略定位，规划企业目标，组织科学有效的产品生产，实施适时到位的产品营销，做好增值的消费者售后服务，以数字时代整合营销管理手段的不断创新，实现出版业数字化成功转型与持续发展。

三、出版业的品牌建设

品牌是企业的无形资产，决定企业的可持续发展，出版业进行品牌建设，主要应做好以下工作：

一是出版社应是有公信力的企业。出版业是文化企业，要兼顾社会效益与经济效益，社会效益摆在第一位。当下，转企改制使得很多出版社唯经济指标至上，社会责任减弱甚至缺失，一些出版社靠买卖书号为生，大量图书（尤其是学术著作）一出印刷厂就进造纸厂，作者只需交钱即可，出版社对该书的市场情况不关心。还有一些出版社则公然出版"黄""非"产品，如国家新闻出版广电总局日前对违规出版内容违法图书《不倒过来念的是猪全集》的中国画报出版社、违规出版内容违法图书《我们 YY 吧》的陕西师范大学出版社进行行政处罚，两家出版社的诚信与公信力大幅受损，对品牌建设极为不利。

二是出版社应制定系统的品牌建设方案。品牌建设包括品牌定位、品牌规划、品牌形象、品牌扩张等。不同的出版社要根据自己的实际情况，进行最有核心竞争力的产品生产，品牌定位也就各不相同，有的定位为综合性品牌，也有的定位为专业性品牌；有的定位为学术品牌、大众图书品牌，也有的定位为教材教辅品牌、工具书品牌，还有分行业进行品牌定位的，如经济、文化、科普等。

三是生产精品图书与特色图书。只有生产出消费者喜闻乐见的精品图书与特色图书，以产品质量与产品特色为核心，才能培养消费者的信誉认知度，企业的产品才有市场占有率和经济效益，才有可能逐步建设好品牌。

四是实现产品品牌与企业品牌合一。很多出版社出版了不少畅销书，就单个产品而言的确是品牌，但是消费者只知道图书，却不知道出版图书的出版社，这对出版社企业品牌建设是个损失。当然，这也是很多文化企业的短板。必须想办法做到品牌图书产品与企业品牌建设互动与合一，在产品中表现并突出企业形象元素，建设成功的企业品牌整体。

2015年

关键词：移动互联网　传播技术　跨界融合　平台建设　"互联网+"

我国出版业的发展现状、趋势与投资界域[1]

中国出版业是市场竞争比较成熟的行业，出版品种、营业收入、利润总额都在稳步增长。出版业发展特点整体上表现为：利好政策催生各类优秀出版物、资本与金融促进融合发展、数字出版引导转型、"走出去"提升国际传播力。出版上市公司表现出出版主业稳定增长、内容生产环节略显薄弱、出版市场日益成熟、进入非暴利时代、出版业数字转型带来新增长点三大特点。出版业的未来发展表现出新的趋势：内容依然为王、平台建设成为新商业模式、手机出版成为主体。内容原创，跨界融合，出版业"带状发展"，出版与科技、金融融合发展等界域将会出现较大的投资机会。

一、出版业发展现状与特点

（一）发展现状

2013年，全国出版、印刷和发行服务实现营业收入18246.4亿元，较2012年增长9.7%；增加值为5059.3亿元，增长9.6%；利润总额为1440.2亿元，增长9.3%。从整体来看，出版业处在稳定发展状态，利润率较为合理。从产业结构来看，印刷与发行占整个产业营业收入的比重为75.7%，其中包装占的比重较大，盈利能力也较强，属于不断增长的行业；数字出版作为传统出版的转型方向，比重为14%，排名行业第二，增长速度最快，属于朝阳产业，日益凸显出行业主导者的地位。

---

[1]　本文原载于《出版发行研究》2015年第10期。

（二）发展特点

1. 一系列利好政策相继出台。2014年，国家推出了一系列促进出版产业发展的政策，密集出台一系列财税政策和小微文化企业扶持政策，我国逐步形成了一整套文化相关产业的经济政策扶持体系。3月5日，在全国两会上，"倡导全民阅读"首次写入《政府工作报告》；12月，新闻出版业丝路书香工程正式获批立项，列入国家"一带一路"倡议重大项目。一系列利好政策相继出台，将极大地催生各类优秀出版物的产生。

2. 资本与金融促进融合发展。第一，资本促进出版业大规模并购。2014年，读者出版传媒于4月30日进入了上市前的预披露阶段；南方出版传媒拟在上交所上市，拟募集资金9.8974亿元；5月13日，广西师范大学出版社集团有限公司成员企业北京昊福文化传播股份有限公司，成为登陆"新三板"的第一家书企；中文天地出版传媒股份有限公司以26亿元人民币购买专注于国际化的互联网综合平台企业——智明星通100%股权。湖南出版投资控股集团财务公司于5月正式挂牌运营，这是国内文化行业首个金融牌照。2014年底，中文在线成为民营数字出版企业第一股，实现了民营出版传媒企业的上市融资。

第二，资本促进出版业战略重组。2014年，中央出台融合发展指导意见，推动了融合发展和战略重组。重庆出版集团旗下重庆五洲文化传媒集团有限公司与北京两家民营书业企业分别在京合资组建公司。黑龙江出版集团与中国教育出版传媒股份有限公司开展资本合作。北京新华印刷有限公司重组，中国出版集团公司获得北京新华印刷51%的控股权。中国出版集团研究重组出版社，出版业战略重组向"三跨"方向继续深化。

第三，文化与金融合作获得进一步发展。2014年3月25日，在江苏无锡召开的首届全国文化金融合作会议上，发布了《关于深入推进文化金融合作的意见》。2014年，江西省出版集团公司与中国银行江西省分行、深圳出版发行集团与中国建设银行深圳分行、安徽出版集团与安徽省投资集团签署了系列战略合作框架协议。凤凰出版传媒集团在文化贸易金融艺术金融等领域进一步开放，形成"1+3"文化金融新格局。时代出版传媒股份有限公司利用"优先股"等新型融资工具进行融资。中国财经出版传媒集团联合中投证券发起设立中国创新文化产业基金。

第四，资本纽带延伸产业链。文化与科技、文化与金融的融合，集团之间的合作，延伸了文化产业链。一是同业合作，湖北科技出版社与中国船舶报社合作成立"中船书局"。2014年3月28日，湖北知音传媒集团、湖北长江出版传媒集团在武汉签订战略合作协议，合作投资《长江商报》。二是异业合作，中国科技出版传媒集团有限公司积极拓展影视传媒制作与文化旅游领域，以旅游文化电视节目制作并逐步开发科教视频产品和新媒体项目。三是与平台商、运营商合作，山东出版传媒股份有限公司与中文在线达成战略合作。2014年5月27日，中国出版集团公司与中国移动在杭州签订战略合作协议。京东出版通过大数据模式，联手青岛出版集团，积极拓展"私人定制"业务领域。

3. 数字出版引导转型。2014年4月，国家新闻出版广电总局、财政部联合发布了《关于推动新闻出版业数字化转型升级的指导意见》。时代出版传媒股份有限公司的"时光流影"正式上线，移动客户端一并推出；商务印书馆与亚马逊达成纸电同步战略合作。传统出版单位利用微博、微信等新兴媒体策划选题、联系作者、营销图书现象普遍。通过中国移动阅读基地、苹果商城、移动客户端销售电子出版物成为重要发展方向。

2014年，出版企业由内容提供商向内容服务提供商转型成为潮流。一些民营策划商抓住了"网络出版和对外出版特许经营权"的机遇，推出了诸如数字出版1.5模式，与科技企业联合推出数字课堂和电子书包应用平台等新产品，并开拓电商平台、微书城等新渠道。新华发行集团O2O建设步伐加快，从单纯的售书网站打造成新一代体验式"智慧书城"，正朝着综合电商转型。

4. "走出去"提升国际传播力。兼并重组是出版巨头占领国际出版市场的最有效方式。2014年2月，北京出版集团与德国梅尔杜蒙公司共同投资组建的京版梅尔杜蒙（北京）文化传媒有限公司揭牌。广西师范大学出版社集团有限公司成功收购澳大利亚视觉出版集团。时代出版传媒公司率先响应国家"一带一路"倡议，面向丝绸之路共建国家积极策划了一系列"丝路书香"

国际合作项目。2014 年 5 月，江苏凤凰教育出版社有限公司和美国出版国际有限公司（PIL）签署了《资产购买协议》，拟以 8000 万美元收购其拥有的全部儿童图书业务资产。世界经济复苏乏力，国外出版业资本运营市场不断变化，为我国出版传媒公司"走出去"带来了客观机遇，随着出版业的有效"走出去"，中华文化的国际传播力与影响力将大幅增强。

二、出版上市企业

（一）基本概况

据中国新闻出版研究院《2013 年新闻出版产业分析报告》数据，2013 年，书报刊出版上市公司合计 32 家，其中在中国内地上市 26 家，在中国香港上市 5 家，在美国上市 1 家。32 家上市公司股市流通市值合计 1740.9 亿元人民币，较 2012 年同期增加 837.8 亿元，增长 92.8%。在排名前 10 的上市公司中，有 8 家属于图书出版发行和印刷企业。

在中国内地上市的 26 家出版发行和印刷企业中，就总市值而言，2013 年为 2232.1 亿元，较 2012 年增加 730.3 亿元，增长 48.6%；就营业收入而言，26 家公司共计 804.5 亿元，较 2012 年增加 93.6 亿元，增长 13.2%；就利润总额而言，26 家公司共计 82.9 亿元，较 2012 年增加 8.2 亿元，增长 11.0%；就经济效益（利润率）而言，华闻传媒以 15.42 亿元居首位，劲嘉股份为 13.14 亿元，博瑞传播为 12.58 亿元，位列前三。

（二）发展特点

1. 出版主业稳定增长，内容生产环节略显薄弱。近年来，出版上市企业主业保持较为稳定的增长。2013 年，32 家上市公司的流通市值以近 100% 的速度增长，达到 1740.9 亿元人民币，总市值百亿元以上的出版企业有 8 家，可见公众对出版上市公司的预期在上升。在内地上市的 26 家出版企业中，营业收入 40 亿元以上的有 7 家，前 10 名中最低的也达到 28.85 亿元，可见文化出版企业在上市的市场规范中稳步前行。

出版上市企业中，无论从总市值、营业收入还是利润总额来看，实力较强的都是处在产业链后端的发行与印刷企业，作为前端的内容生产环节的图书出版企业，实力偏弱，反映出内容原创方面的不足。营业收入排名前10的上市企业中，有8家是发行与印刷企业，即使作为出版发行合一的凤凰出版集团与中文天地传媒集团，发行收入实际上也占据其半壁江山。作为内容产业，对出版业的内容原创再怎么强调都不过分，当然，目前的劣势反而恰恰是一种难得的投资机遇。

2. 出版市场日益成熟，进入非暴利时代。在文化体制改革中，图书出版业率先实行转企改制，也是全面彻底完成转企改制的行业，市场化程度较高，经营管理与商业模式较为成熟和稳定，市场在资源配置中发挥决定性作用，实现买方市场转型，尽管在教辅方面还存在垄断，但已经进入非暴利时代。排名前10的出版上市企业的经济效益较为合理，图书出版、发行和印刷企业的利润率大都在10%左右，即使利润率最高的华闻传媒投资集团股份有限公司，利润率也为15.42%，与高科技行业及咨询行业不能相比，即使与同类行业中的新媒体相比，也是相形见绌。但这也证明，对出版业的投资，其风险相对较低，回报较为稳定。

3. 出版业数字转型带来新增长点。面对新媒体的严峻挑战，传统媒体陷入一个救亡图存的境地，与新媒体进行融合发展，在数字技术、网络技术与移动技术的助力下，注入互联网基因，实现数字化转型，成为出版企业尤其是上市企业的不二选择。上市企业凭借在资本市场融资的优势，通过并购新媒体企业，可以很快注入互联网基因，快速实现数字转型。浙江报业传媒集团通过上市募集26亿元资金，以32亿元的大手笔收购网游公司边锋与浩方；中文天地传媒股份有限公司上市募集16亿元资金，再通过10亿元的股权置换，轻松并购国际性网络公司北京智明星通。这些新媒体企业成长性较好，既可以用自己的互联网基因改造传统出版业，又可以给母公司带来现实的经济收益，智明星通的经营收入接近10亿元。上市公司有较好的融资渠道，将会在与新媒体融合发展中发挥主导性作用，这也是较好的投资切入点。

三、出版业发展趋势与投资界域

（一）发展趋势

1. 内容依然为王。出版业的核心价值和力量依然是内容。无论什么形式的出版方式，无论是纸质的产品还是数字化的产品，彰显价值或广泛传播的就是内容，内容是满足人们精神需求的必需点。消费社会，人们有更多的闲暇时间，精神需求日益个性化与高精尖，对出版内容也越来越挑剔，好的内容不但能满足国内消费者的需求，还能有效"走出去"，获得国际消费者的喜爱。超级畅销书能强劲带动市场，如于丹的《论语心得》在全世界一共签订了 35 个合同，涉及 29 个语种，已出版 31 版，全球现销量超过 30 万册，其中法文版登上了法国的畅销书榜，该书的成功就在于其内容能够被大家接受。

纵观中国出版业，但凡实力强大的出版社都是推出过畅销书的企业。江西出版集团的二十一世纪出版社，创立了"皮皮鲁总动员""魔法小仙子"等若干知名图书品牌。这些畅销书的成功使该社成为同类出版社的"领头羊"，并助力其迈向组建集团的步伐。广西师范大学出版社作为西部的地方出版社，因成功推出大量畅销书，已成为傲视中央级大型出版社的知名品牌社。在数字出版时代，更是需要推出个性化、多元化、高质量的内容，才能在竞争激烈的文化出版市场立足。

2. 平台建设成为新商业模式。平台通常是指一种基础的可用于衍生其他产品的环境，这种环境可能只用于产生其他的产品，也有可能在产生其他产品之后还会是这些衍生产品生存的环境。全球自媒体营销泰斗迈克尔·哈耶特在《平台：自媒体时代用影响力赢取惊人财富》一书中指出，"在当今市场要想获得成功，必须拥有两个战略资产：让人欲罢不能的产品和有效平台"。哈耶特是世界顶级博客作者之一，拥有大量微博粉丝，其巨大并且日益扩张的自媒体平台正是他成功开展写作、演讲和咨询业务的基础。哈耶特告诉大家，要扩大自己的影响力，并且把影响力变成实际效益，关键就在于搭建平台。

数字时代与移动互联网时代的出版传媒业，要想把好的内容传播出去，对读者产生影响力，并且把这种影响力变成实际效益，需要一个强大的平台。腾讯通过微信，在短短一年时间内就搭建了聚集近 5 亿微信用户的平台，并获得成功。阿里巴巴搭建了淘宝这个平台，从而在美国成功上市。对于出版业而言，国家新闻出版广电总局甚至直接出台了《加强数字出版内容投送平台建设和管理的意见》，由此可见平台建设的重要性。实际上，平台建设已成为一种商业模式，只要搭建起一个合适的平台，把用户连接起来，为用户提供个性化与多元化的内容服务，出版企业就能获得巨大的经济收益。中文天地传媒股份公司的领导甚至提出"内容为主、平台为王"的发展战略，强调平台对公司发展的重要性。中文天地在全省推出的文化综合体、小学生免费电子书包等举措，都旨在搭建起一个好的平台，聚集足够多的用户，通过提供内容服务实现更好的经济效益。

3. 手机出版成为主体。技术进步促进了出版业的发展，但同时也对传统纸质阅读构成了严峻威胁，纸质阅读下滑已成为一个不争的事实。同时，随着智能手机与移动互联网技术的普及，手机阅读已成为消费者使用手机的一个刚性需求。发改委高新技术产业司副司长孙伟介绍："中国的手机用户已经进入到 13 亿，互联网网民规模已经达到 6.5 亿，普及率达到了 47.8%。"这对于中国出版业来说，是一个充满巨大前景的消费市场。

目前，中国移动手机出版基地与多家出版社进行合作，利用其渠道优势，把出版社的图书资源盘活，每年经营收入在 50 亿~70 亿元。当然，这些还是初级的手机阅读，随着用户的增加、技术的提高、智能手机的普及，面向手机用户的专门性手机出版将成为出版业的主体业务，届时，适应于手机阅读需求的出版内容将会更加丰富、富有个性，为用户提供即时、互动、个性与多元化的服务。

（二）投资界域

1. 原创内容。内容为王决定了出版业的核心资源仍在于原创内容。好的内容能为投资者带来可观的、稳定的经济回报。实践证明，无论是传统出版社如二十一世纪出版社、广西师范大学出版社等，还是原创文学网站如盛大文学、榕树下等，抑或是进行内容的聚合和管理、"一种内容、多种媒体、同步出版"的中文在线等数字出版企业，无不收到较好的经济回报。中文在线作为民营企业，其成功上市更是印证了"内容为王"这个定律。应该利用好国家出台的各种利好政策，积极投资内容个体生产者、图书工作室、出版社、文学网站等优秀公司。

2. 跨界融合。在政策、技术、资本与人才等生产要素的推动下，出版传媒业必然走向跨界融合发展，以拉动文化消费。推动文化创意出版产业与国民经济相关产业融合，使文化元素渗透与融入国民经济其他产业中，推进文化创意和设计服务等新型、高端服务业发展，促进与实体经济深度融合，是培育国民经济新的增长点、提升国家文化软实力和产业竞争力的重大举措，是发展创新型经济、促进经济结构调整和发展方式转变、加快实现由"中国制造"向"中国创造"转变的内在要求，是促进产品和服务创新、催生新兴业态、带动就业、满足多样化消费需求、提高人民生活质量的重要途径。

跨界融合首先是内部产业链各个环节的垂直融合，出版的资源、创意、生产、技术、资本、流通、消费等环节日益扁平化。其次，跨界融合是技术驱动下的行业融合，如新闻出版、广播影视、新媒体业等媒体行业的融合，传媒业与歌舞演艺、艺术品业、会展业等不同文化行业的融合。再次，跨界融合是出版产业与外部传统行业的融合，如与零售、金融等传统产业纵深跨界融合加速，产业边界日渐模糊。最后，跨界融合是出版文化创意元素与三大产业的融合，农业、工业、服务业三大产业将焕发前所未有的生机。在这些跨界融合的进程中，到处充满着新的投资落点。

3. 出版业"带状发展"。长期以来，中国新闻出版业发展一直处在区域分割状态，存在较大区域壁垒，也造成了出版业区域间的不平衡。各省出版产业发展基本还处在各自为战的封闭状态，每个省无论大小，都是"大而全、小而全"的标配，省市级党报、日报、晚报、都市报、各机关行业报等样样具备；都拥有冠以不同省名的人民社、教育社、科技社、美术社等出版社，这些出版社都是本省教材市场的主力军，缺少省际竞争活力与市场效率。教材教辅更是高度垄断，很多出版社就靠这一垄断资源勉强维持。省区之间的出版资源、人才、技术、资本、产品、消费等生产链环节无法衔接，造成出版资源的巨大浪费。出版业必须突破传统行政区划发展的界限，实施"带状发展"的区域融合战略，提升区域出版产业空间配置效率。需要按照《中共中央关于全面深化改革若干重大问题的决定》精神，建设统一开放、竞争有序的现代文化市场体系，使市场在文化资源配置中发挥决定性作用。

首先，"带状发展"战略的最终目标是建立全国统一出版传媒市场。其次，"带状发展"战略的落点是根据全国出版文化资源与要素的分布情况，基本规划出 4 ~ 6 个出版产业发展带，如长江出版传媒发展带、珠江出版传媒发展带、一带一路出版传媒发展带、环渤海出版传媒发展带、中原出版传媒发展带，把每条发展带打造成统一开放竞争有序的现代出版传媒市场体系。最后，"带状发展"战略应该是沿着"数字技术与网络技术→出版金融与投资→生产链融合→区域现代市场体系"这个路径进行内化发展的。投资者应该顺应发展趋势，积极进行带状出版布局，在打造统一开放竞争有序的出版市场体系中寻找商机。

4. 出版与科技、金融融合发展。根据波特的"钻石模型"的相关理论，产业竞争力的成长阶段大致分为四个依次递进的阶段：要素驱动阶段、投资驱动阶段、创新驱动阶段和财富驱动阶段。其中前三个阶段属于产业竞争力的上升阶段，后一个阶段属于衰落时期。从国际上来看，美国计划将 GDP 的 3% 用于科技研发，投入强度超过 20 世纪 60 年代"太空竞赛"时的水平；日本则提出了"ICT"新政，旨在 3 年内创造出 100 万亿日元规模的市场新需求，推动相关领域的产业结构改革，提升国际竞争力。我国出版产业大多还处于要素驱动阶段和投资驱动阶段，创新要素的缺乏使得区域出版产业的竞争力相对较弱，亟待依靠科技的力量，促进出版产业跨界融合，大幅提高自主创新能力，实现出版产业的跨越式发展。出版产业与科技、金融融合已成为不可逆的发展趋势。它是推动出版产业升级的重要途径，也是壮大出版产业的重要手段，更是出版产业发展的目标指向。

在出版与科技、金融融合发展的趋势下，国家将会重点推进云计算、大数据、移动互联网和智能终端、社交网络等技术在出版业的应用，扶持相关的出版建设项目；成立出版基金与出版金融组织机构，探索建立出版金融合作实验区，创新符合出版产业发展需求特点的金融产品与服务。所有这些，将会带来巨大的投资机会。

参考文献

［1］杨庆蔚.中国投资发展报告（2014）［M］.北京:社会科学文献出版社,2014.

［2］张立.中国数字出版产业年度报告（2013–2014）［M］.北京:中国书籍出版社,2014.

［3］范军.中国出版业发展报告（2013–2014）［M］.北京:中国书籍出版社,2014.

［4］国家新闻出版广电总局规划发展司.中国新闻出版统计资料汇编（2014）［M］.北京:中国书籍出版社,2014.

2016年

关键词：中央厨房　全媒体记者　新媒体盈利模式　合而为一　新型主流媒体

中国传媒融合创新现状、问题与趋势[1]

2014 年 8 月 18 日，中央全面深化改革领导小组第四次会议审议通过了《关于推动传统媒体和新兴媒体融合发展的指导意见》（以下简称《意见》），以《意见》和习近平总书记重要讲话为标志，媒体融合正式上升为国家战略，2014 年也被称为媒体融合元年。同年 8 月 26 日，中宣部部长刘奇葆在人民网发表题为《加快推动传统媒体与新兴媒体融合发展》的文章。随后，一系列关于媒体融合创新的政策出台，"媒体融合创新"成为学界和业界最热门的词汇，相关的学术研究迅速增多，且研究面迅速扩大。中国传媒融合创新的现状、问题与趋势分述如下。

一、中国传媒融合创新现状

（一）体制机制创新

新闻出版业的转企改制为媒体融合打下了坚实的基础，体制改革和融合转型都已进入深化阶段，两者相辅相成、相得益彰。如今，大多数的媒体已成为自主经营、自负盈亏的市场主体，媒体融合下的体制机制创新也是在此基础上进行的。当前，媒体推进媒体融合大多实行不同介质媒体管理制度一体化，所属纸媒、网站和移动媒体都是"一套领导班子、一套记者队伍、一套生产流程、一套考核体系"。

---

[1] 本文原载于《中国传媒科技》2016 年第 9 期（有删节），《新华文摘》2017 年第 15 期全文转载。

（二）内容生产模式创新

内容生产模式创新主要体现为传统媒体和新兴媒体内容生产流程一体化，即"中央厨房"式的全媒体采编和内容生产平台，同一资讯尽可能以文字、图片、音频、视频等不同形态采集，制作成适合不同媒介传播特点的内容，按照受众的接受习惯进行全方位、立体式发布，力求达到最大化和最优化的传播效果。如浙江日报报业集团将集团数字采编中心与浙江在线新闻中心融为一体，作为集团新媒体内容生产与发布的"中央厨房"。

（三）媒体产品形态多元化

推动媒体融合，首先是渠道和平台的融合。在媒介融合风潮中，"报网融合"可谓是最早实践的一种融合形式。如今，传统媒体几乎已经涉及所有新媒体种类，做到了媒体形态多元化：电子报、报纸新闻网站、手机报、报纸二维码、有声报纸、3D 报纸、平板电脑、电子阅读器、LED 显示屏、微博、微信、客户端、社区网站、社交网站、数字期刊、期刊网站、网络电视、数字广播……这些基于不同媒介、不同接收终端、不同互联网应用平台的种种媒体形态，传统媒体几乎已经全部有所涉及。

（四）跨界合作创新媒体融合方式

随着媒体融合转型的不断深入，传媒集团内部甚至传媒产业内部的媒体融合早已不再是媒体融合的唯一途径，在"互联网 +"的时代背景下，媒体与科技、金融、电信、互联网企业等的跨界合作、多元发展推动生产要素和优势资源的重组与优化配置，不仅有效开拓和充分利用了媒体资源，同时，产业链的嫁接与重构为媒体融合提供了更多的价值增长点，为媒体融合提供了更广阔的发展空间。

（五）以市场为导向的资产重组、合并或收购实现媒体融合

近两年来，传统媒体和新兴媒体开始通过以市场为导向的资产重组、合

并或收购来实现媒体融合，这种融合既包括媒体集团内部各子媒体之间、各部门之间的融合，如传统媒体覆盖纸媒、网站、移动终端以及户外等多种媒体的融合，也包括由传统媒体或互联网新兴媒体发起的同行业或跨行业的融合。只有按照互联网思维和融合规律进行重组与改造，在组织架构和管理方式上加以调整，在体制、资源、内容、渠道、人才上做好融合和优化，才能让这种组织机构的融合真正起到推动实现传统媒体与新兴媒体融合的作用。

（六）商业模式和经营模式日益多元化

传统媒体与新兴媒体融合后，商业模式和经营模式日益多元化，传统媒体营销和新媒体营销的融合带来了全媒体整合营销，使营销模式包括线下营销和线上营销、内容营销和数据营销、活动营销和品牌营销等，如从线上的用户付费模式、广告模式、电商模式延伸到线下的 O2O 商业合作、用户付费、活动推广等，进一步延伸了产业链。

（七）媒体受众调查方式发生变化

在媒体融合技术日新月异的今天，媒体受众调查方式发生了很大变化，从传统的以受众调查法的模糊统计为主变为以大数据分析技术支撑下的精准调查为主。网站、官方微博微信、客户端等新媒体可以在精准收集数据的基础上进行详尽的大数据分析，可以分析不同时段用户的使用习惯，用户对哪些内容和应用更感兴趣，进而完善相关内容和应用，在增强用户黏性上做文章，为传统媒体的频率、节目设置提供重要依据。

（八）用互联网理念和全媒体技术重塑全媒体记者

由于内容生产模式的变化，对媒体从业者提出了更高的要求，要求记者必须掌握采访、写作、摄影、录音录像、文字编辑、音频视频制作和编辑、数据挖掘和分析等多项业务技能，还需掌握与增强现实（AR）、虚拟现实（VR）、无人机航拍等媒体相关的网络技术运用，熟练使用各种新的采编设备和传输工具，在业务水平上追求全方位发展，"全媒体记者"应运而生。

二、中国传媒融合创新的问题与瓶颈

（一）融合创新目的模糊纷乱

当我们奔跑在融合创新的大道上时，绝大部分人想的是到底怎么融合、如何通过创新促进融合。融合创新的基础与目标是融合，达到融合的手段是创新，必须通过不断创新促进传媒融合发展，达到传媒转型升级的目标。我们仔细思考一下，到底何为融合，是媒体之间的互动？是媒体组织机构的融合？还是多媒体大融合，即不同媒介集中在同一数字平台上？

实际上，传媒融合的目的一直是模糊纷乱的。无论是管理部门、学界，还是业界，天天喊着融合，却没有深究融合的目的指向到底是什么，融合后媒体格局或者表现形态到底是怎样的。如果是传统媒体机构创办一些新媒体，这不能称为融合，因为依然是传统媒体与新媒体分别运作，是两条平行线；如果是全面集中在同一数字平台上，传统媒体的存在价值又在哪里，我们无须搞融合发展，直接全面发展新媒体，传统媒体停办就是，但这是不可能的。事实上，融合应该分为两个方面：一是组织机构的融合；二是媒体形态的融合。媒体形态的融合并不是说所有媒体形态都消失了，代之以一种新媒介形态。正确理解应该是：无论是传统媒体还是新媒体，都以主体身份独立存在，依然发挥不可替代的媒体传播功能，只是各自在信息传播这个大盘子中所占比例与角色不同。它们融合后的呈现形态跟阳光一样，看起来是白色的，但实际上是由红、橙、黄、绿、蓝、靛、紫七种单色光组成的。在媒体融合后的"阳光媒介"中，报纸、期刊、电视、网络、移动互联网等就是红、橙、黄、绿、蓝、靛、紫等各种独立的颜色。这应该是传媒融合的正确指向与目的，只有这个目的明确了，追求融合与基于融合所发生的创新才是有价值的。

（二）融合创新主体动力不足

融合创新的主体是传统主流媒体。对于传统主流媒体而言，融合创新就是要转变其既有的生存方式，这意味着传统媒体的生产者、生产工具、生产对象、内容形态、传播渠道、服务方式等要发生根本性改变。一句话：其生存环境将是全新的，需要运用新的知识、能力、技术、经营管理理念来维系生存和发展。

说到底，这是主体融合创新的动力不足。对于图书出版业而言，受到新媒体的冲击还未到触及根基的时候，按照原有的经营方式依然可以生存得很好，所以融合发展的主动性不强，出版社进行的数字化转型或者是出于响应行政管理要求需要，或者只是追随行业发展趋势不掉队而已真正进行彻底的、本质上的、结构性的融合创新的主体较鲜见。对于报业而言，其受到新媒体的重创，面临生死存亡考验，融合创新的愿望还是强烈的，但对于融合发展最终结果的认识模糊甚至迷惘，再加上人才、资金、技术的不足，对融合发展非常不自信，这种看不到前途的不自信很难有融合发展积极转型的主动性与积极性。广播电视、期刊、传统门户网站等媒体也存在这样或那样的问题，导致全行业的融合创新匮乏。

（三）融合创新资本支持乏力

在主体动力充沛、技术与人才基本具备的前提下，融合创新的发动机就是资本。在融合创新这个大工程中，如果投入不足，别说根本性的创新实现不了，就连一些细枝末节的改进也难以完成，也就不可能有融合发展真正转型升级的可能。

当下，资金并不缺。首先，国家各级财政在融合创新项目上的投入总额并不少，但是，具体到单个项目上的资金不是太多。譬如，财政部 2008 年设立的文化产业发展专项资金，目前累计安排 242 亿元，支持项目 4100 多个，其中有很多是融合发展项目。然而，我们细究一下，每个融合发展项目的资金也就 1 千万至几千万元而已，对于融合创新工程来说，要在人才、技术、生产设备购置等方面进行根本性改变，这些资金是远远不够的。而融合创新主体或者不愿意在这方面投入更多资金，或者不想真正进行融合发展与转型升级，结果是这 1 千万元左右的资金用来向社会技术公司购买服务，完成主体的纸质内容数字化这一简单工作。如此，这众多的 1 千万元至几千万元资金就成了"撒胡椒"，无法推动传统媒体与新兴媒体的根本性融合发展。

其次，业内资本也较为充盈，无论是出版社、报刊社还是广电机构，其自有资金是一个不容小觑的数字，有些大型出版集团的自有资金有 10 来亿元甚至几十亿元之多，整个新闻出版行业的业内资金不亚于一些金融机构，完全可以整合起来，组建新闻出版文化银行，扶持本行业重点融合创新工程。最后，业外资本更是一个取之不尽的活水源，资本是逐利的，无论什么行业，但凡有好的回报，资本必定不请自来。新媒体是一个有较高回报的领域，浙江日报集团通过股市募集近 20 亿元资金收购游戏公司边锋与浩方，江西出版集团通过股市募集 10 多亿元资金收购游戏公司智明星空，都是资本对新媒体十分青睐的力证。当然，传媒业还有其行业特殊性，有其自身的运行规律，作为一种精神性产业，盈利模式与物质产品业有较大不同，这就需要传媒业做好各种说明解释工作，让业外资本真正了解传媒业，把更多的资本引向传媒融合创新工程。

（四）融合创新消费习惯畸变

数字技术与移动互联网技术作为一种结构性力量，对人类社会的生存方式产生重大影响，随之而来的新的文化内涵与外延也发生变化与调整。对于传媒而言，人们阅读习惯的改变使承载知识与信息的媒介形态几乎一边倒地倾向于数字媒体，具体来说是手机媒介日益成为人们阅读与消费的主要载体甚至是唯一载体。"两微一端"等自媒体的出现，大幅改变了人们的阅读与消费习惯，但是，并不是说就根本改变了人类的生存方式。事实上，人类的元生存方式是亘古不变的，无论技术如何发展，人的生理需求等自然属性是改变不了的，这也注定传媒中的元媒介是不可能消失的。人们的阅读习惯尽管发生很大改变，数字媒体日益占据主流地位，但纸质媒介将会与人类的自然属性并存。

当下，传媒消费习惯进入畸变阶段，人们接受知识与信息的媒介似乎就是"两微一端"，这给传媒业造成一个误判：为了经济效益也好，为了社会效益也好，为了生存发展也好，在融合发展这一大工程中，大家心照不宣地追捧数字媒体，结果更是强化了数字媒介消费选择上的畸变。但"两微一端"

有其天生的短板：碎片化、随意性、芜杂混乱。这对于系统知识学习乃至社会基础性创新的促进是乏力的。所以，传媒业要保持必要的冷静沉着与前瞻性，更要肩负深远的社会责任，积极主动地对人们的媒介消费习惯进行培养与引导，不致使社会坠入单一数字媒介消费的深渊，而应该是把融合创新工程打造成为红、橙、黄、绿、蓝、靛、紫独立而又统一的"阳光媒介"，为消费者提供多元媒介选择，为人类生存方式注入新的内涵。

三、媒体融合的创新突破及发展趋势

（一）体制机制

1. 建立现代企业制度，建立更加灵活的激励机制

最大限度地激发人的积极性和创造力是改革体制机制的关键和本质所在。媒体融合创新的竞争优势关键在于人，人才永远是媒体最珍贵的资源，也是媒体融合成功的关键要素。只有建立现代企业制度，放活体制机制，尤其是要建立更加灵活的激励机制，才能确保优秀人才引得进并且留得住；只有打破体制机制的桎梏和瓶颈，才能真正深入推进媒体融合，真正做强做大主流媒体，提高传媒业的规模化和专业化水平，推进传媒业跨地区跨行业发展，进而推动中国传媒业"走出去"，提高国际竞争力。要创新人才激励机制和培训机制，采取项目运营机制，打造真正的"创业文化"。

2. 传统媒体可与新媒体合作开展研发工作，与高校合作建立产学研融合机制

欧美等国的媒体融合转型，很多决策都是基于实验室研发的结果，通过实验室研究和实验数据分析得到经验性成果、思考融合规律，再将这些成果和规律运用到传媒融合转型的相关决策中，以确保决策方向无误。我国一些互联网巨头也有自己强大的研发团队，并有着巨额的资金投入，如百度、阿里巴巴等。传统媒体由于自身的资金、人才、资源所限，建立这样的研发实验室在现实层面有一定的困难，可以和互联网巨头合作，资源共享，取长补短，也可以与高校建立产学研融合机制，合作建立实验室或进行项目合作。

（二）政策法规

1. 健全和完善版权保护的相关法律法规

在传统媒体与新兴媒体融合的过程中，新兴媒体一直对传统媒体有内容依赖，但很多却没有按照版权保护的相关法律法规取得许可、进行版权交易并支付报酬，无偿使用传统媒体原创内容的现象普遍存在。这样既损害了传统媒体的利益，也制约了新兴媒体的发展，更不利于更高层次的真正的传媒融合的实现。传统媒体首先要自觉增强版权意识，其次要主动运用与版权相关的法律法规做好版权保护。

2. 政府在政策和财政上大力支持

政府应在资金筹措、信息发布、政策支持等方面进一步加大力度，为传统媒体与新兴媒体融合创造良好的条件和环境。政府对传统媒体与新兴媒体融合发展的大力支持，可以缓解传统媒体在发展新媒体上的资金压力，帮助其克服融合探索时期的困难和瓶颈，坚定传统媒体融合转型的信心。政府支持还包括对传统媒体应加大对媒体融合方面的考核，而不是像以往一样只注重发行量、收视率、广告经营收入、利润率等考核指标。

3. 政府管理要容错

媒体融合是个未知和全新的事物，没有已有的路径可循，没有已知的经验可鉴，对世界传媒业包括西方发达国家传媒业在内都是一样的，是一个国际性的课题。因此，政府要鼓励主流媒体勇于试错，积极探索，在探索过程中允许失败，为推进融合发展营造更加宽松包容的氛围。

4. 媒体融合应根据实际情况选择性推动，且应量力而行

对于极少数实力雄厚、品牌影响力强大的传媒集团，如新华社、上海报业集团、南方报业传媒集团等，应大力推行媒体融合，而对专业性很强的媒体、行业性媒体或是地市级媒体来说，媒体融合应根据自身条件制定规划，没有必要贪大求全，不可行也不现实，一切应从促进发展的角度出发。传统媒体布局新媒体，切忌面面俱到，应考量自身条件，科学分析自己的优势和劣势，分阶段进行融合试点，再对融合效果进行评估，最终寻找到适合自己的融合模式和融合路径。

（三）运营管理

1. 不断提升用户的内容获取体验

从当前用户内容消费的时段和使用习惯来看，移动化、碎片化阅读成为发展趋势。内容制作首先要满足用户移动状态下的阅读需求，还要符合获得便利性原则，包括内容获得时间、渠道的便利，甚至在内容制作和编排上，通过内容分类切割、大标题、内容摘要等方式满足读者迅速阅读、获得所需内容的需求。

2. 通过解决用户需求优化用户深度消费体验

在获取信息和传播信息的过程中，让用户利用新媒体拓展关系链或是提供服务链，进而将这种关系或服务转化为价值，那么就通过解决用户需求而优化了用户的深度消费体验，如看视频的同时，点击买东西并分享到朋友圈。在互联网上，除信息传播以外，媒体还要追求的是抓住媒体定位、媒体内容与市场化结合的点，在传播信息的基础上实现关系链的延伸、服务链的延伸和价值链的延伸，这才是提高用户忠诚度和用户黏性的不二法则。

3. 以新的报道模式和运营模式运作新媒体

媒体融合提出之后，传统媒体和新兴媒体流程和运作一体化是业界达成的共识。的确，互联网时代，传统媒体和新兴媒体应有共同的运作理念和运作方式，但是"战略"上的一体化并非"战术"上的一体化。新媒体还是应该根据自身特点做出内容创新和模式创新。根据新媒体用户的特点寻找新的关注点和新的视角，适应互联网话语体系，创新表达方式和分析模式，创新内容模式和报道方式。

4. 建立动态受众数据库和舆情监测系统

通过互联网和大数据等技术与读者建立全面连接，建立动态受众数据库，做好受众分析和舆情研判，是媒体融合的必经之路。新媒体依据用户行为轨迹，通过后台数据对用户的性别、年龄、职业、兴趣爱好、媒体使用习惯和使用场景、消费习惯等进行细致的追踪、统计和分析，受众或用户数据库可以成为媒体生产内容、设计产品、提供服务、延伸价值链和拓展营销渠道的重要依据和指南。利用新媒体建立大数据技术基础上的舆情监测系统，重塑主流媒体权威地位，坚守舆论阵地，占领信息传播制高点，是党和政府对媒体融合的必然要求，也是媒体理应承担的社会责任。

5. 中央厨房式的融合手段应在运作思路和模式上有所创新

媒体融合是传统媒体与新兴媒体的融合，但不是要取消媒体之间的差别，而是需要从其各自的传播优势和传播规律出发，提供内容和形式都更加丰富多样的媒介产品。报纸、期刊、广播、电视、网络电视、手机视频、社交网络、手机报、电子期刊、微博、微信、移动客户端等各种媒介形态必然在选题、采访方式、报道手段上有所不同。因此，类似于中央厨房式的媒体融合，不能一味追求形式上的融合，应该发挥不同媒体各自的优势，极大地丰富媒介产品。

（四）内容生产

1. 构建专业的数据分析团队，及时利用数据分析结果改进新闻报道方式和推送方法

"内容为王"对媒体来说永不过时，优质的内容在任何时代都不缺乏读者和市场，在移动互联网和大数据时代，媒体要将创意基因和技术基因相结合，将应用数据分析和提升用户体验作为改进报道方式、提升内容质量的重要途径。数据分析团队的成员不仅要能采访、编辑、搜索、编程，还要懂社群、社区，掌握数据技术，具有数据挖掘、统计和分析能力。将互联网产业的技术基因和内容产业的创意基因融合，这是改进新闻报道内容的必然趋势。

2. 根据不同媒介的传播特质制定不同的报道策略

每种媒介都有不同的传播特质，也都有自己的传播优势和劣势，应制定不同的报道策略，才能形成合力，从而增强传播力和影响力。纸媒的报道方式在微博、微信、客户端上就未必行得通，新媒体的语言和叙事方式也完全不同于传统媒体的严肃正统，网络用语不断翻新，甚至有些还被编入新版《现代汉语词典》中。传统媒体运营的新媒体也应强化互联网思维，以用户体验为中心，创新报道方式和叙事语言，以更好地吸引用户。

3. 发挥新媒体的技术优势，创新内容制作、呈现和传播形式

从用户需求出发，利用新媒体的信息制作优势创新内容传播，打造多样的内容产品，也就是用互联网的用户思维和产品思维创新内容传播流程，如众筹新闻、数据报道、可视化内容等，都是融合产品的热点，也是未来的发展趋势。

4. 利用融合技术打造平台型期刊媒体

期刊媒体融合的发展趋势是打造平台型期刊媒体，集成各类期刊的过刊资源和不断更新的连续期刊内容；作者可直接投稿，编辑可以直接审稿、编辑、配图、排版，发布并加上相关链接，专家可在线评议；可实现作者、编辑、审稿专家、用户的在线交流和互动；读者既可以搜索所需的文章，还可以上传内容、推荐内容、建立自己的"收藏夹"、发表评论和评价，也可以建立社群推荐评介期刊或期刊内容，形成一个开放的、先进的、不断更新的期刊出版和传播平台。

（五）盈利模式

1. 用户付费将成为主要收入来源之一

随着互联网和新媒体已渗透到人们生活和工作的方方面面，随着媒体使用体验的不断提升，用户已开始接受使用付费的商业模式，这一点从视频网站的付费市场的形成就可见一斑。艾瑞咨询《2015 年中国在线视频用户付费市场研究报告》显示，2015 年中国网络视频市场规模超过 400 亿元，其中付费会员费占比为 12.8%，付费用户收入达到 51.3 亿元，同比增长 270.3%。会员付费未来将成为视频网站主要的收入来源之一，这种盈利模式也将成为所有媒体应用的发展趋势。

2. 以 IP 售卖和营销为核心的跨界商业模式

2015 年，IP 一词大热，IP 类媒体产品产生了巨大的市场价值，据清科研究中心统计，中国市场共产生 IP 相关收购 42 起，其中披露收购金额案例数 39 起，合计产生并购金额 209.59 亿元，被并购企业涵盖影视、动漫、游戏、小说、艺人等多个领域；2015 年，共产生 IP 并购 23 起，涉及并购金额 78.74

亿元。IP 营销也随之成为热词,从影视界到媒体界无处不谈论 IP 营销。"IP 营销"甚至成为近几年来重要的市场现象,呈现出跨界合作这种新商业模式和新消费趋势。

3. 新媒体盈利模式从广告、电商到广告 + 电商

近年来,为了配合电子商务的发展,也为了促使广告内容以最快的速度变现,在网站和自媒体文字、图片、视频等内容中植入广告,并直接链接购物和付费页面,用户在使用过程中可以直接点击购买,在尽可能不影响用户体验的情境下推送广告,提高了用户对广告的接受度,起到了很好的效果。这种植入式广告也叫交互式广告,在自媒体等社交媒体上,也被叫作信息流广告,实际上是一种"广告 + 电商"的模式。

4. 传统媒体通过电子商务打造互联网盈利模式

传统媒体也在探索途径,积极与电商平台、产业实体合作,涉水电子商务,将其作为创新盈利模式的重要途径。目前,有部分传统媒体已开始了这方面的探索。这一互联网盈利模式符合未来的发展趋势,值得传统媒体进一步深耕细作,提升用户的购物体验,培养其消费习惯,从而使传统媒体既可以通过植入广告获取品牌投放费用,又可以帮助电商从节目获得流量入口和提高购买转化率,从中分得渠道收益。

5. 开展数据营销,为用户提供定制化内容和服务

利用新媒体打造自身的数据库和用户信息库,通过数据营销为用户提供定制化内容和个性化服务,既可以吸引用户付费,也可以吸纳更多的广告投放。在大数据、云计算、智能推送、智能搜索等技术的支撑下,定制化内容和个性化服务应成为媒体融合产品的重要内容,这也是数据营销的前提。数据化和定制化是未来媒体产品的必然标配,但也不可否认,这些数据资源目前仍主要掌握在互联网平台运营商和电信运营商手中,如百度、腾讯、阿里巴巴、中国移动等。而数据库资源和用户信息是作为主要内容生产者的媒体的核心资源,不能够依赖于其他平台,媒体应该学会建设自己的数据库和用户信息库,这是媒体融合时代媒体与用户建立连接的关键所在,也是媒体的核心竞争力。过去,传统媒体市场断崖式下滑不是因为失去了阵地,也不是

因为失去了渠道，而是传统渠道的另一端找不到受众，而新媒体为我们提供了新的渠道和平台，可以与受众建立更强大更紧密的连接，基于大数据技术的数据挖掘、计算和分析使传统媒体重新找到了受众，找到了受众需求，也就重新找回了市场。基于受众需求、兴趣偏好和用户体验的数据营销可以针对每一位用户的需求做出营销设计和服务改善，甚至一对一的用户关系管理也成为可能，因此必将建立起更加完备的服务链和价值链。

6. 以"新闻＋服务"战略寻求新的增长点

运用新媒体技术实施"新闻＋服务"战略，积极运用大数据分析与传统产业结合，打造出新的媒体服务空间，既可以为用户提供增值服务，也可以打造出媒体融合新的盈利模式，以寻求新的增长点。广电网络行业可以通过智能电视实现的电视、电脑、手机三屏合一全面抢占客厅，为用户打造超大屏的观赏体验，同时也可以通过客户端为用户提供新闻＋各种增值服务，如各种电影电视节目、电子商务服务、交水电煤气费等生活服务，收取广告费、电子商务销售收入提成、版权使用费、电视节目落地费等服务费用，创新电视的媒体融合盈利模式。浙报集团通过收购边锋和浩方游戏平台，拥有了大量用户，从而壮大了集团数据库，然后在此基础上增强集团的服务能力，如构建医疗挂号、水电气缴费、电商、快递查询等互联网上的民生服务平台，通过城市门户频道为用户提供地方生活资讯和吃住行等当地服务，通过个性定制频道根据用户的城市定位和阅读偏好，推送本地重要新闻、活动通知和个性化服务，这样可以赢得更多的用户和广告客户。

7. 网站和自媒体兴起新闻众筹模式

新闻众筹，即为新闻而进行众筹，具体做法是：首先，新闻记者或自媒体人通过网络平台提出一个新闻报道的计划；然后，受众通过捐赠一定的资金来资助他们认可的报道计划；在设定的期限内，如果这些记者能得到预期的资金数额，那么他们就可以用这笔钱来执行报道计划[1]。2008年美国的新闻众筹网站"Spot.us"成为新闻领域众筹模式的先驱，其众筹成功后会把报

---

[1] 林青华.众筹新闻的发展和思考[J].青年记者，2014（6）：65.

道、新闻线索或事实资料卖给新闻机构，这些钱会重新返还给该项目的捐赠者。2013 年 11 月"众筹网"上线"新闻众筹"平台，被认为是我国第一家新闻众筹网站。我国目前的新闻众筹模式主要是由一些有影响力的自媒体和自媒体人发起，主要内容是其捐赠者的共同诉求和共同兴趣所在，多是其关注领域的调查报道。随着受众对传播参与积极性的不断提高，为某个感兴趣的选题、为青睐的媒体或媒体人提供报道资金的意愿也日益强烈。新闻众筹不是以营利为目的，其共同宗旨在于公共利益和影响力，也正因如此，其调查报道因具有新闻价值往往可以得到其他媒体的青睐，从而达成版权交易。

不可否认，当前我国媒体融合发展挑战和机遇并存，媒体融合路径没有经验可借鉴，只能靠媒体人不断创新探索。在这条路上，有困难，有风险。在推动媒体融合过程中，如何保证国有资产的保值增值？一项新技术一旦应用转化为成熟的商业模式，是否会造成其他原有的技术或模式被取代？需要考虑的问题很多，需要解决的难题很多，但是这条道路是符合新闻传播规律和传媒业发展规律的，是推动我国传媒业做大做强的必由之路，因此中国传媒融合创新必须披荆斩棘、砥砺前行。

2017年

关键词：新闻时度效　互联网内容建设　网络强国　人工智能
网络空间命运共同体

十八大以来党的新闻出版理论十大创新成果[1]

十八大以来党的新闻出版理论创新成果有其时代背景：新闻出版理论创新成果是因应国际、国内舆论环境挑战的必然结果，是因应新媒体技术挑战的必然结果。十八大以来党的新闻出版理论创新成果是马克思主义新闻出版观基本原理与当代时代特征、当代中国实际相结合的产物，是马克思主义中国化、时代化、大众化的最新理论成果，是党的新闻出版工作指导思想的最新内容，是习近平文化思想的有机组成部分，是确保我国新闻出版业融合发展、建成新型主流媒体和牢牢掌握舆论主动权的光辉指针与科学指南。

一、新闻出版本体论：以人民为中心的工作导向

以人民为中心的工作导向是中国特色社会主义新闻出版业存在发展的定海针与压舱石，规定了我国新闻出版业的生命 ID 与根本属性，解决了新闻出版业的本体问题。这是新闻出版业一切工作的思想统领与根本原则，确保了新闻出版业的健康发展与价值所在。在 2013 年 8 月 19 日全国宣传思想工作会议上，习近平总书记强调，"要树立以人民为中心的工作导向，把服务群众同教育引导群众结合起来，把满足需求与提高素养结合起来"。在 2014 年 10 月 15 日文艺工作座谈会上，习近平总书记指出，"只有牢固树立马克思主义文艺观，真正做到了以人民为中心，文艺才能发挥最大正能量""人民需要文艺""文艺需要人民""文艺要热爱人民"。在 2016 年 2 月 19 日党的新闻舆论工作座谈会上，习近平总书记提出了三个坚持，即"党的新闻舆论工作要适

---

［1］　本文原载于《传媒》2017 年第 10 期。

应国内外形势发展，从党的工作全局出发把握定位，坚持党的领导，坚持正确政治方向，坚持以人民为中心的工作导向"。在新媒体技术环境下，互联网发展已经成为势不可挡的世界潮流，互联网不仅引发人们生活方式、工作方式的巨大变革，而且对我们党的执政方式也带来了深远影响。互联网已成为意识形态斗争的主战场、主阵地、最前沿。在 2016 年 4 月 19 日网络安全和信息化工作座谈会上，习近平总书记明确指出，"网信事业要发展，必须贯彻以人民为中心的发展思想""各级党政机关和领导干部要学会通过网络走群众路线""善于运用网络了解民意、开展工作"。马克思主义哲学本体论有三种形态，即物质本体论、实践本体论与存在本体论。以人民为中心的工作导向是新闻出版的根本属性，明确了新闻出版的本体所在。只有明确这个前提，新闻出版舆论导向才有了具体的对象范围与工作要求，凡是具有信息传播特性的媒体，都必须讲导向，并且是以人民为中心的舆论导向。习近平总书记在党的新闻舆论工作座谈会上指出，"新闻舆论工作各个方面、各个环节都要坚持正确舆论导向。各级党报党刊、电台电视台要讲导向，都市类报刊、新媒体也要讲导向；新闻报道要讲导向，副刊、专题节目、广告宣传也要讲导向；时政新闻要讲导向，娱乐类、社会类新闻也要讲导向；国内新闻报道要讲导向，国际新闻报道也要讲导向"。新闻出版的本体一旦确定，围绕新闻出版的所有争议也就有了明确方向与标准答案。

二、新闻出版工作原则论：党性与人民性的统一

在新闻出版实际工作中，"以人民为中心的工作导向"具体的首要工作原则就是坚持党性与人民性的统一，"党性正是人民性最根本、最集中的体现。概而言之，党性寓于人民性之中，没有脱离人民性的党性，也没有脱离党性的人民性"[1]。新闻出版的党性是指"党的新闻舆论媒体及其所有工作，都要

[1]　杨英杰.《坚持以人民为中心的工作导向——学习习近平同志在党的新闻舆论工作座谈会上的重要讲话精神》,《学习时报》2016 年 3 月 21 日，转引自中国共产党新闻网，http://theory.people.com.cn/ n1/2016/0321/c49150-28213101.html。

有看齐意识，体现党的意志、反映党的主张，维护党中央权威、维护党的团结，做到爱党、护党、为党，在思想上政治上行动上同党中央保持高度一致，不断巩固壮大主流思想舆论阵地，让党的主张成为时代最强音"[1]。习近平总书记在新闻舆论工作座谈会上强调，"党的新闻舆论工作坚持党性原则，最根本的是坚持党对新闻舆论工作的领导，党和政府主办的媒体是党和政府的宣传阵地，必须姓党"[2]。人民性是指，"我们党以全心全意为人民服务为根本宗旨，没有自己的特殊利益，体现党的意志就是体现人民的意志，宣传党的主张就是宣传人民的主张，坚持党性就是坚持人民性"[3]，"党性和人民性从来都是一致的、统一的。坚持党性，核心就是坚持正确政治方向，站稳政治立场，坚定宣传党的理论和路线方针政策。坚持人民性，就是要把实现好、维护好、发展好最广大人民根本利益作为出发点和落脚点，坚持以民为本、以人为本"[4]。

三、新闻出版功能论：新闻舆论"48 字"方针

习近平指出，在新的时代条件下，党的新闻舆论工作的职责和使命是：高举旗帜、引领导向，围绕中心、服务大局，团结人民、鼓舞士气，成风化人、凝心聚力，澄清谬误、明辨是非，联接中外、沟通世界。"这 48 个字将新的历史条件下我国新闻传播的政治社会功能进行了六个方面的阐述，是一种科学的概括提炼。""高举旗帜、引领导向"规定了新闻出版的政治功能，旗帜是一个政党、一个国家的指导思想与行动指南，对于党和全国而言，旗帜就是中国特色社会主义。因此，新闻出版就要高举马克思主义和中国特色社会

［1］ 杨煌.《新闻舆论工作要牢牢坚持党性原则》，《中华魂》，转引自《求是》2016 年 5 月，http://www.qstheory.cn/llqikan/2016−05/15/ c_1118867880.htm。

［2］《48 字箴言，为新闻媒体建设指引方向》，新华网，http://news.xinhuanet.com/newmedia/2016−02/21/c_135116740.htm。

［3］ 杨煌.《新闻舆论工作要牢牢坚持党性原则》，《中华魂》，转引自《求是》2016 年 5 月，http://www.qstheory.cn/llqikan/2016−05/15/ c_1118867880.htm。

［4］ 林如鹏，支庭荣.《我党新闻思想理论的创新发展——论习近平总书记新闻思想的系统性、创新性与时代性》，《光明日报》2017 年 6 月 9 日理论版。

主义理论体系这面旗帜。在实际工作中，新闻出版"必须把政治方向摆在第一位，牢牢坚持党性原则，牢牢坚持马克思主义新闻出版观"[1]。"引领导向"指"一方面需要新闻出版坚持正确的政治导向，把政治方向摆在第一位；另一方面要坚持正确的舆论导向，在价值观念、社会风气、新闻事件中扮演重要的角色，引导人民群众走向正确的认知方向，不被误导"[2]。"围绕中心、服务大局"规定了新闻出版的经济功能，每个时期党和国家的中心工作会有不同，习近平指出，经济建设是党的中心工作。具体而言，中心工作包括"四个全面"战略布局、"五位一体"总体布局、国家治理现代化等顶层设计。大局就是整个局面和整个形势以及由此带来的长远利益的走势。习近平总书记强调："必须牢固树立高度自觉的大局意识，自觉从大局看问题，把工作放到大局中去思考、定位、摆布，做到正确认识大局、自觉服从大局、坚决维护大局。"[3]新闻舆论工作要"胸怀大局，把握大势，着眼大事"[4]。新闻出版要明确自己的定位和职责，围绕经济建设这个中心，服务中华民族伟大复兴中国梦这个大局，发挥好自己的经济功能。"团结人民、鼓舞士气"，"在团结人民之时，习近平总书记同时强调了新闻出版鼓舞士气的责任。团结人民是方法，鼓舞士气是目标，两者互相配合，共同推动社会发展"。[5]"成风化人、凝心聚力"规定了新闻出版的文化功能，"成风化人"是指新闻出版通过正确的舆论引导，给人们以一种文化上的规定性。具体来说，就是通过传播中华优秀传统文化、社会主义核心价值观等主流意识形态，树新风、扬正气，形

[1]《习近平在党的新闻舆论工作座谈会上强调：坚持正确导向创新方法手段　提高新闻舆论传播力引导力》，《人民日报》2016年2月22日。

[2] 黄晓新，刘建华.中国传媒社会责任研究报告（2015~2016）[M].北京：中国书籍出版社，2017：226-228.

[3]《共产党人要有大局意识》，中国文明网，http://www.wenming.cn/specials/zxdj/xjp/xxjd/201407/t20140729_2087753.shtml。

[4]《习近平在全国宣传思想工作会议上强调　胸怀大局把握大势着眼大事　努力把宣传思想工作做得更好》，《人民日报》2013年8月21日。

[5] 黄晓新，刘建华.中国传媒社会责任研究报告（2015~2016）[M].北京：中国书籍出版社，2017：226-228.

成正确的风气，启迪教化人们。"凝心聚力"就是要通过精神文化的凝聚力作用，凝聚社会共识，为全面建成小康社会提供良好的舆论氛围和强劲有力的精神支柱；聚合全党全国各族人民团结奋斗的强大力量。"澄清谬误、明辨是非"规定了新闻出版的教育功能，新闻出版是公众认识世界的一个重要窗口，通过新闻报道、知识传播、观点解读，影响公众的认知与态度。对于社会上的一些错误认识、错误做法、不良风气与错误思潮，尤其是在新媒体语境中自媒体极为活跃的当下，新闻出版更应该不仅告诉人们是什么，而且告诉人们怎么样。要做人民的信息管家与意见领袖，发挥主流新闻出版业的深度报道与分析优势，用事实说话，帮助群众明辨是非，了解真相，把握正确的立场与态度。"联接中外、沟通世界"规定了新闻出版的外交功能，新闻出版因其传递信息快速、便捷、广泛的属性决定了它成为国家外交的有效手段，新媒体的瞬时、互动、移动、碎片化、无疆弗界等特性，更是使它天然地成为大国外交的选择。世界在关注中国，中国需要让世界更好地了解自己，随着"一带一路"倡议的顺利推进与影响力的扩大，迫切需要向世界各国很好地介绍中国主张和意志，这就需要新闻出版做好外交工作。

四、新闻出版效益论：社会效益为首位的两个效益相统一

新闻出版是有双重属性的，具有上层建筑属性与文化产业属性，即精神属性与物质属性，从而决定其既有社会效益又有经济效益。我们对新闻出版双重属性的认识有一个历史性过程：最初，新闻出版是党和人民的喉舌，是一种宣传工具，是一种社会公器，主要是宣传党的路线方针政策，传播新闻信息，传承知识文化。长期以来，新闻出版是作为一种事业来管理，突出其意识形态属性与社会效益。当中国特色社会主义市场经济确立为我国基本经济体制后，商品经济的发达促生了大量广告信息需求。新闻媒体实施"事业体制，企业化管理"，通过"二次售卖"获得了巨大收入，经济效益凸显；图书出版由于其主要传播知识的载体性质，时政新闻信息传播功能相对较弱，具备了"转企改制"的条件，在新闻出版管理部门的统一调控下，大多数出版社按照企业法人性质开展市场化经营，经济效益被摆在了前所未有的高度。

但是，无论是报刊媒体还是图书出版，以及层出不穷的新媒体业态，只要它们具备信息传播与知识传承功能，只要它们具备精神意识形态属性，只要它们是一种传播工具与社会公器，就必须有社会责任担当，必须对传播社会主义核心价值观、传播真善美负责，一句话，必须要有社会效益而不是仅顾经济效益。当社会效益与经济效益发生冲突时，必须选择社会效益。党的十八大以来，以习近平同志为核心的党中央非常重视新闻出版意识形态属性的强化与社会效益的发挥，中央出台的各种讲话与文件反复强调社会效益的优先位置。"习近平总书记明确指出，要把握好意识形态属性和产业属性、社会效益和经济效益的关系，坚持社会主义先进文化前进方向，把社会效益放在首位。"[1] 在 2014 年 10 月 15 日文艺工作座谈会上，习近平总书记强调，"一部好的作品，应该是把社会效益放在首位，同时也应该是社会效益和经济效益相统一的作品"。为了贯彻落实习近平总书记重要讲话精神，2015 年 9 月，中共中央办公厅、国务院办公厅印发了《关于推动国有文化企业把社会效益放在首位、实现社会效益和经济效益相统一的指导意见》。2015 年 10 月，中央政治局审议通过了《关于繁荣发展社会主义文艺的意见》。这些文件要求我们把坚持社会效益放在首位、实现社会效益和经济效益相统一作为新闻出版业的发展目标。

五、新闻出版宣传论：舆论监督与正面宣传的统一

在全国宣传思想工作会议上，习近平总书记指出，"坚持团结稳定鼓劲、正面宣传为主，是宣传思想工作必须遵循的重要方针"。习近平总书记认为，"做好正面宣传就是要用通俗易懂、群众喜闻乐见的形式讲故事、讲道理"。马克思主义新闻出版观认为，党的新闻舆论工作的目的在于团结人、鼓舞人、激励人、引导人，党的新闻舆论工作必须坚持团结稳定鼓劲、正面宣传为主的基本方针。正面宣传就是要围绕党的中心工作、从大局出

---

[1] 张贺.《着力健全确保文化企业把社会效益放在首位、实现社会效益和经济效益相统一的体制机制》，人民网，http://politics.people.com.cn/n/2015/0915/c1001-27583657.html。

发，及时准确地反映党的路线、方针、政策，反映现实生活主流，动员和激励人民群众自觉主动地创造幸福美好的生活，鼓舞人民群众斗志昂扬地去实现"两个一百年"奋斗目标和中华民族伟大复兴中国梦，把体现党的主张和反映人民心声统一起来。做好正面宣传，新闻出版业必须做到：第一，明确自身角色定位。作为党的主流媒体，要清楚自己是党的各种事业的宣传工作者，是中国特色社会主义建设事业的实践者，是人类历史文化的忠实记录者；第二，掌握新闻出版的传播规律。作为一种有目的性的正面宣传工作，新闻出版人应充分利用好新闻传播的客观规律与运行机制，使正面宣传入耳入心，达到理想的传播效果；第三，要创新方法手段。新闻出版要立足真实，紧扣问题，充分运用各种新手段新办法进行正面宣传。习近平总书记指出，"随着形势发展，党的新闻舆论工作必须创新理念、内容、体裁、形式、方法、手段、业态、体制、机制，增强针对性和实效性。要适应分众化、差异化传播趋势，加快构建舆论引导新格局。要推动融合发展，主动借助新媒体传播优势"。"舆论监督"是新闻媒体运用舆论的独特力量，帮助公众了解政府事务、社会事务和一切涉及公共利益的事务，并促使其沿着法制和社会生活公共准则的方向运作的一种社会行为的权利。新闻出版舆论监督的核心是公开报道与新闻批评，实现舆论监督的核心，一是需要足够的信息，二是需要理性、坦率的评论。舆论监督是人民群众行使社会主义民主权利的有效形式，但绝不能利用社会公器假借舆论监督之名行敲诈勒索谋取个人利益之实，甚至做一些损害国家与公众利益的事。"正面宣传"与"舆论监督"具有内容规定与目标追求的统一性。习近平总书记在党的新闻舆论工作座谈会上指出，"舆论监督和正面宣传是统一的。新闻媒体要直面工作中存在的问题，直面社会丑恶现象，激浊扬清、针砭时弊，同时发表批评性报道要事实准确、分析客观"。舆论监督可以更好地发现问题、正视矛盾并解决问题，从而实现发展、推动进步，有利于强化新闻出版业的公信力与影响力，可以使正面宣传取得更好的工作效果。从这个意义上来说，正面宣传和舆论监督并不是彼此对立排斥的矛盾关系，而是相互统一融合的辩证关系。正面宣传的同时还应该进行舆论斗争，以更好地实现舆论监督。

习近平总书记指出，"坚持团结稳定鼓劲、正面宣传为主，也不是说就当好好先生、当东郭先生、当开明绅士。对重大政治原则和大是大非问题，要敢于交锋、敢于亮剑"。舆论斗争是一项更具政治勇气与历史眼光的舆论监督，是新闻出版业亟须培养的一种战斗精神与高端能力。

六、新闻出版方法论：新闻出版传播的时度效

在党的新闻舆论工作座谈会上，习近平总书记指出，"做好党的新闻舆论工作，要遵循新闻传播规律，创新方法手段，不断提高能力和水平。党的新闻舆论工作是一门科学，必须按照规律办事。时度效是检验新闻舆论工作水平的标尺。不管是主题宣传、典型宣传、成就宣传，还是突发事件报道、热点引导、舆论监督，都要从时度效着力、体现时度效要求"。"时，就是时机、节奏。时效决定成效，速度赢得先机。没有时效性就没有新闻。"[1] 时，也就是新闻传播学的及时性，在传统媒体时代，及时性是以天、小时来衡量的，这是新闻的第一生命。数字信息时代，及时性已经从天、小时演变为分钟、秒，这是一种新的传播规律，是不以传统媒体意志为转移的新媒体传播规律。新闻出版业要尊重这个规律，要培养和提高认识规律、遵循规律的能力，按客观规律办事。新媒体环境下的及时性，还要追求"首发效应"，党的传统主流媒体不但要掌握、参与、变成新媒体，不仅要及时权威地传播党和人民的声音，而且要成为一切新闻信息的权威首发者，要"先声夺人、赢得主动，确保首发定调"。当然，这个及时性与"首发效应"，必须确保一个前提，即坚持新闻的真实性。度，就是力度、分寸。习近平总书记指出，"新闻报道该造势的要造势，但不能在个别用词上大造其势；该突出的要突出，但不能渲染过头，都搞成排浪式宣传；该有力度的要有力度，但不能大轰大嗡，不能为取悦受众而'失向'、因盲目介入而'失准'、为吸引眼球而'失真'、为过分渲染而'失范'、为刻意迎合而'失态'"。度就是新闻

---

[1] 中共中央文献研究室.习近平同志重要讲话文章选编［M］.北京：中央文献出版社，2016：430、432.

传播学中的适宜性，要求我们的新闻出版传播应与当前的政治、经济、社会、文化大环境相符合。度并不是否定真实性、及时性这些传播规律，而是在遵循这些规律的基础上进行因事制宜、因时制宜的传播，以达到更好的传播效果，有利于党和国家各项事业发展与人民幸福生活水平提高。习近平总书记关于度的五个"失"，实际上是对新闻出版传播存在问题进行的一种方法论意义上的纠偏，从报道范围、问题性质、对象情况、事件内容、媒体类型等不同方面提出了度的应用方略，是新闻出版业当前与今后必须遵循的科学指南。效，就是效果、实效。习近平总书记强调，"新闻舆论工作最终要看效果，这个效果就是群众口碑好、社会共识强"。在传播学中，效果研究是最重要的研究领域，传播者研究、内容研究、媒介研究、受众研究等，最终都要通过效果来检验，也就是说，前四大研究的终极追求，就是使新闻出版传播达到理想的效果。在传播效果研究史上，先后出现过枪弹论、有限效果论、适度效果论和强大效果论等理论，对如何开展新闻出版传播有较强的指导作用。习近平总书记提出的"效"，是对传播效果理论的继承，但又有新的发展和突破：首先，它是站在人民群众的立场，以人民群众的感受与认可为评价标尺，不是站在传播者的立场去试图控制与驾驭受众，体现了以人民为中心的工作导向。其次，它是从效果检验的角度倒逼新闻出版业革新传播方法手段，要找到报道问题、找准报道点、讲求报道艺术，"对一些重大敏感问题，要掌握好介入点，把握节奏、顺势而为，防止形成炒作"[1]。最后，它与时度相结合，形成一套有内在联系的战略方法，以一种结构性的力量促进新闻出版业开展新闻宣传工作，确保传播效果最大化。习近平总书记的"时度效"理论，是在新媒体环境下关于新闻出版业工作方法的新思想新观点，赋予了新的时代内涵，对新闻出版业时、度、效的认识水平和实践能力，提出了新要求与新路径，是我党新闻出版理论发展史上的重大创新。

---

[1] 中共中央文献研究室.习近平同志重要讲话文章选编[M].北京：中央文献出版社，2016：430、432.

七、新闻出版发展论："你就是我、我就是你"的融合发展

媒介技术的快速发展，数字技术、网络技术与移动技术驱动下的媒体形态革新，催生了众多新媒体业态。新媒体带来了一场人类生存方式的根本变革，国际国内、线上线下、虚拟现实等界限日益模糊，形成了传统媒体与网络媒体两大舆论场，且网络舆论场大有涵盖一切之势。据《中国互联网络发展状况统计报告》，"截至2017年6月，我国网民规模已达7.51亿，人均周上网时长26.5小时"。网络给人们出行、购物、娱乐等领域带来极大改变，人们的经济生活发生深刻变化，经济生活上的变化必然带来精神生活的变化，可以说，新媒体空间是精神生活的主要阵地。习近平总书记指出，"阵地是意识形态工作的基本依托。人在哪里，新闻舆论阵地就应该在哪里。对新媒体，我们不能停留在管控上，必须参与进去、深入进去、运用起来"。怎么参与、深入与运用呢？这就必须加快推进传统主流媒体的改革发展。2014年8月18日，中央全面深化改革领导小组第四次会议审议通过的《关于推动传统媒体和新兴媒体融合发展的指导意见》强调，推动传统媒体和新兴媒体融合发展，要遵循新闻传播规律和新兴媒体发展规律，强化互联网思维，坚持传统媒体和新兴媒体优势互补、一体发展，坚持以先进技术为支撑、内容建设为根本，推动传统媒体和新兴媒体在内容、渠道、平台、经营、管理等方面的深度融合，着力打造一批形态多样、手段先进、具有竞争力的新型主流媒体，建成几家拥有强大实力和传播力、公信力、影响力的新型媒体集团，形成立体多样、融合发展的现代传播体系。要一手抓融合，一手抓管理，确保融合发展沿着正确方向推进。在2016年2月19日党的新闻舆论工作座谈会上，习近平总书记进一步指出，"近年来，新闻媒体在融合发展方面做了大量工作，取得令人可喜的成绩，但总体上看，发展还很不平衡。融合发展关键在融为一体、合而为一。要尽快从相'加'阶段迈向相'融'阶段，从'你是你、我是我'变成'你中有我、我中有你'，进而变成'你就是我、我就是你'，着力打造一批新型主流媒体"。"你就是我、我就是你"这一闪烁着政治智慧与深远历史见识光芒的新型改革发展观，大幅解放了传统主流媒体融合发展

的思想包袱，加快了融合发展的步伐。部分新闻出版媒体已实现了"你就是我、我就是你"的融合改革发展，占领了网络舆论场的制高点，掌握了舆论引导的话语权。

八、新闻出版场域论：网络空间命运共同体

场域理论是社会学的主要理论之一，是关于人类行为的一种概念模式。场域的形成有特定的逻辑要求，在其中参与社会活动的个体，通过竞争与策略生产有价值的符号商品。"符号竞争的胜利意味着一种符号商品被判定为比其竞争对象拥有更多的价值，并可将之强加于社会，布迪厄称之为'符号暴力'。"[1] 布迪厄认为决定竞争的逻辑是资本的逻辑，这些资本包括经济资本、社会资本、文化资本与象征资本。新闻出版历来被认为是充满着激烈斗争的场域，如同美学场域、法律场域、文化场域、教育场域一样，新闻出版场域也是以一个市场为纽带，将新闻出版象征性产品的生产者与消费者联结起来，如报社、出版社、读者、广告商、政府管理部门等。它们由于占有资本的不同，都在进行角力，以争取更有利于自己的资源。在传统媒体时代，新闻出版场域大多限于一国一地区之内，场域的界限实际上就是国界和区界，国界／区界之外，新闻出版场域的作用就无法发挥。随着数字技术、网络技术与移动技术的跨越发展，随着世界多极化、经济全球化、文化多样性、社会信息化深入发展，互联网对人类文明进步发挥着越来越重要的促进作用，互联网把世界真正变成了"地球村"，全球新闻出版网络场域是一种客观存在。这个全球性的网络场域中的角力者是各个民族国家，不同国家由于历史发展与制度选择的原因，拥有的资本是极为不平均的，竞争活动也必然不平等，统治力量与被统治力量对抗的结果往往不是此消彼长的零和博弈，而是国家利益的双输与全球利益的共损。在 2015 年 12 月 16 日的第二届世界互联网大会开幕式上，习近平主席提出共同构建网络空间命运共同体。习近平总书记在网

---

[1] 转引自百度百科，https://baike.baidu.com/item/%E5%9C%BA%E5%9F%9F%E7%90%86%E8%AE%BA/10794660?fr=aladdin。

络安全和信息化工作座谈会上强调了六个问题：一是推动我国网信事业发展，让互联网更好造福人民；二是建设网络良好生态，发挥网络引导舆论、反映民意的作用；三是尽快在核心技术上取得突破；四是正确处理安全和发展的关系；五是增强互联网企业使命感、责任感，共同促进互联网持续健康发展；六是聚天下英才而用之，为网信事业提供有力人才支撑。在全球新闻出版场域中，中国可以利用自己的优势资本掌握场域竞争的话语权，使世界网络空间命运共同体成为一个自主化强的场域。正如布迪厄所说，"一个场域越是从社会场域和权力场域中获得了自主性，这个场域的语言越具有科学性。一个场域中的竞争和策略不仅取决于符号商品的价值，还有此场域的自主性，因为自主性强的场域遵循的是'是非'逻辑，自主性弱的场域遵循的是'敌友'逻辑"。

九、新闻出版对外传播论："讲故事"的国际传播

国际形象的塑造需要有较强的国际传播能力与国际传播话语权。党的十八大以来，习近平总书记多次强调，随着中国综合国力和国际地位的不断提升，国际社会对我国的关注前所未有，中国也需要塑造一个理想的国家形象。国家形象的塑造需要有较强的国际传播能力，需要掌握国际传播话语权。党的十八大以来，习近平总书记多次强调要加强国际传播能力建设，打造一批外宣旗舰，提升国际传播话语权，让全世界都能听到并听清中国声音。党的十八届三中全会通过的《中共中央关于全面深化改革若干重大问题的决定》指出，"要大力开展对外文化交流，加强国际传播能力和对外话语体系建设，推动中华文化走向世界"。对外话语体系的背后是思想，是"道"。要把这些中国主流思想与核心价值观传播介绍给国外受众，使他们熟悉、认可甚至认同我们的价值观，需要运用合适的传播方式，需要深谙国际新闻传播规律，以潜移默化的方式影响国外受众，提升我们的国际话语权，塑造良好的国家形象。为此，习近平总书记给我们开出良方，"讲故事，是国际传播的最佳方式。要讲好中国特色社会主义的故事，讲好中国梦的故事，讲好中国人的故事，讲好中华优秀文化的故事，讲好中国和平发展的故事"。当然，"不要

为了讲故事而讲故事,要把'道'贯通于故事之中。我们提出的'五位一体'总体布局、'四个全面'战略布局、五大发展理念、经济发展新常态,我们倡导的正确义利观、命运共同体、新型大国关系、共建'一带一路'等重大理念,就要加大传播力度,使其成为世界表达中国故事的源头、读懂中国的标识"。习近平总书记认为,"讲故事就是讲事实、讲形象、讲情感、讲道理"。这种新闻出版传播新思想,是对原有新闻报道理论诸如新闻六要素"5W1H"、新闻客观性、"倒金字塔"等理念的重大突破创新。这是以习近平同志为核心的党中央,针对新媒体背景下,信息消费碎片化、快餐性、巨量性、受众注意力资源极为有限等情况,审时度势、高瞻远瞩,做出的重大理论创新,是对马克思主义新闻出版观的继承和发展。

十、新闻出版教育论:"部校共建"新闻学院

作为一种内容生产机构,新闻出版媒体竞争的关键是人才竞争,其优势核心就是人才优势,需要优秀人才进行不断的创意,生产出人民群众喜闻乐见的产品,符合党和人民的需要,符合时代的需要。在党的新闻舆论工作座谈会上,习近平总书记指出,"新闻舆论工作队伍的政治素养、理论水平、政策水平、业务能力,直接关系党的新闻舆论工作效果。要适应新形势新任务的要求,加快培养造就一支政治坚定、业务精湛、作风优良、党和人民放心的新闻舆论工作队伍"。党和人民需要的合格新闻出版工作者,应符合四个要求:一是有政治家办报意识,有大局意识,做到服从服务于党和国家大局不错位、党和人民需要时不缺位。二是牢记新闻出版特殊的社会责任,不断解决好"为了谁、依靠谁、我是谁"这个根本问题。三是不断提高业务能力,会使"十八般兵器",成为全媒型、专家型新闻出版工作者。四是坚持转作风改文风,新闻出版工作者走在路上、走向基础、走进现场,创作出有时代、有群众、有温度的作品。为了培养符合党和人民需要的新闻出版人才队伍,习近平总书记号召"全社会都要关心爱护新闻出版工作者,理解支持他们的工作,维护他们的合法权益。要深化新闻单位人事管理制度改革,增强大家的事业心、归属感、忠诚度"。除此之外,习近平同志还高瞻远瞩,紧紧扣住

新闻出版教育机构这个衣领扣，通过划时代的"部校共建"举措改革高等院校新闻出版人才教育，从源头上确保合格人才的培养。在2017年10月3日祝贺中国人民大学成立80周年的致信中，习近平总书记强调，"当前，党和国家事业正处在一个关键时期，我们对高等教育的需要比以往任何时候都更加迫切，对科学知识和卓越人才的渴求比以往任何时候都更加强烈。希望中国人民大学以建校80周年为新的起点，围绕解决好为谁培养人、培养什么样的人、怎样培养人这个根本问题"。在2016年2月19日党的新闻舆论工作座谈会上，习近平总书记指出，"新闻院系教学方向和教学质量如何，在很大程度上决定着新闻舆论工作队伍素质。要把马克思主义贯穿到新闻理论研究、新闻教学中去，使新闻学真正成为一门以马克思主义为指导的学科，使学新闻的学生真正成为牢固树立马克思主义新闻出版观的优秀人才"。"部校共建"新闻学院最早始于2001年上海市委宣传部与复旦大学的合作。得益于这种机制，复旦大学新闻学院教学水平、科研能力持续提高，始终在全国高校新闻传播院系中保持领先。毕业生大多数前往采编一线，许多已经成为业界骨干和领军人才。2013年底，中宣部、教育部联合发出《关于地方党委宣传部门与高等学校共建新闻学院的意见》，北京市委宣传部与中国人民大学等10个省市委宣传部门与高等学校签订了部校共建协议，2014年，北京大学、清华大学分别与新华社、人民日报社等中央媒体签订了协议，部校共建、媒体与高校共建新闻学院是新闻教育史上具有伟大变革性的举措，突破了新闻出版人才教育传统理念的束缚，为中国特色社会主义新闻出版人才培养提供了科学有效的理论指导。

2018年

关键词：两微一端　网上网下同心圆　数字经济　最大增量　县级融媒体中心

中国报业融合创新现状、问题与趋势[1]

当前，缺少新媒体技术人才和复合型人才是传统报业转型升级的短板，尤其是缺少既懂传统媒体又懂新媒体、懂数字技术又懂融合运营管理的跨界复合型人才。报社自身通过不同的培训和学习，加大新媒体人才的培养力度。同时，构建绩效考核与工作激励机制，让人才充分发挥自己的聪明才智，共同促进报社的整体发展。

数字技术与移动网络技术对报业发展构成的挑战，用"生死存亡"来形容，一点也不为过。政府、业界、研究者与读者，都想方设法为报纸的救亡图存提供各种应对策略。融合创新是公认的必由之路，甚至是唯一路径。传统媒体与新兴媒体在融合发展中实现习近平总书记所提出的"你就是我、我就是你"的终极蓝图，似乎还有一段路要走。融合过程中碰到的一些问题、矛盾与困惑，使从业人员不免有所沮丧、泄气甚至绝望。基于此，本课题组在全面梳理报业发展现状的基础上，力求精准找到当下最需要解决的问题，预判未来发展趋势，为报业融合创新提供参考。

一、中国报业概况

发行数量。2016 年，全国共有报纸 1894 种，出版报纸 390.07 亿份，总印张为 1267.27 亿印张。2014 年是传媒融合元年，与 2013 年相比，2016 年报纸减少了 21 种，出版社增加了 2 家，期刊增加了 207 种，这是一个值得思考的数据。报业的颓势在发达国家早已凸显。众所周知的《基督教科学箴

---

[1] 本文原载于《传媒》2018 年第 4 期。

言报》《赫芬顿邮报》《独立报》都宣告纸质版停刊，转向数字媒体。我国从2014年到2017年初，也有多家报纸宣布停刊或休刊，如《新闻晚报》《生活新报》《河南青年报》《京华时报》《东方早报》等。

读者结构。2016年，伴随互联网成长的"80后""90后"成为主要消费群体，他们的生活与互联网密不可分。中国新闻出版研究院于2018年4月发布的第十五次全国国民阅读报告数据显示：我国2017年成年国民报纸阅读率为37.6%，比2016年的39.7%下降了2.1个百分点，与2016年相比，对纸质报刊的阅读量和接触时长持续下滑。而与此相对应的是，成年国民手机阅读接触率连续九年增长，成年国民日均手机接触时长达80.43分钟。不仅是年青一代，老年人的报纸阅读率也在下降，2016年互联网新增网民中19岁以下和40岁以上的人数增加幅度最大，这说明老年受众也开始逐渐接受互联网阅读方式。

经营状况。报纸市场的断崖式下降趋势还在继续，根据中国广告协会报刊分会和央视市场研究（CTR）的数据，2012～2016年中国报业广告刊登额的降幅分别是7.3%、8.1%、18.3%、35.4%和38.7%。报纸广告市场规模不足六年前的三成。从2012年起，报纸订阅量就呈现加速下降的趋势，2015年的订阅率下降幅度超过50%，读者流失情况严重。

运作模式。报业广告收入和发行收入大幅下降，随着报业经营环境的持续恶化，很多报纸开始减少版面或出版期数，缩减发行量，相关内容被新媒体传播取代，这样可以直接减少出版成本，缓解经营困境。当前，报业在新媒体领域已经发展成微博、微信、客户端的"两微一端"标配模式，并且这些新媒体的用户数量远超报纸的读者数量，既继承了报纸原有的公信力和引导力，也具备了一定的传播力和影响力，因此成为报业发展的重心。报业一方面在内容和产品、渠道和平台上积极探索与新媒体的创新融合；另一方面，在经营管理上开展跨界经营、多元化经营，创新经营思路，并与新媒体结合起来进行多元化经营转型。

二、中国报业融合创新的现状

报业纷纷打造以"中央厨房"等为代表的融媒体中心，并将其作为媒体融合的龙头工程。2016 年 2 月，习近平总书记在人民日报社调研时对"中央厨房"给予了极大肯定。此后，"中央厨房"作为标配与龙头工程，在各地掀起了各类媒体建设"中央厨房"的浪潮。"中央厨房"无论以何种名称存在，无论以什么样的物理空间呈现，目的都是重构采编发网络、再造采编发流程，推动新闻传媒体制机制等的不断完善。浙江日报报业集团的"中央厨房"——媒立方系统已实现了常态化使用，在浙报传媒大厦 22 层有一个专门的"中央厨房"控制室，也是每天"一日三会"举行的地方，左右两边的座位环形围绕在显示屏周围，是采编人员和设计人员值班的地方。这个"中央厨房"控制室中央是一个演示大屏和一个操作小屏，大屏可显示当日新闻的所有动态，如今日热点新闻 TOP10、今日本报记者上传所有素材、所有选题、已用的选题和在编辑的稿件等；还可以切换大屏内容，转为新媒体云服务平台业务监控，可实时监控微信粉丝数、不同微信公众号粉丝动态、云平台用户数变化趋势图、互动活动动态、活动参与人数趋势图，以及在地图上清晰显示不同地域用户的浏览情况等。这个"中央厨房"以媒立方技术平台为主要支撑，这个媒立方的常态化使用直接倒逼了集团组织架构、采编发流程以及内容生产体制机制和考核机制的改革和优化，推动形成了"一次采集、多种产品、多媒体传播"的工作格局。

大部分报社或报业集团不断完善融合背景下的人才引进、培养、考核和激励机制。当前，新媒体技术人才和复合型人才是传统报业转型升级的短板，尤其是既懂传统媒体又懂新媒体，既懂数字技术又懂融合运营管理的跨界复合型人才。报社自身通过不同的培训和学习，加大新媒体人才的培养力度。同时，构建绩效考核与工作激励机制，让人才充分发挥自己的聪明才智，共同促进报社的整体发展。浙报集团在创新人才机制上始终不遗余力，该社通过新媒体孵化基地和中国新媒体创业大赛等形式积极鼓励采编人员参与新媒体创新。每年按营业收入的 2% 提取专项研发经费，投入新媒体产品及技术研发。这些举措大幅激发了全社的创造力和生产力，使浙报成为全国报业发展的"领头羊"。部分报业集团或报社开始探索核心团队和公司骨干持股来创新人才激励机制。上海报业集团旗下的澎湃新闻参照网络创业公司管理模式，实行核心团队集资持股，极大地提高了团队的积极性。

以资本运作和市场化手段助力媒体融合深入发展。在报业转型升级的发展道路上，内容融合、渠道融合、平台融合是其基本主题，随着融合的深度与广度的不断拓展，资本与媒体的融合已是大势所趋，而且成为整合一切资源促进融合创新的强大助力剂。2016年2月2日，重庆文化产业投资集团注资《重庆晨报》6000万元，推动其融合转型升级。2016年3月27日，南方报业等4家广东省直传媒企业和海通创意资本管理有限公司等金融机构合作，成立广东南方媒体融合发展投资基金，这是广东省首只媒体融合投资基金，总规模达到100亿元。2016年12月28日，上海6家国有企业战略入股上海东方报业有限公司，以6.1亿元的增资总额改变了其股权结构，上海东方报业有限公司持股比例减少为82.2%。"界面"也是媒体与资本合作的成果，国泰君安、海通证券、弘毅资本、小米、360等资本进入后，上海报业集团只是对"界面"以略超50%的比例控股。

报业通过"内容＋服务"提升媒体服务能力，通过强化服务性以实现运营创新。"内容＋服务"的经营创新，使报业获得了新的市场领域，给受众提供的不仅是新闻服务，更多的是生活信息服务，实现了强大的增值效应。广州日报移动新闻客户端在保持原权威内容、即时资讯的基础上，重点打造服务民生等项目，通过与本地公共服务平台进行合作，提供个税、医保、水电、挂号、违章查询等众多本地生活服务功能。《光明日报》的"光明小明"，以文字和语音两种方式向受众提供服务，消费者可以通过其查询机票、预订电影等新闻和生活服务信息。浙报集团提供面向互联网用户的综合文化服务，以垂直领域和区域性"新闻＋服务"平台化运营，形成线上线下有效互动，为人们提供网络阅读、影视、动漫、游戏、视频、政务服务、媒体电商、区域生活门户、居家养老、网络医院、教育培训等综合服务。萧山日报社围绕萧山区党委政府和区域老百姓的实际需求打造新闻和垂直内容等免费产品和增值服务。围绕党委政府的中心工作发布新闻,并提供舆情监测、网络问政等定制化的政务服务。对区域老百姓构建本地以家庭单位为核心的用户服务平台,打造"线上 + 线下、平台 + 实体的社群融合生产力",就是将特定行业或有共同兴趣爱好的读者和用户集聚到一起,打造教育、养生、养老、理财、公益、旅游、房产等线上社群,并针对每个板块或行业建立公司,"一行业一公司"为用户提供相应的产品和服务,实现精准用户营销。这一创新举措使《萧山日报》2016 年的营业收入达到 2.97 亿元,实现利润 2950 万元,而 2003 年利润仅为 279 万元。

以"两微一端"为标配打造全媒体传播矩阵。"两微一端"是报纸进行融合创新的主要抓手,报纸基本都创办了自己的微博微信号和客户端,期望利用新媒体产品在新媒体用户和融合产品市场领域拥有自己的一席之地。目前,据估计,报纸微信公众号已超过 1300 万个。在客户端建设方面,虽然没有微信公众号那么庞大,但发展势头也非常迅猛。2016 年以来,《天津日报》的"新闻 117"、《河南日报》的"大河"、《甘肃日报》的"神舟"、《羊城晚报》的"羊城派"、《青海日报》的"中国藏族网通"等都是省级报团客户端发展的重要标志。目前,重庆日报报业集团已拥有 15 报 4 刊 13 网 5 端、1 个手机报、81 个官方微信号、25 个官方微博号。浙江日报报业集团拥有《浙江日报》《钱江晚报》等 33 家纸媒,300 多个法人微博、微信公众号和客户端组成的新媒体矩阵。这些传媒企业已走在了全媒体传播矩阵建设的第一方队。

运用各种技术来创新内容生产方式和内容表达形式,打造报业媒体融合的新形式和新产品。技术是推动媒体融合创新的主要力量,在传媒发展史上,新的媒介形态的出现,都是基于技术的革新。今天,以数字技术与网络技术为基础的大数据、云计算、人工智能、区块链等,为报业融合创新提供了新的历史机遇,利用这些技术,可以创新传媒内容生产方式与内容表达形式,推出满足消费者需求的多元媒体融合产品。澎湃新闻要求记者、编辑必须具备全媒体生产能力,内容产品表现为文字、视频、动画、直播、VR、可视化数据新闻绘画、摄影、音频等多种形式。重庆晨报客户端率先推出全国首个 VR 新闻频道,可以 720 度无死角还原新闻现场。《光明日报》、光明网通过全景照片摄制技术，以 H5 页面技术还原真实现场，让受众在参与感和互动感的强烈氛围中更好地接受产品。《中国日报》实现世界首例人工智能视频采访，通过整合人工智能技术制作虚拟视像，可全天候、全方位回答全球受众的提问，成为世界上首家将人工智能技术融入新闻采访实务的媒体。

视频类产品成为报业与新媒体融合的发力对象。在报纸的融合创新发展中，全媒体传播能力的建设，使得视频类产品成为报纸发展的一个主要发力对象。腾讯网总编辑王永治认为，或许下一代统治移动终端的将是视频类内容。新媒体带来了视觉传播时代，视频类产品深受广大媒体用户青睐，随着 5G 的到来，视频产品必将迎来发展的黄金时期。当前新媒体视频竞争者很多，但是优秀的原创视频却很少，报业已经意识到这一点，纷纷布局视频领域。广州日报报业集团进一步发展音视频部，形成具有广州特色、侧重服务的精品视频栏目，在全媒体平台上展示《广州日报》新媒体成果。《云南信息报》新媒体影视中心成立后，与多家省内视频制作机构签约，布局视频领域的内容生产和传播。《南方周末》的广东南瓜视业文化传播有限公司也直入视频市场，筹划推出了一系列文化类和生活方式类的节目。作为上海报业集团的"澎湃视频频道"上线后，设立多个视频栏目并推出多场新闻视频直播，"界面"也组建了一个超过 50 人的、年轻的、充满激情的拍摄团队来做视频项目。浙江日报报业集团专门组建全媒体视频影像部，打造自己的视频内容生产排头兵和专业队。

建立和充实用户数据库，充分利用大数据技术打造新的融媒体产品和盈利模式。大数据技术的突破，使得数据库的建设发展变得越来越重要，对于报业来说，用户数据库的应用是其转型升级的一个重要支撑，可以整合传统报纸的大量用户资源，提供多元信息服务，打造新的融媒体产品和盈利模式。浙报集团于 2016 年 4 月正式上线的"媒立方"系统，包括一个大数据平台和一个智能传播服务平台，可以实现全媒体、全流程、全天候新闻采编发布和传播效果监测。浙报集团旗下浙报数字文化集团股份有限公司牵头建设浙江大数据交易中心获浙江省政府批复同意，公司以自筹资金建设"浙江大数据交易中心"，定向增发募集资金 19.5 亿元，建设"富春云互联网数据中心"，同时建设"大数据产业园"并设立"大数据产业基金",目标是打造大数据交易中心、大数据产业基金、大数据产业园、大数据服务"四位一体"大数据产业生态圈,布局大数据产业链,旨在实现对数据的集聚、开发和应用,实现更有针对性的产品设计和服务,达到精准传播,并且促进数据资产转化,实现数据商业价值,建立数据融通的数据交易服务产业生态圈。澎湃新闻利用内容和资源生成大数据、解读大数据,与高校建立数据新闻实验室,用大数据建立新的内容生产方式。当下,算法新闻作为运用智能算法工具自动生产新闻并实现商业化运营的一个新应用,是报纸进行融合创新发展的重要契机,是推动用户数据库建设的一股新力量。

三、中国报业融合创新的问题

缺乏融合创新终极蓝图。在融合创新的历史大潮中,中国报业基本上是一种被动的、应景的、拆招式的态势。所谓被动的,是指报业作为媒体类型迭代竞争中的市场主体,错失了未雨绸缪、占据第一落点的先机,丧失了先发优势,从而陷入一系列蔑视、排斥、恐慌与自弃的被动行为中。应景的与拆招的就是被动之后的主体抗争,或出于生存的需要,或出于管理部门的要求,或出于技术与资本力量的驱动,报业通过一系列的增量行为,给自己全身配置了层出不穷的新媒体武器。然而,这些增量新媒体,如同小舢板一样,既不能与传统媒体母船融为一体,成为新型媒体战舰,又没有力量与市场大潮中的新媒体进行竞争,徒然成为一串美丽的数字游戏。报业在被动地应景与拆招之后,陷入了深度的疲惫与无助中,自我否定与自我放弃也就成了报业组织与从业者的一种"新常态"。

有没有报业融合转型的良方呢?习近平总书记给出了答案,即"你就是我、我就是你"的深度融合。这种深度融合的前提就是报纸融合创新蓝图。确定蓝图需要大智慧、大勇气与大战略。第一,必须解决存量问题,要直面报纸存量中的管理模式、生产模式、经营模式与人才培养模式问题,要调整激活存量中人财物要素的活力与生产力,通过"放血"与"变血"的方法改造不适宜新媒体环境的一切元素。第二,明确报纸融合创新的目的不是自我生存与救赎，而是积蓄力量更好地服务党和人民，为经济社会发展提供信息参考与意见管理，成为有传播力、公信力与影响力的主流媒体而非"豪门食客"。第三，融合创新需要用户思维，报纸必须改变传统读者思维习惯，迅速变身为现代市场主体，在用户思维的指引下，不注重一城一地的得失，通过多元产品经营，实现协同联动创收效应。第四，要成为"阳光媒体"，即"无论是传统媒体还是新媒体，都以主体身份独立存在，依然发挥不可替代的媒体传播功能，只是各自在信息传播这个大盘子中所占比例与角色不同。融合后的呈现形态跟阳光一样，看起来是白色的，但实际上是由红、橙、黄、绿、蓝、靛、紫七种单色光的独立颜色组成的。在媒体融合后的'阳光媒体'中，报纸、期刊、电视、网络、移动互联网等就是红、橙、黄、绿、蓝、靛、紫等各种独立的颜色"。阳光媒体实现了"你就是我、我就是你"的深度融合，存量与增量融为一体，报业融合创新蓝图也就得以实现。

缺乏融合创新协同机制。当前媒体融合创新协同机制的缺乏表现在三个方面：第一，报纸个体"中央厨房"的协同机制欠缺。在新媒体的冲击下，"中央厨房"是传统媒体融合创新的标配，大家一度以为找到了生存发展的抓手。"中央厨房"的核心是建立内容生产一体化组织体系，从调整组织架构入手，梳理和优化重组编采发流程，形成"一次采集、多种产品、多媒体传播"的工作格局。然而，理想与现实总是有一些距离，"中央厨房"依然存在一系列问题，诸如缺乏资金、技术、人才等，也存在不平衡不充分的问题。"中央厨房"不是任何一家报纸想做就能做得起来的，即使构建了一个形式上的实体，但大多很难成为日常性的工作机构。"中央厨房"的突出问题就是协同性问题：一是记者之间的不协同，跑不同口的记者很难就一个采访主题形成协同效应，依然是各干各的活儿、各跑各的路；二是编辑中心的不协同，负责报纸、社交媒体、网络媒体、户外数字媒体等不同媒体类型的编辑中心很难发挥协同效应；三是经营与采编的不协同，有些看似合在一起，但其实是各占山头，有些报社把采编、行政、经营合为一体，看似融为一体，但每个人都搞经营的方式又偏离了报纸主业的初衷，不是值得复制的商业模式。

第二，报纸主体之间的协同机制欠缺。报业作为一种类型媒体，在救亡图存的大业中应该需要一种协同机制，但事实是"大难来临各自飞"，机警度高的、危机感强的报纸似乎更聪明一些，尽管其也丧失了第一落点发展的机会，但能很快抓住政策优势开展多种经营，走上了新媒体大潮发展的康庄大道，但大多数报纸还在生存线上挣扎。尽管在融合创新上也相互学习，然而，这些市场主体就如同一堆分散的原子，没有一种协同机制把它们的集体力量整合起来，共同开拓融合创新大业。殊不知，如果森林不在了，孤零零的一棵大树最终依然会被狂风刮倒。"抱团取暖"是一种选择，但是，如果这个团中的很多个体自身不发热了，大家依然会被冻死。

第三，报纸业界与理论界欠缺协同机制。理论界不仅要总结成功经验、发现规律，进行理论研究，更应该直面问题、提供解决方案，进行应用研究。对于今天的报业而言，不仅需要理论界给予战略信心和鼓励，更需要理论界的策略点子抓手。然而，我们的理论界似乎太"无情"，不仅难有可资借鉴的真知灼见，而且更多的是对报纸这一传统媒体的抛弃。报纸业界伤心之余，很多主体关闭了与理论界沟通的渠道，埋头搞生存，这种缺乏对话的孤军行为，最终还是会尝到苦果的。

缺乏融合创新精品内容。在融合创新道路上，要彰显传统媒体的核心竞争力，与新媒体最终融为"你就是我、我就是你"，精品内容永远是王道。报纸既不能在时间上优于新媒体，又不能在权威性上、深度上、可读性上优于新媒体，那就真的要被无情抛弃了。当然，我们说的精品内容包括消息、评论、深度报道等各种新闻产品，报纸在这些方面都应该而且能够有所作为。通过精品内容为政府、企业和老百姓做好服务，再通过广告、其他产品经营获得政府、企业与老百姓的回馈，改变原来赤裸裸的二次销售方式，而是通过协同联动创收机制获得更好的利益，成为用户信息服务不可或缺的提供者。

要把内容创新作为根本，全面提升传播力、引导力、影响力、公信力，必须做到以下几点：一是要塑造新型传播格局。构建人工智能支撑下的新媒体矩阵，对传统媒体进行资源优化整合，构建起以移动互联传播为主要渠道、以报纸传播为权威依托的新型传播格局，报纸、在线网站、微博、微信和专业 APP 同时发力，以获得量大质优的稳定用户。二是要提升影响力和公信力。

要坚持以社会效益为首位的两个效益相统一，全面强化内容精品化水平，提高原创内容生产能力，紧跟政策趋势，紧抓时代命脉，紧扣人们心弦，生产人们喜闻乐见的产品。三是利用互联网大数据技术及前沿人工智能技术指导精品内容生产。遵循互联网传播规律，以用户为核心，参考产品传播力指数考核评价，利用用户规模、活跃度、10 万＋阅读数、竞品排序等可以量化的指标体系，评价消息、评论及深度报道的传播力，调整生产方向与生产方式方法。

缺乏融合创新必胜信念。2015 年 2 月，习近平总书记强调：人民有信仰，民族有希望，国家有力量，要锲而不舍抓好社会主义精神文明建设。信仰是一种重要的力量，尤其是在艰难困顿时期，在普遍认为不可能的情况下，信仰是支撑一个人、一个组织、一个国家坚持走下去的核心力量。

对于报纸等传统媒体而言，融合发展是救亡图存的唯一道路，除此之外别无他法，否则只能是放逐自己到历史的尘埃中。然而，对于融合创新发展，不用说社会公众与其他组织，就连很多报纸领导与从业人员都信心不足，认为融合创新还不如直接把报纸关掉，办一些公众号之类的新媒体就可以了。其实，融合创新要达到的"你就是我、我就是你"的目的，不仅是一种政治考量，也是一种经济考量、一种社会考量、一种精神道德考量。很多人认为政府保留报纸是自己的舆论引导与意识形态宣传的需要，事实并非如此。经济考量就是通过融合创新使传统媒体获得新生、具有强大的自我生存能力，更能体现媒体的公正性与客观性，也能增强媒体的传播力与影响力；社会考量就是通过融合创新实现"阳光媒体"的目的，保留人类社会发展史上一切做出重大贡献的事物，如同我们倡导的多元文化一样，不能只有一种文化、一种声音、一种意见，而应该百花齐放，使这个社会在多元丰富中持续发展，多元媒体也是当代人们受惠先贤、泽惠后世的历史选择与责任担当。精神道德考量通过本身就是传承精神文化载体报纸的自我涅槃，向全社会证明信仰的力量。我们相信，只要报业有对融合创新必胜的足够信仰，就一定能够摆脱在救亡图存道路上挣扎的命运，就一定能够走向"你就是我、我就是你"的崭新媒体世界。

四、中国报业融合创新趋势

报纸种数将不断减少，报纸在洗牌整合过程中逐渐形成一省一报团。按照学界与业界的统一说法，2014 年是媒体融合元年，笔者把元年之前的 2013 年与之后的 2016 年进行比较，中国新闻出版统计资料汇编显示：出版社的数量几乎没有变化，2013 年是 582 家，2016 年是 584 家；期刊增加了 207 种，2013 年是 9877 种，2016 年是 10084 种；报纸减少了 21 种，2013 年是 1915 家，2016 年是 1894 家。报纸减少数量最多，虽然"21"不是一个很大的数据，但实际上反映了报纸举步维艰的巨大困境。为什么只是这 21 家报纸关门，其他报纸却没有倒闭？不是因为其他报纸做得好，更多可能是出于各种因素的考虑苦苦挣扎而已，如果让报纸自己选择，也许会有成百上千家报纸愿意宣布停刊转型。美国早就实行"一城一报"，据悉，美国 98% 的城市只有一家报纸，美国的"一城一报"是报业多年自由竞争的结果。今天，数字技术、网络技术与移动技术的快速发展，使媒介资源趋向于无极限，人们的媒介获得权与传播权无限扩大，网络、微博、微信、公众号等新媒体的出现，言论观点的多样性让我们走向了信息大爆炸时代。新媒体大幅压缩了传统媒体的发展空间，受众资源大多流向新媒体，这就有必要思考是否还需要那么多家都市报。报业未来发展趋势应该是一省一报团，这个报团既有传统媒体又有新媒体，既有媒体公司又有非媒体公司，既有产品生产组织又有服务提供组织。在传统媒体中，报纸数量会大幅压缩，以省为地理空间的话，一个省只需保留一张省级党报、一张都市报，在党报与都市报中，会有各市县级专栏或专版，与报纸相匹配的公众号会成为各级政府与组织信息资源的聚散地与发布中心。

媒体技术不断革新，人工智能将成为报纸融合创新的活力源泉。人工智能不是一个新概念，1958 年，建立了 Unimation 公司的机器人之父恩格尔伯格发明的世界第一台工业机器人就有人工智能的雏形，"护士助手"作为自主式机器人，大幅提升了人们对人工智能的期待。此后几十年，人工智能基本处在一个较为稳定的发展状态。2016 年 3 月，谷歌研制的阿尔法狗在人机大战中战胜当代世界围棋第一高手李世石，人工智能给人们提供了无限想象。阿尔法狗（AlphaGo）的关键原理是"深度学习"，简而言之，就是输入大量矩阵数字，利用非线性激活方法获取权重，再输出另一个数据集合，这个数据的输入与输出，就会形成人工神经网络，具备类似于人脑的信息处理、综合、研判与决策功能。这个人工"大脑"能够处理精准复杂的事物，就像人们识别物体标注图片一样进行辨认与取舍。人工智能把模仿人们机械性行为的技术推进到模仿人们思维方式的技术，其可以取代大量的简单思维方式的劳动力，如物流、超市等。应用到传媒领域，可以实现机器人写作，消息、评论甚至深度报道都可以通过人工智能来实现。除了采编系统，对于发布系统而言，更是人工智能的天下。诸如"中央厨房"之类的融合技术标配，基本都是大数据与人工智能的结果，随着人工智能对内容生产方面的深度参与，可以确定，除创意性的文学作品与较复杂的深度报道、解释性报道之外，人工智能将会在采编发生产链各个环节及经营管理等相关领域被广泛应用。相信在不久的将来，基于人工智能融合创新的媒体商业模式定会大放异彩。

媒体生产日趋多元，全媒体人才是报纸融合转型成功与否的关键。媒体是从事精神文化生产的机构，对于人才尤其是创意人才永远都处在渴求的状态，那种有独特创意的全媒型人才更是媒体融合发展的生死维系者。习近平总书记对新闻人才的培养十分重视："新闻舆论工作队伍的政治素养、理论水平、政策水平、业务能力，直接关系党的新闻舆论工作效果。要适应新形势新任务的要求，加快培养造就一支政治坚定、业务精湛、作风优良、党和人民放心的新闻舆论工作队伍。"他对党和人民需要的合格新闻出版工作者提出了四个要求，其中一个就是"要不断提高业务能力，会使'十八般兵器'，成为全媒型、专家型新闻出版工作者"。全媒人才的培养需要高校与媒体形成联动机制，共同发力，整合各种培训资源，建立多方联动培训机制，拓宽学习培训渠道，不断优化、提升全媒人才队伍的思维模式、知识结构和操作技能。在高校一般性的传媒人才培养基础上，媒体应该进行常态化的专门培训：一是要促使采编人才队伍深度融合、整体转型，采编人员进行全媒化武装，所有全媒体采编设备必须应有尽有。二是要促使技术、运营人才队伍绝对全媒化，迅速补齐技术支撑体系的短板，确保采编队伍实现内容生产，使采编、技术、运营真正成为围绕媒体融合生产高速高效运行的一支生力军。

受众需求日益跨界，平台型媒体是黏附用户的不二选择。在媒体融合的实践中，传统媒体逐渐走向了平台媒体的成功转型之路。美国社交媒体网站创始人乔纳森·格里克（Jonathan Glick）在 2014 年 2 月发表的《平台型媒体的崛起》一文中，最早提出平台型媒体的概念。平台型媒体指的是"平台"（Platform）和"媒体"（Publisher）的交集部分，是互联网科技平台和媒体的双向融合过程。平台既不是生产车间，也不是物流管道，更不是呈现终端，它与承载其上的主体有一种相互依存、互为利用的关系，是一种共赢经营模式。一方面，平台有各种产品与服务的生产者，内容生产者发挥黏附用户的作用，通过提供质优价廉甚至免费的内容，用公共（公益）服务的形式对用户进行脱敏，获得信任，成为"流量黑洞"。另一方面，通过平台上的"流量黑洞"，开展广告经营及其他产品经营服务，以获得利润。Facebook 是较为典型的平台型媒体，中国的大型电商淘宝、京东也是一种特殊的平台型媒体，《浙江日报》之所以成功，也得益于其平台型媒体的倾力打造。对于报纸而言，融合创新之后，作为品牌象征的报纸其实就是一种符号性、象征性机构，通过品牌的公信力与影响力构筑一个生活平台，在提供生活信息服务的基础上，开展多种媒体与非媒体产品经营服务，在协同联动生态圈中创造价值，获得利润。

2019年

关键词：四全媒体　纵深发展　全媒体时代　用户终端　网络新空间

中国传媒融合创新四大突出问题与发展趋势[1]

2019 年 1 月 25 日，中共中央政治局就全媒体时代和媒体融合发展举行第十二次集体学习。习近平总书记强调，"推动媒体融合发展、建设全媒体成为我们面临的一项紧迫课题。要运用信息革命成果，推动媒体融合向纵深发展，做大做强主流舆论，巩固全党全国人民团结奋斗共同思想基础"。[2]习近平对当下媒体融合发展做出了正确的历史判断，"全媒体不断发展，出现了全程媒体、全息媒体、全员媒体、全效媒体，信息无处不在、无所不及、无人不用，导致舆论生态、媒体格局、传播方式发生深刻变化"。[3]事实上，早在 2016 年 2 月 19 日，习近平在《在党的新闻舆论工作座谈会上的讲话》中就已指出，媒体融合的方向是从"你是你、我是我"变成"你中有我、我中有你"，进而变成"你就是我、我就是你"，着力打造一批主流新型媒体。如果说"你就是我、我就是你"尚会让人有不同解读的话，"全媒体"就是板上钉钉了，媒体融合的目标就是全媒体，传统媒体要加快采编流程再造和融媒体中心建设，实现"一次信息采集，多种形态发布"，打通报、网、端、微、屏各种资源，进行全媒体传播，"实现新闻的全方位覆盖、全天候延伸、多领域拓展，

---

[1] 本文原载于《中国出版》2019 年第 4 期，人大复印报刊资料《新闻与传播》第 7 期全文转载，中国社会科学网全文转载。

[2] 习近平.推动媒体融合向纵深发展巩固全党全国人民共同思想基础［N］.中国新闻出版广电报，2019-01-28.

[3] 习近平.推动媒体融合向纵深发展巩固全党全国人民共同思想基础［N］.中国新闻出版广电报，2019-01-28.

推动党的声音直接进入各类用户终端,努力占领新的舆论场"[1]。自2014年党中央出台《关于推动传统媒体和新兴媒体融合发展的指导意见》以来,中国传媒融合创新如火如荼,成效显著,习近平总书记擘画的融合蓝图正一步步得以实现。经过4年的实践探索,2018年实现了前所未有的大突破,无论是机构改革、政策推动、技术革新、管理创新,还是渠道打通、平台构建,传媒融合创新都呈现欣欣向荣的景象,涌现了大批标杆式的融合创新案例。当然,中国传媒融合创新也存在迫切需要解决的突出问题,站在2019年新的历史起点,乘着习近平总书记在中共中央政治局第十二次集体学习讲话的东风,我们需要更加清醒地了解这些问题,从而科学地助推媒体融合创新的未来发展趋势。

一、四大突出问题亟待破解

随着智能化、网络化、数字化技术不断革新,媒体融合创新的目标与进路日益清晰,媒体管理者、从业者与研究者思考的已不是要不要融合、怎么融合的问题,而是融合创新的传媒形态、传媒角色、传媒功能、传媒生产流通等一系列战略安排与生存发展的问题。当下,传媒融合还不能冲破一些观念与行动上的障碍,融合创新过程进入"温水煮青蛙"的死局,需要我们以前所未有的历史担当、剥开混沌的无畏精神、大彻大悟的未来智慧,尽快结束融合创新初级阶段的胶着状态,在全新的传媒组织体系基础上,配置合适的传媒制度体系、运行体系、保障体系与评估体系,生产出质优价廉的传媒内容,更好地为党和人民服务。当前,在突破传媒融合初级阶段胶着状态的进程中,存在以下四个迫切需要解决的问题。

1. 对"举旗帜、聚民心、育新人、兴文化、展形象"的使命任务认识还不够深入

习近平总书记在全国宣传思想工作会议上强调,"做好新形势下宣传思想

---

[1] 习近平.推动媒体融合向纵深发展巩固全党全国人民共同思想基础[N].中国新闻出版广电报,2019-01-28.

工作，必须自觉承担起举旗帜、聚民心、育新人、兴文化、展形象的使命任务"。这"15字"使命任务是传媒的本体所在，是传媒发挥其功能作用的出发点，解决了传媒的政治站位与生存之基的问题。2014年8月18日，《关于推动传统媒体和新兴媒体融合发展的指导意见》揭开了传媒融合创新发展的大幕。在这个征程中，媒体拔剑而起，融合创新举措此起彼伏，谁也不愿意在融合创新中掉队。4年过去了，似乎的确没有哪个媒体在融合创新的队伍中掉队，但似乎的确也没有哪个媒体真正实现了成功的融合创新，全国媒体依然还处在混沌的左冲右突的融合征途中。

究其根源，是媒体未能充分认识清楚"举旗帜、聚民心、育新人、兴文化、展形象"的使命任务。"举旗帜"解决的是推动当代中国马克思主义、21世纪马克思主义深入人心、落地生根。"聚民心"解决的是正确舆论导向问题，鼓舞全党全国人民的士气，团结一心去实现党中央确定的宏伟目标。"育新人"解决的是培养能够担当民族复兴大任的时代新人。"兴文化"解决的是建设社会主义文化强国。"展形象"解决的是增强国际传播能力，提高国家文化软实力和中华文化影响力。要完成以上5个方面的使命任务，已有的传媒格局、传播体系及传媒生产流通方式是无法胜任的，需要进行融合创新，构建一个全新的传媒格局、传播体系与传媒生产流通方式，这就需要打造出具有强大传播力、引导力、影响力、公信力的新型主流媒体集团。任何不具备此"四力"、不能在完成"15字"使命任务大业中发挥作用的媒体，必然会被淘汰。

2. 对"智能化网络化数字化"的时代趋势认识还不够深入

媒体发展史就是一部媒介技术革新史。人类发明了书写之后，各种信息承载与传播技术和人类文明史如影随形，人们也在不疾不徐的生活节奏中不断接受并享受媒介技术带来的信息获得与传播权的快乐，接受并享受日益现代化的快速便捷的生活方式。进入21世纪，互联网的快速发展让全世界的人们足不出户就能感受地球另一边的鲜活世界；移动互联网、智能手机的出现，实现了真正的地球村；微博、微信等社交媒体的出现，云计算、大数据、区块链等黑科技的迅猛突入，虚拟现实（VR）/增强现实（AR）技术、智能技术的晴天霹雳，人们突然觉得无法掌控自己的生活，对自己所生活的世界越来越觉得陌生，唯恐一觉醒来，世界翻天覆地变了样。网络化的生存方式让人们失去了从容思考的时间与空间，微信、脸书（Facebook）等社交媒体夺去了人们大量的现实生活交流时间，到处充满了危机感、焦虑感和空虚感。

由是，网络时代、二维码时代、数字时代、云计算时代、3D 打印时代、大数据时代、自媒体时代、"互联网 +"时代、区块链时代、VR/AR 时代、人工智能时代、黑科技时代、融媒时代、智媒时代、智库媒体时代……这些新概念层出不穷，让人应接不暇。真是应了一句话，站在风口上，猪都能飞起来。于是乎，一些站在传媒浪尖滩头的弄潮儿与舆论领袖，不断地兜售一个又一个新概念，让行业管理者、行业操盘手、学界研究跟随者以及社会公众，去认识、研究并接受这些新概念，还没等这些追随者弄清是怎么一回事，弄潮儿们换了风口鼓吹又一个新概念。结果是全社会全行业都进入一个技术大爆炸、新概念大爆炸的时代，为了追随研究这些新技术新概念，消耗了全社会全行业的大量资源。这些新概念大轰炸导致两个严重后果：一是人们如同关在笼子里被不断戏弄的老鼠一样，变得麻木不仁，对一切新技术都毫无兴趣，处于自我放弃的境地，在媒体技术革新的时代浪潮中无所作为；二是人们形成了"快鱼吃慢鱼"的定式，认为"变化是唯一不变的东西"，总期待明天又会出现更好更新的技术，从而实现弯道超车、后来居上，这种"毕其功于一役"的想法最终依然是无所作为，传媒融合创新必然停留在隔靴搔痒的境地。因此，必须要做减法，把复杂事件简单化，剥开媒体新技术层出不穷的重重迷雾，抓住"智能化网络化数字化"这个衣领，提领而顿，一切都可以获得解决。可以预见，在未来，"智能化网络化数字化"就是人类的基本生存方式，要紧紧围绕这个轴线，加快传媒融合创新，以全新的媒体格局与传播体系，打造具有强大传播力、引导力、影响力、公信力的新型主流媒体阵地。

3. 对"受众在网上"的消费现实认识还不够深入

传媒是一种产品，也是一种商品，好的商品必须是能够让消费者自觉自愿地购买，这样才能真正入脑入心，产生经济效益与社会效益。在现代营销管理中，以生产者为导向的生产模式逐步演进到以市场为导向、以消费者为导向的生产模式。社会主义国家的新闻传媒，是党和人民的喉舌，所有工作都要以人民为中心，以正确的舆论导向传播主流意识形态，形成共识，统一思想，凝聚力量。新闻传媒是做人的精神工作的，必须有符合人们精神消费需求的内容产品，才能打动人的心灵，为人们所认可，也才能留住消费者，拥有自己稳定的媒体粉丝群。

不同类型的传媒都有自己的受众范围，拥有固定的消费群体。当然，受众选择何种类型的媒介，选择何种类型中的具体媒体，也是变动不居的。据统计，"从产生到拥有 5000 万受众的发展规模，报纸用了 50 年，广播用了 38 年，电视用了 13 年，而互联网只用了 4 年"[1]。相关数据显示，"2018年 3 月，移动互联网用户数已经接近 11 亿"[2]。随着 5G 技术的到来与智能手机的普及，全民移动网民时代已成为现实。习近平总书记指出，人民在哪里，新闻舆论阵地就应该在哪里，人民上了网，新闻宣传就应该上网。互联网作为人类的一种生存方式已毋庸置疑，消费者通过网络获得工作生活所需要的信息，通过网络进行社会交往，通过网络购物，已成为社会常态。由电商阿里巴巴、京东打造的"双 11"成为一个全民狂欢节日的事实，凸显了日常消费对网络的极端依赖性，"群众在网上"的消费现实必须引起传媒业的极端重视。只有认识清楚了这一点，才能彻底进行融合创新，以新技术改造传播体系与传媒生产模式，完全进入新媒体主阵地，找回自己的受众，更好地为消费者服务，真正彰显自己应有的传播力、引导力、影响力、公信力。

4. 对"全媒化复合型专家型"人才的极端重要性认识还不够深入

人才是企业和社会发展的核心因素，是经济社会发展的最大资源与资本。马克思主义所说的"历史是由人民创造的"本质上也是讲人才的不可替代性，

---

[1] 报业"短板"与"数字化"创新［EB/OL］. https://wenku.baidu.com/view/c01dbbe9172ded630b1cb6d9.html.

[2] 2018 中国移动互联网春季报告：总量逼近 11 亿［EB/OL］. http://www.ebrun.com/20180418/273027.shtml.

"有人就有天下"既是一句大俗话又是一句大实话。习近平总书记指出,"国家发展靠人才,民族振兴靠人才,人才是兴国之本、富民之基、发展之源"[1]。2018 年 8 月,教育部、中宣部联合发布的《关于提高高校新闻传播人才培养能力实施卓越新闻传播人才教育培养计划 2.0 的意见》指出,要"坚持马克思主义新闻观,培养造就一大批具有家国情怀、国际视野的高素质全媒化复合型专家型新闻传播人才"。为此,通过增设 20 个国家新闻传播融媒体实验教学示范中心、50 个新闻传播国家虚拟仿真实验教学项目来实现这一目标。

国家领导人及相关部委对"全媒化复合型专家型"新闻传播人才的高度重视与相关举措,发挥了促进全行业人才快速成长的风向标作用,有利于传统媒体与新兴媒体的融合发展,有利于推动主流媒体尽快到位新媒体主阵地。然而,业界与学界依然对"全媒化复合型专家型"人才重要性的认识不够充分。表现之一是很多媒体热衷于讲概念,融媒体、智媒体、智库媒体等新词不绝于耳,在他们看来,似乎有了技术就可以通吃一切,不能认识到人才的独特性与主导性。传媒是内容产业,再好的技术,如果没有好的人才,也就不能有好的创意,也就难以生产出适销对路的满足人们需求的个性化产品。表现之二是高校在培养"全媒化复合型专家型"人才的结构性缺陷,按照现有的师资力量与课程体系,4 年学习毕业的本科生,甚至是再学习 2 ~ 3 年的研究生,离这个要求也似乎太远,新闻传播专业的学子陷入无限沮丧迷惘之中,而高校却又无能为力。原因在于,新闻人才的培养,缺少学界与业界的深度互动,亟须两方面深度合作,构建科学完整的结构性教育体系,确保"全媒化复合型专家型"人才的顺利培养。表现之三是媒体没有足够好的待遇留住真正的"全媒化复合型专家型"人才。试想,这种人才,个体如果没有投入大量的时间、精力与资本,是难以达到这种水平的。投入回报应该是均衡合理的,传统主流媒体往往在回报方面有不尽如人意之处,最后成了培养"全媒体复合型专家型"人才的"黄埔军校",使得这些人才大量流向新媒体,传统主流媒体已有的内容优势势必萎缩,处于恶性循环的万劫不复境地。在

---

[1] 人才的重要性 [EB/OL]. http://sh.people.com.cn/n2/2018/ 6..0403/c375987-31420690.html.

传媒融合创新征程中，一个高度重视并积极储备"全媒化复合型专家型"人才的媒体，其融合转型华丽变身的过程不会太长，人才会发挥其无极限的创造性，整合媒体内外资源，不断进行内容创新、技术创新、管理创新、平台创新与渠道创新，快速走出具有自身发展特色的融合创新之路，强力突进新媒体主阵地，成为新型主流媒体。

二、中国传媒融合创新的四大发展趋势

传媒融合创新是进行时，没有休止符，需要政策、技术、资本、人才、生产者、消费者共同发力，才能不断推进整个传媒业的转型变脸，以全新的传媒格局、传播体系及生产流通方式履行自己的社会角色，发挥应有的社会作用，为中华民族伟大复兴服务。今后一段时间，传媒融合创新定会精彩纷呈，发力各个领域，整体上将朝以下四大趋势迈进。

1. 融合创新要极大提高传媒的传播力、引导力、影响力、公信力

传媒融合创新主要是指在传统媒体与新兴媒体融合发展的过程中产生的理念创新、管理创新、技术创新、产品创新与服务创新等，通过不断的创新举措，促使传统主流媒体转型变脸，掌握新媒体阵地中的话语权，有效引导舆论导向，传播主流意识形态，统一认识，凝聚力量，为党和国家各项事业服务。由此可见，融合创新不是对既有媒体的修修补补、苟延残喘，不是变戏法表演新技术，而应该是在整合资源的基础上促进传统媒体进行革命性的转型。融合转型成功的唯一标准是看媒体是否具备了传播力、引导力、影响力、公信力。要成为一个有较强传播力、引导力、影响力、公信力的新型主流媒体，一是要"变血变基因"，加快建设新媒体技术基础设施，用新媒体技术血液与基因完全替代传统媒体血液与基因。这方面的成功案例如脱胎于《东方早报》的澎湃新闻。澎湃的整个结构体系灌注了新的血液和基因，彻底摆脱了旧有的生产理念与生产模式的羁绊，成为全国首屈一指的现象级融合转型媒体样板。二是要"变脸变灵魂"，加快采编人才与经营管理人才的换代更替，引进并培养全媒化复合型专家型人才，"一代新人换旧人""长江后浪推前浪"，让新时代的年轻人快速准确进入合适的社会岗位，以全新的面孔、

崭新的灵魂充实采编人才队伍，利用智能化、网络化、数字化的先进技术，不断推出有时代温度、有政治态度、有社会深度的报道，引领时代风潮，引导公众行为，引发人民信赖，服务党和国家各项事业，满足人民群众美好的精神生活需求。三是要"变形态变市场"，融合创新后的媒体形态应该是"阳光媒体"，如同阳光是由红、橙、黄、绿、蓝、靛、紫七色光融合而成一样，"阳光媒体"也具备随时呈现报纸、期刊、图书、广播电视、视频、新媒体等不同形态产品的能力，只要有某种形态产品的需求，个性化定制产品便会随时奉上，不会造成任何资源浪费。未来市场必然在网络，移动互联网的生存方式是不可阻挡的历史潮流，并将持续很长一段时间，融合转型后的媒体市场也必然在网上，要以信息服务为主导，同时打造平台型媒体，满足网络多元生活需求，紧紧黏附受众。

2. 融合创新要构建国家、省市、县区三级贯通的"传媒电网"体系

传媒融合创新的关键在于体制机制改革下的机构融合，在组织形式上整合相关实体，构建资源共享的新型媒体组织。在这方面，2018 年的改革力度前所未有，实现了深层次的突破。

在国家级层面，根据中共中央的《深化党和国家机构改革方案》，把中央电视台、中央人民广播电台、中国国际广播电台三台合并，组建中央广播电视总台，在总台"三定"方案中，25 个中心有 3 个新媒体中心，分别是融合发展中心、新闻新媒体中心、视听新媒体中心，总台在融合转型中的改革决心很彻底，改革力度空前。

在省市级层面，早在 2013 年，上海整合了解放日报集团、文汇新民联合报业集团及一些出版社，组建上海报业集团，旗下有 20 多个报刊、2 家出版社、10 家网站、18 个 APP 应用、50 多个微信公众号，全力挺进新媒体，拥有现象级新媒体"澎湃新闻"和"上观新闻"，成为传统主流媒体融合创新转型换貌的标杆。2018 年 7 月，辽宁整合报业传媒集团等 17 家单位，组建辽宁报刊传媒集团，通过机制改革推动深度融合。2018 年 8 月，大连报业集团、大连广播电视台、大连京剧院等 11 家单位实现融合，组建大连新闻传媒集团。2018 年 11 月，天津几乎所有的传统媒体都将进行整合，成立天津海河传媒中心。至此，省市级层面媒体融合达到了前所未有的高峰。

在县区级层面，习近平总书记在"8·21"全国宣传思想工作会议上指出，"要扎实抓好县级融媒体中心建设"。2018年11月14日，中央深改委第五次会议通过的《关于加强县级融媒体中心建设的意见》指出，"要深化机构、人事、财政、薪酬等方面改革，调整优化媒体布局，推进融合发展，不断提高县级媒体传播力、引导力、影响力"。

总体来看，传媒深度融合已在国家、省市、县区三个层级全面展开，但是，这还只是初级阶段的第一步，还只是浅层次物理意义上的机构改革。真正深层次的化学意义上的机构改革应该是以融合为契机，全面贯通国家、省市、县区三个层面的架构体系，构建全国性"传媒电网"。如同国家电网一样，所有发电站发出的电，无论强弱，只要并入这个大网中，就都会以统一标准的电压，进入千家万户，进入工厂企业，为社会生产生活建设服务。在"传媒电网"中，三大层面的媒体既是信息的采撷者与生产者，又是信息的整合者与传播者，都发挥着上情下达与下情上达的信息枢纽作用，这些大大小小的媒体，如同触角一般布满社会的各个角落，监测传达与引导社会舆情，把有利舆情与不利舆情随时上达给政府管理者，有利于决策者进行主动的舆情干预和引导，使有利舆情长起、不利舆情消落，以维持社会稳定。同时，各个层级的媒体及时传播从中央到地方各级政府的政策规定，有效传播社会主义意识形态，统一认识，凝聚力量。在"传媒电网"中，不同级别、不同区域、不同行业的信息只要一并网，就会分门别类地汇聚在相关主题下，放大信息原有价值与意义，成为全社会共同关心的话题，产生无极限的产品形态，以特殊的传播力、引导力、影响力、公信力，影响广大受众，满足网络时代人民群众无极限的个性化、碎片化、多元化精神需求，促进党和国家各项事业的顺利开展。

3. 融合创新要大刀阔斧撤并现有"传媒番号"，全面进入新媒体主阵地

智能化、网络化、数字化技术时代，媒体资源无限扩大，可以说是取之不尽、用之不竭。原有的报刊号、书号、频率、频道、卫星等不再是稀缺资源，这些已有的报刊、广播、电视等传统媒体，在新媒体的冲击下岌岌可危。当下中国，有近 2000 种报纸、1 万多种期刊、500 多家出版社，以及分布在各个行政区域各个行业的大大小小的广播电视台，这些存量资源到了该做减法的时候了。2014 年到 2017 年这三年，报纸陆续关停并转了 30 多家这个事实，也雄辩地说明了这一点。2018 年 11 月成立的天津海河传媒中心，实现了"播、视、报、网"的全媒体融合，不再保留天津日报社（天津日报报业集团）、今晚报社（今晚传媒集团）、天津广播电视台等，成为中国传媒融合转型中的第一个"吃螃蟹者"。总体而言，在政策、技术、资本、市场的多边压力下，现有媒体如果还是采取"抱团取暖"的办法，把大大小小的小舢板捆成一个物理意义上的"航空母舰"的话，只需小小风浪，必定土崩瓦解，沉于大海。比较彻底的办法就是大刀阔斧地撤并现有"传媒番号"，轻装上阵，打造新型主流媒体集团，抓住融合转型的历史机遇，快速挺进新媒体主阵地，掌握新媒体传播话语权。

4. 融合创新要致力创建全球网络空间命运共同体

在 2015 年 12 月 16 日的"第二届世界互联网大会"开幕式上，习近平总书记提出了全球网络空间命运共同体的中国方案，一是要推动互联网全球治理体系改革，二是要尊重网络主权，三是要实施全球网络基础设施建设互联互通。在"8·21"全国宣传思想工作会议上，习近平总书记强调，要使互联网这个最大变量变成事业发展的最大增量。人民日报社副总编辑卢新宁撰文指出，要让互联网这个最大变量成为最大增量，主流媒体要处理好技术驱动与价值引领、内容定力与内容魅力、平台创新与生态优化三对关系。以上阐述突出强调一点，即互联网生存包罗万象，任何人与物都无法置身于互联网之外。传媒融合创新与转型换貌能否成功，就看是否有利于创建全球网络空间命运共同体；是否在全球互联网空间占据中国传媒应有的方位；是否能够建立互联网空间新型媒体治理体系，以强有力的组织体系、制度体系、运行体系、保障体系与评估体系为中国媒体保驾护航；是否具备一定的全球网络传播力、引导力、影响力、公信力，掌握应有的网络话语权，捍卫自己的网络主权；是否利用好互联互通的全球网络基础设施，讲好中国故事，传播好中国声音。通过不断的传媒融合创新，加快中国传媒的转型换貌，建设新型主流媒体集团，占据全球互联网空间阵地要塞，做好国内、国际两个市场的信息传播与舆情监测，应对国际传媒挑战，让世界人民听到并听清中国声音。在全球互联网空间命运共同体这个场域中，中国媒体越是掌握话语权，越是彰显自己的声音，就越能够打破垄断，中国媒体就越拥有自主性，从而使这个全球网络场域的语言越具有科学性。所有这一切的实现，都取决于中国传媒融合创新与转型换貌的成功与否。

三、结语

在"8·21"全国宣传思想工作会议上，习近平总书记强调，"我们必须把人民对美好生活的向往作为我们的奋斗目标，既解决实际问题又解决思想问题，更好强信心、聚民心、暖人心、筑同心"，"我们必须坚持以立为本、立破并举，不断增强社会主义意识形态的凝聚力和引领力。我们必须科学认识网络传播规律，提高用网治网水平，使互联网这个最大变量变成事业发展的最大增量"。[1]对于走在融合创新道路上的传统主流媒体而言，在立破并举的前所未有的历史关头，既要打破原有的存量窠臼，勇于突破自己，又要积极拥抱互联网这个时代变量，与存量资源发生化学反应，快速变成传媒改革发展的增量，全面转入新媒体主阵地，成为新时代具有强大传播力、引导力、影响力、公信力的新型媒体。既能有效地阐释好中国道路、中国特色，又能有效地维护我国政治安全和文化安全，更好促进我党团结带领人民实现党的十九大确定的战略目标，夺取中国特色社会主义新胜利。

参考文献

[1]黄晓新,刘建华,卢剑锋.中国报业融合创新研究报告（2017—2018）[M].北京:中国书籍出版社,2018.

[2]黄晓新,刘建华,卢剑锋.中国传媒融合创新研究（2015—2016）[M].北京:中国

----

[1] 习近平在全国宣传思想工作会议上强调:举旗帜聚民心育新人兴文化展形象 更好完成新形势下宣传思想工作使命任务[N].中国新闻出版广电报,2018-08-23.

书籍出版社,2017.

　　[3]喻国明,焦建,张鑫."平台型媒体"的缘起、理论与操作关键[J].中国人民大学学报,2015,29(6).

　　[4]喻国明.当前新闻传播"需求侧"与"供给侧"的现状分析[J].新闻与写作,2017(5).

　　[5]黄升民,谷虹.数字媒体时代的平台建构与竞争[J].现代传播,2009(5).

全国县级融媒体中心基层舆论引导能力建设典型案例研究[1]

县级融媒体中心是一种新型新闻机构，是在整合原有媒体资源的基础上，通过组织机构再造与生产流程再造，借助新媒体技术的优势，实现一体策划、一次采集、多种生成、多元发布，以政务与服务紧紧黏附受众，提供新闻信息服务，实现有效传播，达到传播主流价值观和塑造意识形态的目标，为本县经济社会发展助力。

2019 年 10 月 31 日，党的十九届四中全会通过的《中共中央关于坚持和完善中国特色社会主义制度推进国家治理体系和治理能力现代化若干重大问题的决定》指出，"要构建网上网下一体、内宣外宣联动的主流舆论格局，建立以内容建设为根本、先进技术为支撑、创新管理为保障的全媒体传播体系"。全媒体与融媒体中心指的是同一种事物，名字不一样，但本质一样，即拥有多种媒介形态的组织机构。2019 年 1 月 25 日，在中共中央政治局第十二次集体学习讲话中，习近平总书记强调，"推动媒体融合发展、建设全媒体成为我们面临的一项紧迫课题。要运用信息革命成果，推动媒体融合向纵深发展，巩固全党全国人民共同思想基础"。2018 年 8 月 21 日，在全国宣传思想工作会议上，习近平总书记提出要抓好县级融媒体中心建设，打通媒体融合"最后一公里"。

党的十九大决定开展"不忘初心、牢记使命"主题教育，党的初心是为中国人民谋幸福，为中华民族谋复兴。我们党自成立以来就非常重视新闻宣

---

[1] 本文原载于《传媒》2019 年第 12 期。

传工作，毛泽东等党和国家领导人都曾经参与新闻实践，创办报刊，撰写新闻，为革命鼓与呼。新闻媒体是党和人民的喉舌，列宁指出，"报纸是集体的宣传员、鼓动员和组织者"，要"成为真正的人民的政治报纸"。新闻媒体创办的初心就是为中国共产党领导的新民主主义革命与社会主义建设服务，最终是为人民服务。新闻媒体要发挥信息传播、舆论引导与社会监督作用，反映中国共产党领导的革命实践与建设实践，反映人们的生产生活实践，反映世界发展大势，使中国革命与经济社会建设沿着正确的方向迈进，最终实现党为人民谋幸福、为民族谋复兴的初心使命。

县级融媒体中心是一种新型新闻机构，是在整合原有媒体资源的基础上，通过组织机构再造与生产流程再造，借助新媒体技术的优势，实现一体策划、一次采集、多种生成、多元发布，以政务与服务紧紧黏附受众，提供新闻信息服务，实现有效传播，达到传播主流价值观和塑造意识形态的目标，为本县经济社会发展助力，真正做到"不忘初心、牢记使命"，切实为人民谋幸福、为民族谋复兴。

一、县级融媒体中心发展现状

在中央大力鼓励和支持县级融媒体中心建设的政策大背景下，各省都在快速推进县级融媒体中心建设，2018 年建成 600 个县级融媒体中心，2020 年底基本实现全覆盖。北京市、福建省、甘肃省等地已经实现了县（区）级融媒体中心建设全覆盖，浙江、河南等地预计在 2019 年底实现全覆盖，值得一提的是西部地区的宁夏已完成全区所有县级融媒体中心的建设。县级融媒体中心建设已形成包括合作共建、独立自建和平台共享在内的三种主要模式，如中央广播电视总台上线全国县级融媒体智慧平台，北京、吉林等各地区也探索出属于自身的发展模式，长兴传媒集团进行了市场化创新发展，等等。艾媒咨询监测发现，2019 年县级融媒体言值指数达 64.8，网民看好其发展建设，湖南、浙江地区最关注县级融媒体的发展情况。目前，全国县级融媒体中心发展现状主要体现在以下几方面。

深化体制机制改革。在县委、县政府主导下，融媒体中心实现了组织机构上的大融合，原有的报纸、广播电视台、信息中心、门户网站等传统媒体全部合并，同时创办县级主要新媒体手机 APP，开设多种类型的微信公众号、微博等新媒介形态，建设中央厨房，实现"一体策划、一次采集、多种生成、多端发布"的全媒体新闻信息服务。在人的问题上，目前在政策难以突破的情况下，融媒体中心打破身份限制，在薪酬上积极改革，通过"同岗同责、同工同酬、优劳优酬"等措施，最大限度地调动员工工作的积极性和主动性。

实现全媒体调度。一是进行全媒体发布，融媒体中心顺应媒体发展要求和受众资讯获取需求，成立融媒体采编中心，实施采编制播全媒体调度，实现新闻资讯全媒体发布。二是融合经营，融媒体中心每年承办政府、部门、商家以及跨区域活动几百甚至上千场，全程开展全媒体直播。三是媒资共享，建立融媒体大数据中心和"媒资库"，整合报纸、电视、电台和新媒体平台媒资，收集储存于各乡镇（街道）、市直部门和各行各业的数据信息，实现数据互联互通。

推进移动端融合。坚持"移动优先"策略，把手机 APP 作为融媒建设的"龙头工程"和主力平台。一是数据分析运营，融媒体大数据中心与本市县数据资源管理服务中心实现数据对接、资源共享。二是"智慧城市"建设，提供"掌上政务""智慧党建""智慧教育""智慧旅游"等政务与生活服务。三是新闻资讯发布，及时发布图文、视频新闻资讯，群众一点屏幕即可读报纸、看电视、听广播。

延伸"媒体+"链条。一是开发"媒体+项目"，有效提升网络覆盖通达率、渗透率和使用率。二是打造"媒体+教育"，助推教育信息化、均衡化发展。三是撬动"媒体+商贸"，在电视端开发应用商店、在线游戏、电商平台等增值业务，开发"智能家居"项目，为用户量身打造智能家居产品。

县级融媒体中心的建设看似千篇一律，无非是整合县内广播、电视、报纸、网站、公众号等媒体资源，建立中央厨房，统一部署调配，形成各媒体优势互补、资源共享。但实际上，融媒体中心的成立只是第一步，融媒体中心的建设可以照搬，但如何提升传播力、引导力、影响力、公信力，占领舆论宣传主阵地却需要结合自身条件及当地特色，探索出适合自己的生存和发展之道。

通过调研，发现各融媒体中心的成功之处有几个共同特点：一是在内容上立足本土，深挖特色。县级融媒体中心在覆盖面和传播力上不能与上级媒体相比，只能牢牢把握本地新闻，发布当地各种政策，达到解疑释惑、凝聚共识的目的。二是切实做到扎根基层，为民服务。开设民生栏目，倾听百姓的声音，实实在在地为老百姓办事是县级融媒体中心连接群众的桥梁。三是坚持有效舆论引导，坚实履行职责使命。作为县级融媒体，就是要坚持以正面宣传为主，大力弘扬正能量，把本县人民的思想统一起来，精神提振起来，力量凝聚起来。

二、县级融媒体中心舆论引导能力建设实证研究

本节重点对浙江长兴、湖南浏阳、内蒙古满洲里、江西分宜、福建尤溪、四川合江六个典型县级融媒体中心的基层舆论引导能力建设情况进行实证研究，分述如下。

1.浙江省长兴传媒集团

2011 年 4 月，在长兴县委主要领导的要求下，由长兴广播电视台、长兴县宣传信息中心（即原长兴报社）、县委报道组以及中国长兴政府门户网站（新闻板块）四部分共同组建长兴传媒集团，是一家集广播、电视、报刊、新媒体各媒体平台于一体的全媒体集团。2017 年 4 月，集团组建了融媒体中心。2018 年，整体营收为 2.26 亿元。长兴传媒集团在推动县级融媒体转型升级的同时，不断加强基层舆论引导力建设。

一是加强时政类主题报道策划，力争主题主线出彩出新。每年推出切合县委、县政府中心工作的重大主题报道近 40 个，小型报道栏目 60 多个。2019 年初，成功对新当选的县长进行了专访，仅以掌心视频阅读量为例，专访推出之后，单篇阅读量达到 8 万多次。不仅实现了大主题的宣传效果，更做出了媒体圈的业务口碑。

二是开设舆论监督栏目，坚持履行媒体职责，做好舆论监督。2017 年以来，每个季度推出大型融媒体舆论监督节目《直击问政》，直面群众关切和社

会热点难点，通过电视问政、移动端同步直播，节目收视率屡创新高，推动解决了大量社会问题，起到了很好的舆论引导和纾解作用。在"掌心"APP上开设爆料端口，并建立审核及跟进报道流程，做到事事有落实，形成了紧密联系市民团开展舆论监督的机制，引导市民正确发挥监督作用。

三是在重大突发危机事件中，集团以"服务于县委、县政府中心工作，服务于本土民生"为宗旨，第一时间权威发声，充分运用各种媒体协同联动，承担起主流媒体舆论引导的职责。2019年3月31日，长兴县平峰山工业园区的长兴盛奥化纤有限公司厂区内发生火灾。在信息传播渠道多元化的时代，包括论坛在内的社交媒体账号纷纷传播各种火灾信息，形成了一定的负面舆论。长兴传媒集团按照县委宣传部的指示，第一时间成立应急报道组跟进。新媒体推出《直击盛奥化纤救援现场》，媒体的"第一时间"成就了群众眼中救援的"第一时间"，更成就了当地政府在群众心中的"第一时间"，减少了许多无端猜测和流言蜚语。

2. 湖南省浏阳市融媒体中心

浏阳市融媒体中心的发展可以分为四个阶段。一是初步融合阶段。从2002年开始，浏阳市委宣传部就对报台时政新闻、重大报道、年度策划等进行统筹安排和实时调度，把握舆论导向。二是探索融合阶段。2015年，掌上浏阳APP、浏阳日报APP相继上线，与《浏阳日报》形成了"一报一网两微一端"全媒体格局，浏阳广播电视台按照"全媒体·价值链"思路，对电视台、电台、手机台"三台"采编队伍进行统一调度。三是实质融合阶段。2018年，重新构建采编播发流程，设立"指挥调度室"，对8个市属传播平台和4个上级新媒体浏阳频道进行调度，打造了"一体策划、一次采集、多种产品、多媒传播"的运行机制。四是全面融合阶段。2019年3月15日，浏阳市融媒体中心正式组建成立，深度整合原浏阳日报社、浏阳广播电视台两个正科级单位。浏阳融媒体中心在"不忘初心、牢记使命"主题教育中发掘推出全国典型人民功臣甘厚美宣传报道，在中央、省级媒体发稿1000余篇，主流舆论阵地得到巩固提升。

一是设置议题，履行职责。2019年6月，浏阳市融媒体中心启动"'壮丽 70 年·涵养一河碧水到湘江'——我们这样治理浏阳河"大型融媒体直播活动。直播活动启动仪式在浏阳网、"掌上浏阳"、浏阳数字电视机顶盒直播窗、浏阳 995 交通广播等平台进行全程直播，引发了市民的广泛关注和热议。

二是深耕本土，内容为王。浏阳是世界闻名的"烟花之乡"，是中国花炮的主产区，在中美贸易争端中，浏阳市融媒体中心以浏阳人关注的视角去解读"中美贸易争端"，推出《美国加征关税影响浏阳花炮产业》《给中国烟花加征关税的后果，美国民众"无法想象"》等文章，及时回应了群众所关心的问题。

三是凝聚力量，为民服务。2019 年 3 月，针对爱心救生圈公益众筹行动，浏阳融媒体中心持续跟进报道爱心捐款数额、救生圈购买安装情况，发表《爱系浏阳河》等多篇报道，引发全城爱心涌动。"爱心早餐"也是成功的典型案例，针对环卫工人的早餐问题，《浏阳日报》发出了"爱心早餐"征集令，截至 2019 年 2 月 28 日，共募集爱心善款约 125 万元，送出爱心早餐 15 万多份。中央、省级等多家媒体对"爱心早餐"进行了报道，营造了良好的舆论氛围。

3. 内蒙古满洲里市融媒体中心

满洲里市融媒体中心于 2019 年 8 月 30 日正式挂牌，整合了满洲里日报社、满洲里市广播电视台、"草原新丝路"融媒体工作室及市俄语新闻中心、微波站。融媒体中心组建后，坚持以人民为中心，从满洲里市口岸城市实际出发，切实加强机制创新、强化队伍建设、创新管理模式、提供政策保障、整合资源平台、完善服务功能、拓宽服务领域，构建统筹新闻资源和政务资源、内宣和外宣、中俄双语新闻和服务一体化的传播体系和"一次采集、多元生成、多端传播"的内容生产流程，培养造就一支"一专多能"的全媒体人才队伍。

一是不断提高政治站位，坚守意识形态主阵地。近几年，累计推出专栏 170 余个，刊发重点报道 70 余组。重点围绕对外开放、全域旅游、重点工程、自治区成立 70 周年、党的十九大、全国两会等主题，做好正面宣传报道，传播最强音，把握时度效，忠实履行党报的职责使命。为实现宣传效果最大化，成立了新闻策划机构，灵活多样地围绕中心工作和重大主题进行立体式宣传，提振全市人民干事创业的精气神。

二是创新宣传模式，有效提高新闻宣传质量。近几年，逐步上线了"满洲里日报数字报 pc 版"，开办了"满洲里日报头条号"，微博、微信公众号等新媒体平台。目前，官方微博粉丝人数已超 22.6 万人次，微信公众号关注人数已跃升至 10000 余人。仅 2019 年上半年，新媒体平台推送各类新闻 4000 余条，开设"安全生产人人抓""扫黑除恶进行时""壮丽 70 年奋斗新时代""打赢精准脱贫攻坚战"等重大主题专栏 10 余个，推出有影响力的报道 300 余篇；坚持"三贴近"，关注民生，推出《美翻了！我市上空出现日晕奇观太阳似戴七彩花环》等精品策划 8 个；推出"'我爱你中国'满洲里市大型文化主题活动震撼来袭"等直播报道 3 场，充分利用了新媒体特点，增强了主流意识的凝聚力、影响力和引导力。

三是加大"走出去"步伐，营造良好国际舆论氛围。满洲里报社积极推进新闻落地和"阵地前移"，每两个月就会在赤塔拥有百年历史的《工人报》、乌兰乌德《论据与事实报》、伊尔库茨克《论据与事实报》开设一次"魅力满洲里"专版。实施好"引进来"战略，利用大型国际节庆活动等契机，增进媒体间合作，扩大自治区、满洲里市在俄蒙两国的知名度，提升国家形象，增强国际传播力。

4. 江西省分宜县融媒体中心

分宜县融媒体中心的改革经验做法被新华社《国内动态清样》报道，得到中央领导批示，获得"2017 年度江西省移动新媒体综合传播力"十强县区的称号。于 2016 年 7 月率全省之先开展媒体融合改革试点工作，通过以人员融合、机构融合倒逼媒体融合，重构县级媒体建设与运行机制。通过整合资源、升级改造，补短板、强弱项，全面部署基层媒体舆论引导能力建设。

一是打通传播渠道，优化栏目设置和报道策划，做好"上传下达"工作。分宜融媒体一方面积极向上打通传播渠道，通过"中央厨房"与省、市媒体互联互通互动，形成连接省、市、县的新闻素材库和新闻生产链，主动向上级媒体"喂料"，让分宜新闻"走出去"；另一方面，向内与县、乡、村微信公众号等宣传平台融合，构建微信矩阵，实现同频共振、二次传播，放大传播效应。2019 年端午节期间，分宜融媒体与中央、省、市媒体合作，"龙舟竞渡"和"端午民俗"的新闻连续在中央电视台多个栏目进行现场直播和滚动播出，客户端直播点击观看人数达到 235 万人次，是分宜人口总数的 7 倍。同时，优化栏目设置，开设民生栏目《问政》，成为政府和百姓直接沟通的桥梁，媒体影响力、公信力大幅提升。

二是坚持移动优先导向，推行"新闻 + 政务 + 服务"，遵循传播规律提升舆论引导力。着力打造独立客户端"画屏分宜"，建立微信微博矩阵，充分凸显移动优先导向，激励更多人员和产品向新媒体、移动端聚集。通过信息服务和民生服务来扩增其服务基层、服务群众的功能和范围，增强用户黏性，强化与用户的连接，从而使新闻宣传和舆论引导更加落地、更加深入人心。分宜融媒体中心的品牌节目《百姓春晚》，如今已是一票难求，不仅为分宜百姓提供了文化大餐，而且也在潜移默化中完成了文化宣传和舆论引导。

三是关注老百姓生产生活，向下打通乡镇村传播通道，将媒体记者下派到乡镇，担任乡村宣传员，推动基层宣传工作上台阶。2018 年，分宜县融媒体中心工作重心下移，派出记者担任乡村宣传员，布满全县 57 个乡村社区，宣传党的方针政策和创新理论。如有贫困户反映种植的冬瓜滞销，大家立即行动，通过现场采访、拍摄，在电视、微信、微博、客户端等各大平台发布，并通过粉丝转发，引起了巨大反响，市民纷纷伸出援手，只用了 3 天时间，全部销售一空。

5. 福建省尤溪县融媒体中心

福建省尤溪县通过"四融四创"建设和运营县级融媒体中心，有力地提高了舆论引导力。尤溪县融媒体中心下设新闻中心、节目中心、运营中心三大中心，8 个部室；汇集 1 个指挥中心平台、2 个高标清电视频道（新闻综合频道、城市生活频道）、广播电台（FM106.6）、尤溪新闻网、尤溪政府网及多个新媒体平台（"福建微尤溪"微信公众号、"尤溪头条"微信公众号、"智慧尤溪"APP 以及头条号、企鹅号、微博号、抖音号等）。尤溪融媒体中心坚持"人才第一、内容为王、技术支撑"的理念，多方位多层次发挥主流舆论的引导作用，不断提升舆论引导力。

一是通过提高人才素质提升舆论引导力。首先，创新引才方式，与中国传媒大学和浙江、山西、吉林等传媒院校互设产学研实践基地。其次，创新培训工作。近5年来，外出培训100多人次；加强与上级媒体的业务交流，邀请相关专家、教授，在新闻写作、摄影摄像、无人机飞行、舞台灯光、播音主持等各方面对员工进行培训，不断提升员工的业务能力和专业水平。最后，创新管理制度。实行"同岗同责、同工同酬、优劳优酬、灵活轮岗"制度，形成"有进有出，能上能下"的良性循环。

二是坚持内容为王提升舆论引导力。首先，设置议题，传播党的理论，反映人民的实践。近年来，尤溪融媒体中心在党的代表大会和各次全会后的一段时间内都开设学习专栏，例如，"学习党的十九大精神""在习近平总书记中国特色社会主义思想的指引下"，每天针对一个理论问题，摘录或引用主流媒体上刊播的专家学者的学习指导，让党的理论飞入寻常百姓家。其次，创作精品，拓展影视制作业务，向受众展现尤溪的绿水青山和人民群众的生动实践。尤溪融媒体中心注重融媒产品创意研发，组织创作各类宣传片、专题片、微电影、音乐电视、电视散文、微纪录片等作品，力求每一个作品都能成为优秀作品，如电视栏目《玩转尤溪》《天南地北尤溪人》。《稻梦》等7部作品荣获2018中国农民艺术节年度"优秀对农电视作品"一等奖等奖项。

三是坚持技术支撑提高舆论引导力。技术上的支撑使舆论引导力显著增强，例如，为了更好地宣传《乡村大舞台》，尤溪电视台主频道、微信公众号"福建微尤溪"实施全程直播。活动播出后，节目投放到网站及微信上，观众可实现随时随地收看，微信现场直播的每场演出观看人数平均1.5万人次，手机观看直播8万多人次，电视播出受众超过30万人次，备受群众的热议和好评，取得了良好的收视效果，树立了良好口碑。

6. 四川合江县融媒体中心

合江县融媒体中心成立于2014年12月，目前拥有12个媒体平台。包括高标清同步播出的"合江新闻综合"频道、FM97.8频率，《合江通讯报》《合江手机报》、合江新闻网、四川文明网合江频道、"智慧合江·荔枝红"APP、合江新闻微信公众号、合江发布微信公众号、合江发布新浪微博号、合江发布腾讯微博号等。近年来，合江县把融媒体中心建设作为落实意识形态工作责任制、强化基层主流思想舆论建设的首要政治任务抓实、抓好、抓出成效，取得了阶段性成果。

一是扎实抓好"媒体＋政务"，解读中央精神。县级融媒体中心是充分考虑社会综合治理的中心环节，设置"食药安合江""法治合江""民声连线""网络问政"等板块。在法治合江栏目中，法治动态、法律大全、以案释法、法律援助等，构建起移动端的法治合江建设；在食药安合江板块中，开设了工作动态、典型案例、投诉举报等栏目，一方面可以宣传警示，另一方面还可以收集民意。民声连线板块是群众最喜欢的，有什么不能解决的事情都通过这个板块来体现，后台工作人员坚持做到最快当天给予回复，最迟一周内给予回复。做好群众的回音壁，有效地减少了群众上访。

二是扎实抓好"媒体＋服务"，讲好百姓故事。2019 年，合江县融媒体中心结合合江县最美乡村建设、最美医生评选、最美校园评选等 20 余个网络投票活动，对宣传合江取得很好的效果。为了更好地实现引导群众、服务群众这一目标，合江县融媒体中心在泸州市纪委监委指导下，联合合江县纪委监委全媒体同步直播《阳光问廉》节目，在一期直播节目中涉及了公路问题、路灯问题、黑网吧问题，全媒体直播各平台收看人数达 16 万人次，留言热烈，引起了当地老百姓的广泛关注与认可，街头巷尾讨论热烈。

三是及时充分报道，有力有效地引导社会舆论。2018 年，一篇合江小学生的作文突然"走红"，作文吐槽了上学途中坐公交车的拥堵。第二天，合江县交通运输局给这名小学生写了一封"回信"，称合江县正在开展公交运营专项整治行动，将规范管理公交运营，全面提升公交行业服务形象和质量。对此，合江融媒体中心组织媒体第一时间给予积极正面的报道，及时控制住了舆情。

三、县级融媒体中心基层舆论引导能力建设面临的问题

资质问题。根据《互联网新闻信息服务管理规定》，通过互联网站、应用程序、论坛、博客、微博客、公众账号、即时通信工具、网络直播等形式向社会公众提供互联网新闻信息服务，应当取得互联网新闻信息服务许可。根

据《互联网视听节目服务管理规定》，制作、编辑、集成并通过互联网向公众提供视音频节目，以及为他人提供上载传播视听节目服务的活动，应当取得《信息网络传播视听节目许可证》。目前，全国县级融媒体中心基本都未获得《互联网新闻信息服务许可证》和《信息网络传播视听节目许可证》，存在政策风险。

资金问题。新媒体平台的建设是增强舆论引导力的重要保障，为了提升融媒体中心基层舆论引导能力，融媒体中心需要建设新闻生产指挥调度发布中心、大数据储存分析应用中心和智慧城市融媒项目集成展示中心等项目，这需要大量资金，再加上日常运营经费，资金压力相当大。

人才问题。人才问题长期以来一直是媒体发展的重要瓶颈，这在县级融媒体的发展中体现得尤为明显。各县媒体多年来不断引进高新技术人才和播音、主持、策划、编导等人才。由于编制受到严格控制，很难为优秀聘用人员解决身份编制问题。同时，作为县级媒体也无法提供较高的薪酬保障，人才流失严重。特别是在融媒体中心的建设上，素质高、技术强、综合能力全的优秀人才奇缺。

方式方法问题。舆论引导方式方法较单一，创新性不足，且面临激烈竞争，影响力有限。县级融媒体中心作为主流媒体，占据新闻资源优势，但在将其转化为社会影响力和竞争力方面有欠缺，抓住契机挖掘的深度报道、典型宣传和创新性报道少，引领社会思潮、塑造核心价值、有较大舆论影响的报道少。不仅如此，县域内媒体竞争也很激烈，县级主流媒体的影响力有限。目前，县级移动、电信、联通及局以上部门，一些社会团体、企业、个体都利用新媒体搭建自己的自媒体平台，一些县甚至出现了地方自媒体内容矩阵公司，联盟了上百个城市的自媒体，这些自媒体分食了县域体制内媒体的内容流量与广告资源。加之大型互联网公司最近几年的流量下沉策略，县级媒体的影响力远远比不上那些拥有巨大粉丝量和流量的自媒体。

四、提高县级融媒体中心基层舆论引导能力的建议

加快顶层设计，出台相关扶持政策。融媒体中心的建设，既有媒体传播

功能和服务功能的融合，也有政府行政功能、群众服务功能的融合，是地方政府提升执政能力、巩固基层政权的有效措施。中宣部作为管理者，一是加快协调相关部门，为县级新媒体平台颁发资质许可证；二是加快成立县级融媒体中心发展基金，有针对性地对县级融媒体中心建设项目进行扶持。此外，各级党委政府可以从政府购买服务角度入手，通过"输血"和"造血"的方式帮助融媒体中心解决资金不足问题，将公共资源优先配置给县级融媒体中心。

明确导向，树立用户意识。对于融媒体中心自身而言，要深切认识到正确舆论导向是媒体安身立命之本，必须把握正确的政治方向、舆论导向、价值取向，"贴牢党政、贴紧基层、贴近群众"。在推进媒体融合发展上，要坚持"党政满意、群众喜欢"的价值取向。在内容生产上，要树立用户意识，用户的兴趣在哪儿，舆论阵地就在哪儿，融媒体的产品就要跟进到哪儿，提升媒体贴近性和用户黏性。

以客户端为抓手，新兴媒体与传统媒体协同作战。建立以移动客户端为核心，微博微信公众号和传统媒体为两翼的舆论引导矩阵，新兴媒体和传统媒体协同进行舆论引导，使舆论引导力最大化。在新媒体时代，传统媒体通过新媒体可以与用户建立更深入的连接，拥有更多的手段和方式与用户互动，拥有更多的手段和方式引导受众舆论。通过与新媒体联动，发挥纸质媒体的深度、网络媒体的广度、社交媒体的热度。新媒体的优势在于可以汇聚各方观点和反馈，传统媒体可以借此将各方观点集纳式传播，体现权威性和导向性，增强互动性和吸引力，从而提升影响力。

以人为本，加强队伍建设。一是加强对新闻舆论工作者政治教育和业务培训，为县级融媒体中心建设提供坚强的人才保障；二是将新闻舆论工作队伍建设作为干部队伍建设的重要任务；三是深化改革，改"身份管理"为"岗位管理"，将合理公平的绩效考核制度作为留住人才、吸引人才的根本；四是着力精神嘉奖，赋予新闻工作者更高的社会地位，通过组织传播、大众传播与人际传播等方式，塑造新时代的名记者、名编辑、名主持人，鼓励人才向县级融媒体中心流动。

2020年

关键词： 短视频　移动客户端　社交媒体　全媒体传播体系　平台型媒体

中国新闻传媒业融合发展问题与抓手[1]

    2020 年是我国新闻传媒业融合发展的第七个年头，在风起云涌的融合实践中，来自政府管理者、业界与学界的各种融合发展观点进行了颇有成效的交锋，融合发展不但在理论上有了明晰的共识，在实践上也展示出全新的格局。以全媒体为建设目标的中国新闻传媒业融合发展现状主要表现在以下 12 个方面：① 报纸作为传统媒介业态总体呈现大幅收缩态势，报社作为媒体组织部分实现成功转型发展；② 中央级全国性主流报纸融合改革发展步伐较快，初步实现全媒体发展目标；③ 省级党报集团积极向全媒体转型，大多数处于迈向成功的攻坚阶段；④ 地市级党报市场驱力失速，基本靠财政支撑；⑤ 晚报都市报全面衰退，积极转型客户端；⑥ 县级报纸在行政力量助推下，迅速向融媒体中心转型；⑦ 行业性专业性报纸生存压力相对较小，总体改革转型不迫切；⑧ 传统门户网站影响力进一步减弱，作为一种媒介业态市场竞争能力风光不再；⑨BAT 等商业头部平台具有强大的媒介功能，掌握了信息传播渠道与呈现方式话语权；⑩ 短视频新媒体蓬勃发展，成为主要信息传播业态；⑪ 手机客户端平台席卷移动传播，成为报业融合改革发展的第一抓手；⑫ 自媒体野蛮生长，社交媒体泥沙俱下，人们处于信息冗余时代。立足于以上发展现状，本文深入剖析了中国新闻传媒业融合发展转型迫切需要解决的问题，在对未来发展趋势进行科学判定的基础上，给出了一些相关对策和建议。

---

[1] 本文原载于《中国出版》2020 年第 1 期，人大复印报刊资料《新闻与传播》2020 年第 8 期全文转载，《新华文摘》2020 年第 12 期观点摘编。

一、当前新闻传媒业融合发展的主要问题

我国新闻传媒业经过 6 年的融合发展实践，在取得令人欣喜成绩的同时，也存在诸多不足，本文认为，当前最需要解决的迫切问题主要表现在以下 9 个方面。

1. 思想问题

一切改革能否顺利开展的前提都是思想问题。改革要打破现有格局，进行利益调整，难免会使某些群体或机构利益受损。但是，只要改革的利益受损者不占大多数，只要改革的结果是获得更大的长远利益，部分与短期利益受损是可以接受的。由于既得利益、惯性思维与学习成本等原因，新事物新举措一开始总是不被部分甚至大部分人理解。当前的媒体融合改革转型，思想问题主要表现为：媒体融合思维观念不强，不知道媒体融合的最终目标与基本任务，指望财政负担一切；思想不够解放，满足于现状，小富即安，惯性思维，路径依赖，不考虑传媒业的未来生存发展；畏难情绪，存在不想、不敢、不能的思想，缺乏艰苦奋斗、努力创业的精神。

2. 体制机制问题

融合改革转型是在新的技术背景与消费背景下构建新的传媒生态，建设新的传媒体系，打造新的传媒生产力，这就需要与之相适应的生产关系，即科学有效的传媒体制机制。新闻传媒是党和人民的喉舌，"党媒姓党"决定了新闻传媒的本质属性，决定了其以社会效益为首、两个效益相统一的定位。在既有管理体制下，可以进行较大的机制创新，推动传媒业融合改革发展，建设新型主流媒体。目前，体制机制方面的问题主要表现为：组织机构没有进行根本上的重构，部门融合只是"两张皮"，未能形成一体化的组织结构、传播体系与管理体制；未能再造基于媒体融合的生产流程；晚报、都市报的改革转型犹豫不决，未能尽快按照互联网思维颠覆重构其生产模式与经营模式；未能全面实施全员聘用与岗位聘用，依然在编制身份上打转转；未能实施科学有效的绩效考核机制与激励机制，同工不同酬，分配不合理；未能充分按照现代企业管理制度进行管理，在核心团队持股、高薪激励、"创始人"制度

等方面尚需探索。

3. 技术与人才问题

报业融合改革发展的主要瓶颈一是技术，二是人才，技术是靠人才来实现的，这两者天然捆绑在一起。新闻传媒发展史其实就是传媒技术变革史，全媒体就是数字技术、网络技术、移动技术与智能技术革新的结果。目前，报纸在融合改革方面的人才与技术问题主要表现为：技术更新总是落后于商业互联网公司，很难成为传媒技术创新的领先者；新媒体技术发展投入机制尚未形成，需要新媒体发展基金等来推动新媒体技术研发；人才转型滞后与人才培养缓慢，传统媒体人员自身转型跟不上新媒体、新技术、新时代的要求，由于时间与培训教师专业水平等问题，难以有效提升专业水平；针对新闻采编人员的中央级层面的融合发展培训相对欠缺；媒体融合发展人才的职称制度不完善，影响了各类人才的职称晋升通道；优秀人才招不进来，媒体融合技术团队实力、能力不强；优秀人才留不住，无论是西部经济欠发达地区的内蒙古日报集团、宁夏日报集团，还是东部经济发达地区的浙江日报集团，都是如此，骨干人才大多流向互联网企业、知名国企与民企、行政机关等领域；懂技术、会策划、善写作、统筹协调强的人才欠缺，具有互联网思维和实践能力的复合型人才尤为欠缺。

4. 资金问题

新闻传媒实行事业身份企业化管理，这就需要在经营上不断努力，确保日常基本运作经费。同时，为了在竞争中不断发展，避免被淘汰，尤其是在媒体融合改革转型上获得新生，确保新型主流媒体地位，更需要在资金上有强大的保证。事实是，在新媒体的冲击下，传统媒体原有的商业模式受到极大挑战，以发行的二次售卖获取巨大广告收入的时代已经过去，很多传统媒体的广告收入断崖式下滑，甚至为零，转而依靠之前并不重视的发行收入苦苦挣扎（发行收入大部分来自财政支付），发展资金极为有限，很多市场化经营的都市报也相继倒闭。当然，一些改革转型较早的报业集团，凭借多元化经营，依靠动漫游戏、文化旅游、文化地产等收入，为融合改革转型提供了一定支撑，争取了发展时间。媒体融合发展与技术研发需要更大的资金投入，而新媒体收入相对很少，几乎可以忽略不计，新媒体产品和视频业务有一个较长的投入期。各个报业集团原来做出重要利润贡献的非媒体板块增长乏力，总体亏损，发展资金更是捉襟见肘，加之相关产品项目的发行销售、引流推广、产品兑付、还贷逾期等经营风险，资金问题较为严重，需要政府、行业及业外资本共同努力，为报纸融合改革发展转型提供资金保障。

5. 税收政策问题

在当前媒体的发展态势下，报纸融合改革转型的压力较大，融合发展是其能否获得新生的机会。对于管理部门而言，除在项目资金上给予大力支持外，还需要在政策上给予充分关照，其中，税收政策非常重要。目前，对媒体文化企业税收方面的"先征再返""减二免三"等优惠政策尚未到位，对媒体单位自筹资金用于融合发展的专项资金征税加大了媒体企业的负担，公益新闻宣传补贴政策落实尚不充分。

6. 资质问题

在融合改革发展过程中，报业集团积极建设新媒体，新闻网站、微信公众号、手机客户端、头部平台入驻号等快速发展，从几十种到几百种不等，处在跑马圈地时代。有些省区市融合改革一步到位，把报纸、广播电视、网站等媒体进行全面整合，建设融媒体中心。目前，省级融媒体中心有天津海河传媒中心，宁夏融媒体中心也在积极推进中。地市级融媒体中心有银川市新闻传媒集团、绍兴市融媒体中心等13个。县级融媒体中心更是上千家，此外，还有类似于当代贵州融媒体集团的机构。这就面临一些资质问题。主要表现为：第一，记者署名是融媒体中心记者还是合并前各报台的记者？现实情况大多署名融媒体中心记者（如当代贵州融媒体集团署名为当代贵州全媒体记者某某某），而融媒体中心的新闻机构身份还未确认，署名融媒体中心记者有违规之嫌。第二，党报和都市报创办的新闻客户端也没有合法的新闻机构身份，就这一方面而言，现在风头正劲的全国性新型主流媒体澎湃新闻、封面新闻、上游新闻、浙江24小时、红星新闻等客户端都是非法运营的，显然这又是不合理的。第三，正是由于融媒体中心与新闻客户端新闻机构身份未确认，从业人员就面临不能申请记者资格证的问题〔当然，很多记者都是以纸媒从业人员身份（如《华西都市报》《钱江晚报》）申领记者证〕。第四，报纸融合转型从事互联网信息产品服务与视频产品服务，就面临办理《互联网信息服务业务经营许可证》《信息网络传播视听节目许可证》的问题，而这两个证分别由网信办、广播电视总局审批，从而给报纸融合改革发展带来不小的资质与许可证问题。

7. 自媒体监管问题

自媒体的野蛮生长与社会媒体的泥沙俱下，在一定程度上与我国目前监管体系不完善有关系。由于注册登记的便利性，基于手机用户的自媒体发展非常迅速。中国互联网信息中心的《中国互联网络发展状况统计报告》数据显示，截至 2019 年 6 月，我国手机网民规模达 8.47 亿人，较 2018 年底增加了 2984 万人。自媒体平台多以微信公众平台、微博及头条账号为主，这三大平台的流量大多来自手机端用户，手机网民数量的增长保障了用户的需求量。这也给自媒体带来了巨大的商机，移动广告是自媒体平台最重要的变现模式，据估计，移动广告市场规模在 2019 年将突破 4800 亿元。由于有利可图，自媒体在信息发布上经常抢占先机，显得非常随意、活跃和"自由"。除了时间上毫无顾忌地抢先，自媒体在内容上也把关不严，庸俗、低俗、媚俗内容频出，严重影响了主流价值观的传播与意识形态的塑造。由于监管体系不完善，事先也难以控制自媒体发布的内容，事后对自媒体从业者及自媒体平台的处罚力度也不够大，难以发挥惩恶扬善的震慑作用。

8. 版权问题

版权是文化产业的核心资源，版权制度是文化产品能够进行交易获利的保障。从一定意义上来说，正是因为版权的法律保护，才能确保文化产品生产者的署名权与财产权，从而激发全社会创意的大喷涌，最终满足人民不断追求美好精神文化生活的需要。长期以来，报纸等传统主流媒体的版权意识不强，在以广告收入为主要支撑的时代，版权收入往往为人们所忽视。然而，报社在报纸新闻、评论以及融合时代视听产品上的生产投入是不小的，复制成本却几乎为零。新媒体时代，好的新闻作品一旦出现，就会被新媒体瞬间传播。很多新媒体平台就是靠聚合分发传统主流媒体的新闻作品谋取巨额利润，传统主流媒体几乎没有获得任何版权收入。近年来，四川日报报业集团的封面新闻版权意识日益增强，积极与其他机构合作进行版权交易，2018 年版权收入达到 1000 万元。当然，更多的报纸媒体不仅在版权收入上几乎颗粒无收，而且会经常因版权问题而被起诉。当前有一些公司或个人通过技术手段精准搜索到全国各地知名党媒所办的网络媒体转载某热点报道，而且该报道涉及较多图片，它们通过低价转让获得短期版权，向各转载媒体索要几万、几十万元的版权费，一旦协商不成就诉至法院，索要巨额赔偿金。法院大多简单参照著作权法，未充分考虑媒体的特殊性质和原告批量"恶意起诉"的事实，这对公益性质的党媒新媒体平台的发展壮大是极其不利的。应该加大对公益性质新媒体平台的保护力度，维护党媒法治生态的健康发展，出面协调有关部门专项研究，尽快出台著作权侵权裁量指导性意见。

9. 新媒体盈利模式问题

省级党报集团与地市级党报积极向新媒体进军，在投入上是不遗余力的。2018 年，1645 家报纸创办了新媒体，占比为 65.22%。平均有新媒体数量 13 家。新媒体营业收入占比排名前十为《大众网络报》《读者报》《锡林郭勒日报》《周末报》《独山子石化报》《浙江城市广播电视报》《嘉兴广播电视》《重庆商报》《菏泽广播电视报》及《城市商报》。2018 年，新媒体从业人员共有 18897 人，行业从业人员共有 180466 人，新媒体从业人员占比为 10.47%。新媒体从业人员排名前十的党报有《湖北日报》《新华日报》《福建日报》《河北日报》《四川日报》《甘肃日报》《湖南日报》《重庆日报》《解放日报》《浙江日报》。从这些数据可以看出，新媒体营业收入较高的基本都是行业性专业性报纸，没有一家省级党报集团，而省级党报的新媒体从业人员又是最多的，这说明在新媒体盈利模式上，传统主流媒体还在苦苦探索，变现能力有待进一步挖掘提升。

二、新闻传媒业融合发展的未来趋势

新媒体技术日新月异，媒体融合发展实践丰富多彩，传媒理论研究观点纷纭，但新闻信息服务与意识形态塑造工作又需要有一个相对稳定的时间与空间环境，实施既定的战略安排，实现阶段性目标。这就需要对新闻传媒业融合发展的未来趋势进行科学准确的判断。

1. 全媒体时代已经到来，融合发展是实现全媒体目标的历史性手段

全媒体是一种传媒组织机构，不是像报纸、期刊、广播、电视那样单个的媒介业态。在传媒发展史上，一种新技术带来了一种新的媒介形态，一种新的媒介业态就会形成一个新行业（如报纸行业、图书出版行业、期刊行业、广播电视行业等），这个新行业由很多个媒介机构组成。通常情况下，这个媒介机构仅仅经营单一的媒介业态就可以生存发展，如新京报社、南方都市报社、北京青年报社等，就是基于报纸这种单一媒介形态而组建的机构，中央广播电视总台、湖南卫视、山东卫视也是如此，这些不同媒介业态之间是有行业壁垒的。数字技术、网络技术、移动技术、智能技术打通了不同媒介业态的壁垒，报刊图书、广播电视、互联网、新媒体都可以融在一起，在新的组织机构下重构生产流程，实现"一体策划、一次采集、多种生成、多元发布"。报刊社、广播电视台作为单一组织机构的历史必要性也就减弱了，再加上传统媒体在受众信息选择比例上不断萎缩，以及经营上举步维艰，全媒体发展就成为历史必然。通过融合改革发展这个历史性手段，为传统媒体争取一定的过渡期，抓住时机尽快打造自己的新媒体，最终构建全媒体机构，转型为新技术新时代背景下的新型主流媒体。

2. 报纸数量进一步减少，日益窄众化、深度化、去中心化

前文已论述，我国报纸数量从融合元年前 2013 年的 1915 种减少到 2019 年的 1871 种，5 年中共有 44 种报纸停办，这还不包括那些基本上名存实亡的报纸。进一步而言，除了那些行业报和专业报，目前还能维持生存的也就是那 32 家省级党报与 300 多家地市级党报（中央级主流大报除外），过去风光无限的晚报都市报基本上都是在苦苦挣扎。未来，报业将继续迎来深化改革和调整。2019 年全国两会政府工作报告指出，2019 年国内生产总值（GDP）计划增长达 6% ~ 6.5%。宏观经济增速放缓预期对传媒行业总体带来不利影响，报纸广告收入将继续高速下滑，报业的关停并转既是常态，也是一种历史必然。经过调整后的报纸，将会日益窄众化、深度化、去中心化。大浪淘沙后的每张报纸基本都有自己精准的受众市场，避开消息报道的短板，致力于提供观点和意见，摒弃以自我为中心的生产者导向理念，运用互联网思维进行内容生产，精耕细作，提供深度新闻产品，实现对舆论引导主动权的掌握。

3. 智能化、移动化、数据化是传媒业的基本元素

习近平总书记多次强调技术支撑的重要性，并在"1·25"讲话中指出，"我们要增强紧迫感和使命感，推动关键核心技术自主创新不断实现突破"。在融合改革转型中，习近平总书记指出，"坚持移动优先策略，让主流媒体借助移动传播，牢牢占据舆论引导、思想引领、文化传承、服务人民的传播制高点"。从技术趋势来看，我国传媒格局和舆论生态将会在技术创新驱动下重塑，5G技术、人工智能、大数据等新技术应用将助推全媒体发展。对于报纸而言，无论是建设"中央厨房"平台，还是重构内容生产监管平台，抑或是着力对外合作发展提供云服务，毫不例外都必须依赖智能技术、移动技术与数字技术。智能技术可以助力消费端与生产端，精确细分受众市场，准确找到受众的兴趣喜好，智能机器人进行瞬时生产，智能推送受众喜闻乐见的产品。智能技术将会发挥无极限的生产力，除确保传统主流媒体的信息传播优势之外，让采编人员专注于深度新闻的采制，牢牢黏住受众。在未来很长一段时间内，甚至可以说是伴随人类社会始终，移动传播是最佳的传播方式，它将和人的五官脏器一样，成为人身体上的一部分，传媒的"移动优先"策略只有加强，不会弱化。当然，移动传播的背后就是互联网，是一张看不见的、随处可触的互联网，移动互联网与物联网一道，构成了人的基本生存方式。数据化指的是传媒承载信息的介质形态，无论是作为内容呈现的文字、图片、图像、动画、影像等，还是作为终端呈现的具体产品形态，都是数据化的。数据化包含了大数据之义，在传媒内容生产与市场销售方面，大数据将发挥决定性作用。以上分析说明，未来传媒的基本元素就是智能化、移动化、数据化，它们决定了传媒的生命属性与功能发挥。

4. 5G技术背景下，短视频是媒体发展竞争的第一落点

5G技术提升了网络传输的速度。新媒体时代，相比文字内容，短视频因

其直观化、个性化、娱乐性，广受人们欢迎，实现了很好的传播效果。短视频行业将进一步看好，预计将有更多的资本投入到短视频行业内容生产和商业变现的竞争之中，短视频平台的综合发展也将成为趋势，对于网络视听产业总体发展的推动作用将进一步强化。对于报纸来说，建设全媒体的过程中，除了提供传统的文字内容优势，短视频就成为它们的优先选择。报纸创办的移动客户端等新媒体，着力提供短视频服务，在与商业互联网新媒体的竞争中，丝毫不落下风，澎湃新闻、封面新闻就是其中的代表。对于那些短视频平台（如抖音、快手）而言，短视频服务更是其竞争胜出的撒手锏。可以说，5G 技术时代，要想在激烈的传媒竞争中胜出，短视频应该是每个市场主体的优先落点。

5. 移动客户端是媒体融合发展的第一平台

移动化是互联网应用发展的必然趋势。当下，传统媒体融合改革转型的着力点，一是移动优先，二是短视频，短视频的背后其实也是移动网络，可以说，移动网络就是传统媒体转型发力的主战场，具体就是指移动客户端。移动客户端作为一种新的媒介业态，拥有跟报纸、期刊、广播电视、网站等相同的新闻传播发展历史地位，是承继这些媒介业态的最新一代媒介，具有自己特有的本质属性与功能特点，发挥着不可替代的信息传播与社会服务作用。客户端作为一种媒介形态，具备媒介的一切功能，除此之外，它还拥有前辈们都不具备的特殊功能，可以聚合不同种类的媒介形态，发布不同形式的媒介产品，提供信息产品与非信息产品（指政务与民生）服务，实现个性化、即时性、去中心化传播，成为人们处理各种生活与生产事务的工具平台。正是因为这种平台功能，客户端深度嵌入在人们的生活方式中，牢牢黏附住了受众，从而可以精确提供信息服务，有效引导社会舆论，潜移默化地影响受众的世界观、人生观、价值观。

三、推动新闻传媒业融合发展的对策和建议

要推动我国新闻传媒业融合发展，打造一批有强大影响力与公信力的主流媒体，早日建成全媒体传播体系，需要紧紧围绕以下九大抓手开展工作。

1. 大力建设全媒体，科学规划统一的融合发展战略目标任务

全媒体与融媒体中心其实是一枚硬币的两面，本质内涵是相同的，指的是同一种事物。首先，它们指的都是传媒机构，而不是媒介业态；其次，它们作为一个传媒机构，经营的是报刊、广播电视、网站、新媒体等多种媒介业态；最后，无论是全媒体还是融媒体中心，都不必须涵盖所有媒介业态，一般来说，拥有两种以上媒介业态的机构都可以称为全媒体或融媒体中心，前提是该机构具备生产不同形式产品的能力。

当前，对于报业而言，首要任务是编制融合发展规划，科学设置战略目标与建设任务。报业集团的战略目标就是建设全媒体集团（融媒体中心），全媒体规模可大可小，各报社（集团）根据自己的实际情况，可以构建涵括所有媒介业态的全媒体集团（融媒体中心），也可以建设在某几种业态有相对优势的全媒体机构（融媒体中心），当然，这个全媒体是必须有新媒体的。譬如四川日报报业集团，其战略目标就是构建"一中心、双引擎、三矩阵、四支点"的全媒体（融媒体中心）发展格局。围绕建设全媒体机构这个战略目标，报纸需要明确以下几个基本建设任务：一是坚持以先进技术为支撑，重构组织机构与生产监管流程；二是坚持移动优先，建设新媒体平台，打造有强大"四力"的移动客户端；三是坚持内容创新，以高质量产品增强舆论引导能力；四是坚持人才中心战略，健全引人育人用人机制；五是坚持经营创新，壮大党报全媒体集团综合实力；六是坚持创新资本运营，实现跨产业融合发展。

2. 强化媒体事业法人治理、企业化经营管理的基本定位，打消报业"财政包办"的幻想，坚决实施晚报都市报"关停并转"

不管是过去的新闻事业还是现在的全媒体建设，报纸等新闻传媒的定位是事业身份、企业化经营管理。这就决定媒体必须按照事业法人来治理，而不是企业法人或社团法人，同时，又要考虑到媒体的产业属性，要用现代企业的科学制度进行经营管理，在筑牢媒体的经济基础、获得好的经济效益后，才能更好地发挥社会效益。

在融合改革发展转型这一过渡期，由于广告收入的断崖式下滑，报纸连基本生存都很困难，投资新媒体、建设全媒体机构更是举步维艰。这就需要政府给予较大的资金支持，通过政府购买、项目资助、税收返还等财税政策，为报纸融合发展托底。但是，这并不是说报纸就一直靠财政包办生存，有些省区对报纸发行进行财政支付的做法甚至被当作"先进经验"来效仿，幻想财政包办所有党报，这是要不得的思想，也是危险的思想，要坚决打消。财政包办不是无期限的，报纸融合发展如果再不抓住这个窗口期实现成功转型，离死亡也就不远了。对于晚报都市报等市场性的报纸而言，更不能指望财政包办，适者生存、劣者淘汰，没有生存能力的报纸不要去"打强心针"和"做人工呼吸"，要坚决实施"关停并转"，因为新媒体时代的报刊号资源已经不稀缺了。

3. 进一步深化体制机制改革，构建一城一全媒体集团／融媒体中心的发展格局

体制机制改革，就是要构建良好的传媒生产关系，解放生产力，激发创造力。在体制机制改革上，难点是人的问题，由于有限编制数量与历史遗留问题，同一媒体机构中会有很多不同身份的从业者，出现同工不同酬、分配不公等问题，影响工作积极性与组织活力。体制机制改革就是要破除这个难题，重岗位、轻身份。黄坤明同志曾指出，不要在编制身份上打转转，要在运行机制、薪酬上做文章。实行全员聘用与岗位聘用，淡化身份问题、行政级别、用工模式和考核方式，激发人的工作积极性与思维创造力。

体制机制改革的一个重要方面是全国及全省的媒体布局问题。未来，在对报纸等传统媒体"关停并转"的基础上，在做大做强人民日报等少数几家全国性主流媒体的基础上，各省区可以大胆构建一城一全媒体集团／融媒体中心的发展格局。基本思路是：在省级层面，可以构建 1~2 个党报（党台）全媒体集团，或者是由省级党报和省台各自构建一个全媒体集团，如浙江日报报业集团、浙江卫视可以分别建成浙江日报全媒体集团、浙江卫视全媒体集团；或者是合并省级党报集团与省台及其他媒体机构，打造一个省区级全媒体集团，如天津河海传媒中心以及即将成立的宁夏融媒体中心等。在地市级层面，坚决合并所有媒体，构建市级融媒体中心，全国有 300 多个地市，就建设 300 多个融媒体中心。至于县级融媒体中心，在保持一定独立性的前提下，分别入驻所属地市级云平台和省级云平台。

4. 重点建设党端，把党端打造为第一主流平台型媒体

新媒体背景下，移动客户端是传统媒体融合发展的第一抓手，是"移动优先"策略的实施主体。今日头条、抖音、澎湃新闻、封面新闻等客户端的风行天下，都说明了客户端作为一种新型媒介业态的生命力，这也是报纸融合发展的方向。

在新闻传媒发展史上，报纸、期刊、广播、电视、网站等媒体都曾经是某个历史阶段信息传播的主角，甚至是独霸天下。数字技术、网络技术、移动技术、智能技术推动了传媒格局的大变革，传统媒体在人们获取信息的选择上比例不断下降，甚至成为很多群体的"弃子"，受众纷纷转向移动客户端。在新的信息传播格局中，移动客户端肩负起了其历史责任，俨然成为报刊、广播、电视之后的又一主流媒介形态，党报党刊党台之后的"党端"，也就成为党媒的主力军与先锋队了。"党端"既是一种媒介业态，又是一种功能平台，是新媒体时代的平台型媒体。新闻传媒融合改革发展转型的首要任务就是进军移动客户端主阵地，就是要把"党端"打造为第一主流平台型媒体。

5. 成立融合发展扶持基金，重点支持技术研发、人才培养与项目发展

新媒体对传统媒体构成了严峻挑战，长期以来依靠广告收入的商业模式基本失灵，报纸全行业处于生死存亡的境地，近五年来相继有近50家报纸倒闭。在融合改革发展的过程中，打造新媒体平台与品牌产品不是朝夕之功，需要一个较长的过程。新技术的引进与研发、融媒体人才的引进与培养、品牌影响力的打造与用户的拓展，都需要大量的资金，而这又是报纸自身难以解决的，需要政府在一段时期内给予资金扶持。

建议在中央层面成立"全国报纸融合发展扶持基金"，基金的来源构成，可以由宣传管理部门出大头，相关政府管理部门、传媒企业、大型国企、银行金融机构等共同出资。在地方层面，也由各省市成立对应的"报纸融合发展扶持基金"。重点对技术研发、人才培养、项目发展进行资金扶持，促进报纸新媒体平台的品牌与用户推广，引进先进互联网人才，推动体制机制改革创新，成功实现融合改革发展转型。

6. 成立中央级新闻人才培训中心，加强全媒体人才的再教育，摒弃全能型人才观念，着力培养一专多能型人才

当下紧缺的是融媒体人才，既懂技术，又会策划，还能写作并统筹协作，这是新媒体时代急需的人才。此外，技术研发人才、经营管理人才也是较为欠缺的。人才的引进与培养对于报纸等传统媒体而言是一个较大的短板，由于传统媒体从业人员工资普遍不高，职称职务等政治待遇通道堵塞，人员流动性较大，很多采编人员或者被时代淘汰，或者跳槽到商业互联网公司、上市企业与行政机关。解决办法：一是要提高经济待遇，二是要寻求解决聘用人员政治待遇通道，三是鼓励柔性引进人才，四是加大培训力度。

对于大多数媒体而言，针对社长、总编辑的高端培训相对多些，但针对普通采编人员的中央级培训非常少，针对全媒体人才的中央级培训则更是寥寥无几。一些市场资本有机可寻，打着融媒人才培训的幌子举办各种培训班，既不是权威专业又浪费传媒机构的经费。建议由中宣部牵头，成立全国全媒体人才培训中心，有计划地组织各种高层次培训班，对普通采编人员进行分阶段分批次培训。同时，在培训培养人才时，要坚决摒弃全能型人才观念，没有哪个人可以精通所有媒介业态的新闻业务，科学的做法应该是培养一专多能型人才。

7. 构建全媒体监管治理体系，报纸新媒体监管治理日常化，不断强化社会自媒体管控，加大处罚力度

新媒体时代，新兴媒介业态层出不穷，由于新生事物的高技术门槛与社会关系复杂性，对新兴媒介业态的监管总是慢上一拍。政府行业监管部门要进行全面调研，科学分析，掌握新兴媒介业态的运作规律与基本特点，构建全媒体监管体系，以促进传统媒体的融合改革发展转型。

全媒体监管体系要加大对新媒体的生产监管工作，报纸新媒体如客户端、微信公众号、微博等的监管治理要日常化，使它们时刻保持在正常运行轨道中。知名报纸新媒体如澎湃新闻、封面新闻、上游新闻等移动客户端，也时不时出现一些"三俗"内容，甚至热衷于报道本土之外的负面新闻，片面追求流量与日活用户数。对于社会自媒体而言，由于其非组织性，显得格外随意、自由与活跃，内容生产与发布没有经过严格的三审制度，不利于正面宣传和舆论引导，也不利于主流价值观的传播与社会主义意识形态的塑造。那些"犯错"的自媒体受到的处罚要么是限制发布信息数量，要么是勒令一段时间内自我整顿，最多是封号处理，经济上和法律上的处罚力度较小，自媒体平台也没有太大的连带责任，常规的处罚也就是约谈、罚款等。无论是自媒体信息发布者还是自媒体平台，犯错付出的成本都太小，难以起到震慑作用。需要传媒监管部门加大对社会自媒体的管控力度，对自媒体平台实施严厉处罚制度。

8. 明确党端、融媒体中心的新闻机构地位，以党端号进行审批管理，将党报新媒体纳入记者证核发范围

媒体融合改革发展转型的结果是出现了许多新兴媒介机构，最主要的就是移动客户端和融媒体中心。目前对融媒体中心的定位是事业单位，有些是公益一类，有些是公益二类，但融媒体中心还未确认其新闻机构身份，从业者也只能以原有的报纸或电视台身份申领记者证。客户端是一种新的媒介业态，融媒体中心（全媒体）是一种新的新闻组织机构，虽然两者性质不一样，但功能是一样的，都是提供新闻信息产品与服务。现实情况是，客户端与融媒体中心的从业者是以传统媒体申领记者证，但新闻报道署名却是某某客户端记者或某某融媒体中心记者，这其实是违规的。

建议行业管理部门正式明确客户端、融媒体中心（全媒体）的新闻机构身份，允许其从业者以客户端或融媒体中心的名义申领记者证，一是使得从业人员合法化、理顺工作，二是使得原有传统媒体逐步退出传媒市场，节省社会资源。同时，建议把党报创办的客户端界定为党端，拥有与党报、党刊、党台同等的地位，行业管理部门逐步建立党端号管理体制，以审批制规范各级党报的新闻客户端的建设与发展，包括党端在内的党报新媒体均被纳入记者证核发范围。

9. 协调有关部门进行专项研究，尽快出台著作权侵权裁量指导性意见，加大对公益性质新媒体平台的保护力度

新媒体兴起后，版权状况颇为复杂，新的情况不断出现。这包括两个层面：第一，报纸等传统媒体的版权得不到保护，很多新闻作品被网络大肆转载，但却没有人为此支付版权费用。原因之一是传统媒体版权保护意识历来较弱，版权交易未成为其重点关注对象。原因之二是传统媒体的版权保护技术比较落后，不能运用最新的先进技术进行版权保护，当然，其中还有购买版权技术支出的问题，对传统媒体是一个新负担。原因之三是很多传统媒体为了追求传播力和影响力，也乐于看到自己的新闻产品广为传播，为自己的流量与粉丝加分。原因之四是侵犯版权的都是小而散的商业公司，传统媒体在维权诉讼中的成本支出大于版权收入，得不偿失，维权意愿不是很强。第二，党报新媒体需要大量的图片，而获取图片著作权人的信息比较困难，导致存在潜在的著作权官司。建议相关部门组成综合课题组，进行版权专项研究，尽快出台著作权侵权裁量指导性意见，加大对公益性质新媒体平台的保护力度，维护党媒法治生态的健康发展。

参考文献

［1］黄晓新,刘建华,卢剑锋.中国传媒融合创新研究报告（2018-2019）［M］.北京:中国书籍出版社,2019.

［2］国家新闻出版署.中国新闻出版资料汇编（2018）［M］.北京:中国书籍出版社,2018.

［3］黄晓新,刘建华,卢剑锋.中国传媒融合创新现状、问题与趋势［J］.中国传媒科技,2017（4）.

［4］刘建华.中国传媒融合创新四大突出问题与发展趋势［J］.中国出版,2019（4）.

［5］刘建华.论传媒创意获得与网络时代思维方式［J］.传媒,2019（4）.

中国新闻传媒业融合发展十二大现状[1]

2019 年 10 月 31 日，党的十九届四中全会通过的《中共中央关于坚持和完善中国特色社会主义制度　推进国家治理体系和治理能力现代化若干重大问题的决定》指出："发展社会主义先进文化、广泛凝聚人民精神力量，是国家治理体系和治理能力现代化的深厚支撑。""激发全民族文化创造活力，更好构筑中国精神、中国价值、中国力量。""构建网上网下一体、内宣外宣联动的主流舆论格局，建立以内容建设为根本、先进技术为支撑、创新管理为保障的全媒体传播体系。"2019 年 1 月 25 日，在中共中央政治局第十二次集体学习讲话中，习近平总书记强调："推动媒体融合发展、建设全媒体成为我们面临的一项紧迫课题。要运用信息革命成果，推动媒体融合向纵深发展，做大做强主流舆论，巩固全党全国人民团结奋斗的共同思想基础。"2018 年 8 月 21 日，在全国宣传思想工作会议上，习近平总书记提出要建设县级融媒体中心，打通媒体融合"最后一公里"。2016 年 2 月 19 日，习近平总书记在党的新闻舆论工作座谈会上指出，媒体融合的方向是从"你是你、我是我"变成"你中有我、我中有你"，进而变成"你就是我、我就是你"，着力打造一批主流新型媒体。2014 年，党中央出台《关于推动传统媒体和新兴媒体融合发展的指导意见》，正式启动了我国媒体融合发展大业。

2014 年被称作媒体融合元年，六年来，在数字技术、网络技术、移动技术和智能技术的驱动下，传统媒体尤其是报业的融合发展实践如火如荼、成效显著，从组织机构、生产流程、内容创新、渠道建设、平台打造、产品销售、

---

[1]　本文原载于《编辑之友》2020 年第 2 期。

经营管理等方面进行了深度融合，取得了较大成功，积累了宝贵经验。[1]有的媒体已成功转型，尝到了改革的甜头；有的媒体正在奋力前行，看到了希望的曙光；有的媒体犹豫徘徊，陷入了无边的迷茫；有的媒体不堪一击，倒在了新媒体不容喘息的挑战中。在新媒体技术的滚滚洪流中，可以清晰地观察到中国新闻传媒业融合发展转型的十二大现状，准确判定了解这些现状，新闻传媒业的问题、趋势也就一目了然，相关的发展对策也就有了实践基础和着力方向。

一、报纸作为传统媒介业态总体呈现大幅收缩态势，报社作为媒体组织部分实现成功转型发展

2019 年全国报业年检数据显示，目前共有报纸 2700 余种（其中普通报纸 1871 种，其余近 830 种为高校校报、企业报、同一报纸的不同地方版），除了约 376 种报纸缺少营收数据，其他 2324 种报纸总营收为 647579.80 万元，平均营收为 2731.32 万元。

国家新闻出版署《2018 年新闻出版产业分析报告》显示，2018 年，全国共出版报纸 1871 种，较 2017 年降低 0.7%；总印数 337.3 亿份，降低 7.0%；总印张 927.9 亿张，降低 13.8%；定价总金额 393.5 亿元，降低 1.4%。[2]报纸出版实现营业收入 576.0 亿元，降低 0.4%；利润总额 33.0 亿元，降低 12.2%。近年来，一直被视为传媒核心资源的报纸种数也在不断下降，与融合元年前一年 2013 年的 1915 种报纸相比，短短五年就有 44 种报纸消失。无论是报纸种数，还是总印张数、定价总金额及营业收入，都在不断压缩，尤其是利润，更是以两位数的比例下跌。作为传统媒介业态，报纸总体呈现大幅收缩态势，这是历史事实与必然。与此相对照，图书出版社总数一直保持稳定的态势，近五年来增加了三家，2018 年营业收入 937.3 亿元，增长 6.6%，利润总额 141.3 亿元，增长 2.8%；期刊 2018 年为 10139 种，较 2013 年的 9877 种增加了 262 种，营业收入 199.4 亿元，增长 1.5%。

报纸作为一种媒介业态，由盛而衰是事物发展的必然，遵循组织生命周期进入期、成长期、成熟期和衰退期的普遍规律，在数字技术、网络技术、

移动技术与智能技术催生的新媒体业态中，报纸从作为人们获得信息的主要载体蜕变为辅助载体，是不以人的意志为转移的历史选择。但报社作为一种媒体组织，可利用新兴技术进行自我革命，通过融合发展，转型为一种更有生命力的媒介组织，即全媒体机构（或叫融媒体中心）。

事实证明，部分报社已实现成功转型。作为中央级大报的《人民日报》一马当先，最早进行融合改革发展转型，第一个建设了"中央厨房"，并成为全国报业融合发展的标配，2018年《人民日报》的新媒体收入达到4.7亿元，居全国报纸之首。全媒体化的融合发展也进一步拓展了纸媒的市场，2018年《人民日报》平均期印数突破350万份，蝉联综合类报纸第一名。《浙江日报》认为媒体融合的主战场在移动端，突出移动优先战略，布局"一核多平台多集群"媒体新格局，发展资源集约、结构合理、差异竞争、协同高效的全媒体新型传播矩阵，重点打造浙江新闻客户端、浙江在线客户端与《钱江晚报》浙江24小时客户端，全速推进技术创新，通过"天目云"、省级融媒体MCN，建立博士后流动站、工作站等项目，为融合发展提供有力支持。在融合转型发展的过程中，《浙江日报》全方位深化体制机制改革，有序推进集团领导体制、管控模式、组织架构、绩效考核等改革，以新的生产关系助推生产力的发展，激发了内容生产主体和市场主体的发展活力。处在融合发展转型第一梯队的纸媒还有上海报业集团（如澎湃新闻、上观新闻客户端等）、四川日报报业集团（如封面新闻、川报观察客户端等）、南方报业传媒集团（如"南方+"、《南方周末》客户端等）、重庆日报报业集团（如上游新闻、新重庆客户端等）、成都日报报业集团（如成都发布、红星新闻客户端等）；处在第二梯队的纸媒如光明日报报业集团、《科技日报》、《北京青年报》、大众报业集团、贵州日报报业集团、陕西华商传媒集团、江苏新华报业传媒集团、福建日报报业集团、河南日报报业集团、甘肃日报报业集团等都已迈入融合改革发展转型的快速道。中西部等地区的以湖南日报、江西日报、安徽日报、辽宁日报、内蒙古日报、云南日报、青海日报等为核心的报业集团也在加快推进融合转型发展步伐。天津市与宁夏回族自治区更是改革彻底，积极融合报纸、电视台、网站等媒体资源，构建省级融媒体中心。

二、中央级全国性主流报纸融合改革发展步伐较快，初步实现全媒体发展目标

在融合改革发展的道路上，作为中央级的全国性主流报纸凭借资源、技术、人才、资本与政策优势，率先进行了融合转型，初步实现了全媒体发展目标。

2016 年，人民日报社就拥有 29 种社属报刊、31 家网站、111 个微博机构账号、110 个微信公众账号及 20 个手机客户端，是名副其实的全媒体集团。[3]《人民日报》建立了麻辣财经、学习大国、新地平线、国策说等 36 个工作室，来自 29 个部门的近 200 名编辑记者参与其中，推出文字、音视频、图解、H5 等各类融媒体作品 800 多件，综合点击量超过 1 亿次。2019 年全国报业年检数据显示，2019 年新媒体收入及利润的排名中，《人民日报》分别以 4.7 亿元、4.4 亿元独占鳌头。《光明日报》《科技日报》《经济日报》等中央级全国性主流报纸在融合改革发展方面也取得了不俗的成绩。光明日报报业集团率先提出了融媒体的概念，较早成立了融媒体中心。2016 年 11 月 18 日，作为我国首款人工智能新闻信息服务平台，"光明小明"人工智能新闻信息服务平台发布。相继推出了轻 Web 游戏、轻 Web 应用等交互式新闻，在两会期间推出《两会声音，小明更懂你》等作品，取得了很好的传播效果。《光明日报》客户端强调以观点制胜，强化了移动端的传播力、引导力、影响力、公信力。《光明日报》致力于多平台联动优化媒介融合，通过"炫融直播""钢铁侠"等形式与平台，实现了跨平台的内容集成与发布，使报道深入人心，技术创新进一步推动了媒体融合发展。《科技日报》以建设中国科技资讯库为突破口，确定了建设"中央厨房"、资讯库发布平台、智库服务平台"三步走"媒体融合的发展路径，通过整合各种科技资源，探索大数据运作，打造三大融合平台和融合智库，推出了《哈佛大学操作失误世界上唯一一块金属氢消失了！》等爆款产品，增强了报纸在网络上的舆论引导力，在 2019 年《科技日报》6000 多万元的经营收入中，新媒体收入达到 2000 多万元，占报社总收入的三分之一。2019 年，《经济日报》官方客户端共有 99 种，客户端总下

载量为 1500 万次，客户端活跃用户数为 30 万人次，微信公众号总订阅量为
112 万人，微信公众号篇均阅读量为 2 万次。《中国日报》官方客户端共 287 种，
客户端总下载量为 720 万次，客户端活跃用户数为 38 万人次，微信公众号总
订阅量为 580 万人，微信公众号篇均阅读量为 4300 万次，新媒体收入为 679
万元。

三、省级党报集团积极向全媒体转型，大多数处于迈向成功的艰难阶段

2019 年 1 月 25 日，习近平总书记在主持中共中央政治局第十二次集体
学习时强调，推动媒体融合发展、建设全媒体成为我们面临的一项紧迫课题。
全媒体不断发展，出现了全程媒体、全息媒体、全员媒体、全效媒体，信息
无处不在、无所不及、无人不用。我们要因势而谋、应势而动、顺势而为，
加快推动媒体融合发展，使主流媒体具有强大传播力、引导力、影响力、公
信力。省级党报在建设全媒体过程中成功与否，决定了新闻舆论战线主力军
能否成功进入互联网主阵地，决定了能否成功建设新型主流媒体，决定了能
否成功掌握意识形态的主导权。

在晚报、都市报全面衰退的背景下，党报反而表现了强劲的生存能力。
正是由于党报在经营上主要不是靠广告而是靠发行，为党报在融合发展的道
路上争取了时间，相比晚报、都市报而言，可以更从容地布局其融合改革发
展的战略与路径。从 2019 年全国报业年检数据可以看到，浙江日报报业集团、
上海报业集团、南方日报报业集团、新华日报报业集团、四川日报报业集团、
重庆日报报业集团、大众日报报业集团、安徽日报报业集团、河南日报报业
集团、甘肃日报报业集团、贵州日报报业集团、广西日报报业集团、吉林日
报报业集团等第一梯队党报集团积极向全媒体转型，营业总收入都在 2 亿元
以上。很多省级党报集团不同程度地实现了新媒体营收，最高的《南方日报》
达到了 1.3 亿元，尝到了融合改革发展的甜头，有一定的实力支撑融合改革
发展，基本摆脱了救亡图存的困境。北京日报报业集团、福建日报报业集团、
辽宁日报报业集团、云南日报报业集团、湖南日报报业集团、江西日报报业

集团、内蒙古日报报业集团、新疆日报报业集团等党报集团紧随第一梯队，积极朝全媒体道路迈进。天津日报报业集团、宁夏日报报业集团融合改革一步到位，在当地政府的推动下，与电视台进行整合，构建省级融媒体中心。当然，据课题组实际调查，两个融媒体中心还有诸多问题，如天津虽成立了中心，但报纸与电视台还没有真正融合到一起。宁夏融媒体中心建设也还只是区委、区政府出台了相关意见，中心目前还未挂牌。但考虑到宁夏与天津两个省级区域的面积、经济总量与人口基数，整合报纸、电视台与网络等媒体，构建融媒体中心是绝对正确的方向，且应是同类省区与地市效仿的对象。

四、地市级党报市场驱力失速，基本靠财政支撑

全国 340 多家地市级党报在发行和广告上都受到严重挑战，广告收入骤降，大多靠财政包办，通过财政统一购买报纸或者其他补贴的方式，地市级党报得以正常运转。从 2019 年全国报业年检数据可以看到，几乎所有报纸的发行收入都在千万元以上，占了地市级党报总收入中的三分之一甚至一半以上，这在十年前广告市场一枝独秀的时代是不可想象的（当时发行收入一直较低甚至是忽略不计）。在新媒体技术背景下，地市级党报依靠政府财政支持，发行上不断发力并保持稳定增长，这基本成为地市级党报的一项重要收入，是融合改革发展与党报转型成功的基本保证。但凡发行收入不错的地市级党报，其新媒体发展也较为不错。如《孝感日报》发行收入占了总营业收入的一半以上，新媒体投入也有保证，实现了 300 多万元的新媒体收入；《黄石日报》的发行与广告收入各占一半，其新媒体收入高达 2100 多万元；《郴州日报》《赣南日报》《贵阳日报》《呼伦贝尔日报》《安康日报》《临沂日报》《泰安日报》《石家庄日报》《邢台日报》《保定日报》《廊坊日报》《扬州日报》《南京日报》《汕头日报》《柳州日报》等的发行收入都不低于甚至超过了广告收入，新媒体收入也表现不俗。这并不是说这些地市级党报大受欢迎，读者市场扩大，实际情况是地市级党报的零售读者市场不断萎缩，基本是在财政兜底的情况下保证了一定的发行收入，维持生存以及融合转型发展所需。

在数字技术、网络技术、移动技术与智能技术的有力推动下，有些地市

级党报在融合发展的道路上走得彻底，与电视台等媒体进行全面整合，组建新的全媒体机构。到目前为止，全国已成立了 13 家地市级融媒体中心。如辽宁的大连新闻传媒集团，宁夏的银川市新闻传媒集团、中卫市新闻传媒集团，山西的晋城市新闻传媒集团，四川的资阳新闻传媒中心，安徽的芜湖传媒集团、铜陵市融媒体中心，广东的珠海传媒集团，黑龙江的齐齐哈尔市新闻传媒中心，河北的张家口市新闻中心，广西的来宾市融媒体中心等。

五、晚报、都市报全面衰退，积极转型客户端

晚报、都市报已成明日黄花，广告收入一落千丈，从十年前的经营大户沦落到生存艰难的境地，停刊、休刊之声不绝于耳，目前倒闭消失的 40 多家报纸都是晚报、都市报，其他晚报、都市报也在苦苦挣扎，行业全面衰退。[4] 从 2019 年全国报业年检数据可以看到，十年前经营收入动辄十亿元甚至数十亿元的一流方阵都市报，现在只有几亿元甚至几千万元的经营收入。如《南方都市报》收入 5 亿元、《华商报》收入 5.6 亿元、《扬子晚报》收入 3 亿元、《华西都市报》收入 1 亿元、《楚天都市报》收入 1.6 亿元、《新京报》收入 1.2 亿元、《羊城晚报》收入 1 亿元、《深圳晚报》收入 1 亿元、《春城晚报》收入 6000 万元、《燕赵都市报》收入 3000 万元。

这一背景下，市场触觉灵敏的晚报、都市报紧抓新媒体技术优势，积极转型客户端，大胆突破，走出了一条成功发展的道路。上海报业集团的《东方早报》走得最彻底，纸版报纸全面终止，所有人员全部转入澎湃新闻客户端，目前已成为全国最有影响力的党报新媒体。四川日报报业集团旗下的《华西都市报》、成都传媒集团旗下的《成都商报》、重庆日报报业集团旗下的《重庆晨报》、浙江日报报业集团旗下的《钱江晚报》、南方日报报业集团旗下的《南方都市报》，在继续办好纸质版的同时，坚持移动优先战略，积极创办基于手机的新闻客户端，下载量与日活量达到上百万甚至上千万次，影响力不断扩大。新媒体收入也表现不俗，如最高的《成都商报》达到八千多万元，《南方都市报》也有四千多万元，这是纸质版难以达到的。这些客户端新媒体分别是封面新闻、红星新闻、上游新闻、浙江 24 小时、南方都市报 APP 等。

六、县级报纸在行政力量助推下，迅速向融媒体中心转型

2003 年，中央对全国的县级报纸做了一次较大整顿，撤销 300 多家，保留 40 家左右的县级报。国家新闻出版署新闻出版统计数据显示，有正式刊号的县级报 20 家左右。本文推测，其他大约 20 家县级报有可能是挂靠在市级或省级党报，作为其一个地方版。这些剩下的几十家县级报，大多具有独特的政治、经济或地缘优势。如江西的《瑞金日报》有其红色政治优势、《修水日报》有其文化优势，内蒙古的《满洲里日报》有其国际边界地缘优势。2018 年 8 月 22 日，在全国宣传思想工作会议上，习近平总书记指出，要建设好县级融媒体中心，打通媒体融合的"最后一公里"，2018 年计划建成 600 个县级融媒体中心，2020 年底基本实现全覆盖。包括县级报在内的县级媒体在行政力量的推动下，快速行动，深度融合，建设融媒体中心，进行生产流程再造，实现一体策划、一次采集、多种生成、多元发布，重点建设基于手机的移动客户端，打造"新闻 + 政务 + 服务"的全媒体平台，有力黏附住了受众。用户通过客户端可选择报纸、电视、网站等不同媒介形态的信息产品，也可解决工作、办证、生活交费等各种问题，初步形成较有传播力、引导力、影响力、公信力的县级新型主流媒体。如湖南《浏阳日报》组建的浏阳融媒体中心、浙江《长兴日报》组建的长兴传媒集团、江西《修水日报》组建的修水融媒体中心、内蒙古《满洲里日报》组建的满洲里融媒体中心、北京《延庆日报》组建的延庆融媒体中心等，已成为县级报纸转型为融媒体中心的典型案例。

七、行业性专业性报纸生存压力相对较小，总体改革转型不迫切

行业性专业性报纸立足于某个系统、某个行业、某个圈子，主要做垂直领域的新闻信息服务，在一定程度上发挥了统一行业思想、协调行业工作的组织传播作用，有其固定的读者市场与广告业务来源，有独特的商业模式。相对而言，受新媒体的冲击较小，融合改革转型的迫切感相对较弱。

从 2019 年全国报业年检数据可以看到，从中央到地方的行业报专业报总

收入都在千万元以上，发行收入和广告收入都表现不俗，很多报纸的新媒体收入也都在 100 万元以上，业绩普遍好于都市报，与党报平分秋色。经营总收入最高的是金融类的《中国证券报周末版》，为 7.6 亿元；《上海证券报》也将近 7 亿元。发行收入最高的是《英语周报》，为 1.2 亿多元；《农民日报》的发行收入也将近 1 亿元。广告收入最高的为《中国证券报周末版》，为 7.3 亿元；《每日经济新闻》也将近 9000 万元。新媒体收入最高的为《读者报》，将近 2 亿元；《每日经济新闻》也将近 6000 万元。

八、传统门户网站影响力进一步减弱，作为一种媒介业态，市场竞争能力风光不再

门户网站是基于数字技术和网络技术诞生的一种新媒介业态，主要提供综合性互联网信息及相关应用服务。从广泛意义上而言，所有机构与个人创设的网站都可称为门户网站，如商业门户网站搜狐、新浪等，媒体门户网站新华网、人民网等，政府门户网站中国政府网、首都之窗等，地方生活门户网站北京信息港、昆明信息港等。在所有的门户网站中，传统商业门户网站是互联网媒体发展的主要代表，具体而言就是新浪、搜狐、网易、腾讯四大门户网站，1998 年至 2008 年是其发展的黄金时代。随着自媒体、社交媒体、平台型媒体的兴起，以 BAT 为代表的互联网大鳄异军突起，使得传统门户网站影响力不断减弱，市场竞争能力风光不再。

网易财报数据显示，2018 年网易净收入虽比 2017 年有所增加，为 671.56 亿元，但 2018 年的净利润只有 61.52 亿元，比 2017 年的 107.08 亿元少 45.56 亿元。网易 2019 年第二季度财报显示，其广告收入为 5.82 亿元，同比下降 8.3%。与此相对照，艾瑞数据显示，网易 2010 年广告收入达到 6.3 亿元，增长率为 65.1%。新浪发布的财报数据显示，2019 年第二季度净营收为 5.331 亿美元，较 2018 年同期的 5.374 亿美元下降 1%。广告营收为 4.336 亿美元，较 2018 年同期的 4.541 亿美元下降 5%。与此相对照，2010 年新浪净营收 4.026 亿美元，较 2009 年增长 12%。广告营收 2.908 亿美元，较 2009 年增长 28%。搜狐发布的财报显示，2019 年第一季度总收入为 4.57 亿美元，

同比增长 1%。品牌广告收入为 4300 万美元，较 2018 年同期下降 24%，较上一季度下降 25%。与此相对照，2010 年搜狐总收入达 6.128 亿美元，较 2009 年增长 19%。品牌广告收入为 2.118 亿美元，较 2009 年增长 20%。以上三家门户网站基于信息服务而获得的广告收入数据显示，当前，传统商业门户网站作为一种媒介业态而言，在人们信息选择中的占比大幅下降。同样，传统媒体创办的门户网站也举步维艰，正在商业模式转型中努力突围。本文走访的宁夏日报、内蒙古日报、福建日报、四川日报等报业集团的门户网站也处在经营业务拓展与商业模式转型的苦苦探索中。

九、商业头部平台具有强大的媒介功能，掌握了信息传播渠道与呈现方式话语权

头部两字来源于意大利经济学家维尔弗雷多·帕累托研究国家财富时提出的"帕累托定律"，即"二八定律"。"二八定律"显示，从坐标轴上看，头部向左靠拢，还拖着长长的尾巴，头部的企业数量少，却占据了大部分市场份额。互联网时代，以 BAT 为代表的互联网大鳄就是新媒体行业的头部企业。这些头部企业成功打造出微信、今日头条、抖音、快手、百度百家、淘宝等平台，发展成为平台型媒体，具有强大的媒介功能，掌握了信息传播渠道与呈现方式话语权。

在媒体融合发展过程中，阿里、字节跳动、腾讯、百度、爱奇艺、喜马拉雅等头部平台成为传统媒体进驻的主要平台。几乎所有报纸都开设了微信公众号、今日头条号、抖音号。当然，人民网、环球网、光明网、澎湃新闻、新华网、央视网等体制内主流新媒体也是其他纸媒进驻的主要头部平台。[5] 2019 年报纸年检数据显示，《四川经济日报》入驻第三方新闻内容平台数为 35 种、《四川日报》入驻 14 种、《新疆日报》入驻 29 种、《东方今报》入驻 20 种、《郑州日报》入驻 12 种、《浙江日报》入驻 10 种、《台州日报》入驻 45 种、《羊城晚报》入驻 30 种、《新京报》入驻 22 种、《中国日报》入驻 16 种、《中国青年报》入驻 25 种、《长沙晚报》入驻 13 家、《陕西日报》入驻 13 种、《济宁日报》入驻 17 种。一般来说，头部会获得更多的关注和资源，有巨大的

借力优势，在未来的传媒格局中，将会获得更多的资源资金，提供更多更好的信息产品与服务，黏附更多的受众。腾讯 CEO 马化腾在活动上公布，2019年微信公众号粉丝总量高达 23 亿人。2019 年 8 月 1 日，巨量引擎商业算数中心发布的《2019 今日头条内容价值报告》显示，今日头条月活用户量为 2.6亿人次，日活用户量近 1.2 亿人次。有关报道显示，2019 年 1 月，抖音全球月活用户量达 5 亿人次，抖音海外版 TikTok 全球下载量已突破 10 亿次，且这个数字并不包含国内的装机量。据 36 氪报道，早在 2017 年，一点资讯平台总用户量已达 5.5 亿人，日活用户量 5900 万人次，月活用户量 2 亿人次，拥有超过 365 万个个性化兴趣频道，自媒体入驻总量达 60 万家。有关数据显示，2018 年，TOP10 平台网络广告市场提升至 78.5%，这些互联网头部平台将会控制信息传播的渠道与终端，对信息传播、舆论引导和意识形态塑造发挥着举足轻重的作用。

十、短视频新媒体蓬勃发展，成为主要信息传播业态

短视频新媒体是基于手机终端的移动传播而产生的新兴传播业态，以其短小、直观、丰富的产品特点迅速占据信息娱乐市场。一般而言，短视频的时长不会超过五分钟，短的只有几十秒。在新媒体背景下的移动化、碎片化、视频化时代，短视频已成为网民喜闻乐见的视频形式，是日常跨屏社交的核心组成部分。短视频内容丰富，包括短纪录片（如一条、二更等）、网红 IP型（如 papi 酱、艾克里里等）、草根恶搞型（如抖音、快手等）、情景短剧型（如套路砖家、陈翔六点半等）、技能分享型、街头采访型、创意剪辑型等各种类型。[6] 短视频制作门槛低，与微电影、电视新闻相比，不需要专业的策划与脚本，任何人都可拍摄属于自己的短视频作品。当然，随着短视频在信息娱乐市场份额的日益加大，很多专业团队得以兴起，专门从事短视频生产制作。短视频的强大传播效果毋庸置疑，且有其独特的传播价值，但短视频也存在低俗恶俗、盈利能力不足、监管环节薄弱等问题。如今日头条与 papi 酱先后受到监管部门的约谈和惩戒，都说明了该行业发展初期职业道德自我约束不力的缺陷。

相关数据显示，2019 年上半年，短视频继续阔步前进，10 ~ 19 岁、50 岁及以上两端年龄段人群较 2018 年有较大增长。《短视频用户价值研究报告 2019H1》显示，在"只能接触一种娱乐形式"的情境下，四成网民选择短视频，超过在线视频。日均观看 10 ~ 30 分钟的短视频用户占比 32%，近三成用户超过 1 小时。相比城镇用户，农村短视频用户使用时长更长，日均使用时长 30 分钟以上的用户接近 70%，显著高于城镇用户的 52%。《2019 中国网络视听发展研究报告》显示，2018 年 12 月，网络视频用户达到 7.25 亿元，占整体网民的 87.5%，其中短视频用户高达 6.48 亿，成为仅次于即时通信的第二大应用类型。2018 年，中国网民每天人均使用手机 5.69 小时，其中，短视频的时长增长占整体时长增长的 33.1%。2018 年，视频内容行业市场规模达到 1871.3 亿元，其中，短视频市场规模由 2017 年的 55.3 亿元猛增到 467.1 亿元，增长率高达 744.7%。

在媒体融合改革发展转型过程中，短视频成为融媒体生产的主要产品和第一抓手。2019 年，重庆日报报业集团的上游新闻发布原创视频新闻约 4500 条，总阅读量达 2.25 亿次。其中 2 月 20 日的《重庆北站玩快闪众人齐唱〈我和我的祖国〉》点击量为 1600 万 +；9 月 27 日的《庆祝新中国成立 70 周年重庆点亮"中国红"向祖国献礼！》点击量为 1100 万 +；10 月 1 日的《全球中华儿女今天同唱一首歌》点击量为 460 万 +。2019 年上游新闻短视频营收总额为 213.77 万元。四川日报报业集团从以文图为主的传统纸媒呈现方式，扩展为音视频、动画、H5、航拍、直播、AR、VR、MR 等多种产品形态，直播"川藏第一桥"获中国新闻奖首设的媒体融合类奖项。封面新闻年直播超 1000 场、视频生产超 10000 条，直播短视频经常位于全国直播榜榜首，针对"00 后"开展的"青蕉拍客"视频博客上线不到 2 个月，全国流量超过 2 亿次。宁夏日报报业集团加大短视频等新媒体采制力度，全国两会期间，发布视频 380 余条，在庆祝新中国成立 70 周年主题宣传中，推出"跟着镜头逛宁夏"等 100 多个融媒体原创产品，阅读量累计超过 3000 万次，"我在宁夏祝福祖国"抖音挑战赛共发布 20 条抖音作品，点击量达到 783 万次，单条最高点击量达到 32 万次。银川市新闻传媒集团着力编创融媒新产品，生产优秀视频短剧，推出"银川晚报""直播银川""这里是银川"三个抖音号，用主流作品抢占短视频平台阵地。作为区县级的延庆区融媒体中心，也在短视频方面着力拓展，注册了"世园会北京延庆""延庆故事"等抖音号20余个，发布短视频2000余条，累计点赞数42万余次。主持人张辉发布的抖音作品《温暖保安》，获得点赞48万次，5700人参与互动评论。

十一、手机客户端平台席卷移动传播，成为报业融合改革发展的第一抓手

客户端是伴随电脑与互联网的出现而诞生的，也称为用户端，是指与服务器相对应、为客户提供本地服务的程序。客户端也称为工作站，指连入网络的计算机，它接受网络服务器的控制和管理，能够共享网络上的各种资源。像网页、邮箱等都可以称为客户端。智能手机出现后，这些移动的手持设备也是一种客户端。移动传播背景下，随着智能手机的普及，人们在沟通、社交、娱乐等活动中越来越依赖于手机APP（Application的简称，即应用软件，通常是指iPhone、安卓等手机应用软件）。手机APP可分为手机预装软件和用户自己安装的第三方应用软件。第三方应用软件主要集中在社交社区类软件。社交平台可以黏附巨量受众，为新闻信息传播提供较佳选择，成为具有传播力、引导力、影响力、公信力的平台型媒体。

在数字技术、网络技术、移动技术、智能技术背景下，手机客户端因其强大的平台优势，逐渐成为报纸等传统媒体融合改革发展的第一抓手。手机客户端作为一种信息平台，可容纳不同功能的媒介形态，报刊图书、广播电视、新兴媒体等所有媒体都可在客户端呈现，同时，客户端还可提供除新闻信息之外的服务。通过客户端这个入口，人们可进行社交互动、政务办理、生活缴费，甚至可利用它解决所有的生存方式问题。正发展得如火如荼的全国县级融媒体中心，秉持"移动优先视频优先"的战略，积极拓展移动传播，努力建设手机客户端。如长兴传媒集团的"掌上长兴"客户端、安吉融媒体中心的"爱安吉"客户端、浏阳融媒体中心的"掌上浏阳"客户端等，都是作为融媒体中心的龙头工程和主力平台来建设的，集新闻、政务、服务于一

体，都已成为所属县域信息量最大、点击量最高、最受群众欢迎的综合信息服务平台。手机客户端是新兴媒介业态中最重要的媒介类型，与报纸、期刊、广播、电视、网站成为全媒体机构的核心组成部分，并将作为第一主流媒体，发挥新时代信息传播格局中的"领头羊"作用。

手机客户端不仅是县级融媒体中心的第一抓手，也是地市级融媒体中心，尤其是省级党报集团进行全媒体发展的第一抓手，且彰显了巨大的传播力、引导力、影响力、公信力，俨然成为新型主流媒体。如上海报业集团的澎湃新闻，据其总裁、总编辑刘永钢透露，成立五年来，澎湃新闻 APP 下载总计已超过 1.5 亿次，日活过千万，这个数字是传统报纸发行量所无法比拟的，即使《人民日报》350 万份的发行量，相比这 1000 万日活，也是小巫见大巫。四川日报报业集团纸媒发行量从 2016 年的 176 万份降至 2019 年的 143 万份，但新媒体用户从 2016 年的 2000 万人发展到现在的 1.1 亿人，用户超千万的有川报观察客户端、封面新闻客户端。川报观察客户端达到这个数字只用了四年时间，客户端稿源排名为全国第 18。封面传媒董事长李鹏透露，2019年 4 月，封面新闻客户端下载量超过 2000 万次，日活超过 190 万人，封面新闻—华西都市报品牌价值达 223.56 亿元，收入同比增长 81% 并实现盈利。重庆日报报业集团着力打造以党报集群、党网集群、党端集群、党刊集群等为主的"4+2"全媒体传播新格局，聚焦上游新闻客户端、新重庆客户端等新媒体平台建设。目前，上游新闻下载量超过 2000 万次，近 80% 是市外用户，日均访问量达到 600 万人，日活达 100 万人，日均受众超过 4000 万人，跻身全国新闻客户端前十强，成为现象级移动传播平台。新重庆客户端下载量超过 1600 万次，近 80% 是区县用户，在西南地区媒体 APP 总下载量排名第一，中国新闻网站 APP 传播力排名第四，日活 107 万人。此外，浙江日报、福建日报、内蒙古日报、宁夏日报报业集团等全国其他 20 多家省级党报集团与 300 多家地市党报都建立了自己的手机客户端，党端已成为继党报、党刊、党台、党网之后的又一新型媒介业态，且会成为新闻舆论引导与意识形态塑造中的核心主流媒体。

十二、自媒体野蛮生长，社交媒体泥沙俱下，人们处于信息冗余时代

自媒体是普通大众通过网络等途径发布自己及他人新闻信息的新媒介业态，是数字技术、网络技术与移动技术的产物，包括 BBS、博客、个人网站、微博等形态。目前，微信公众号、移动客户端是自媒体的主要形态。自媒体是社会个人或社会机构自己的媒体，与传统大众媒体的区别在于其个性化、碎片化、交互性与非组织性。这也导致其具有不可避免的重大缺陷，如内容低俗化恶俗化、信息芜杂失真、权威性与可信度低、相关法律不规范等。[7]社交媒体是互联网上基于用户关系的内容生产与交换平台，主要是基于某个职业、某个话题、某个利益点所形成的圈子，相互分享意见、见解、经验和观点，有利于在本圈子的生存发展。简单而言，社交媒体是生活与生产方式在网络上的延伸，只是范围更大、信息更多、嵌入性更强。社交媒体与自媒体有重叠交叉之处，主要包括社交网站、微博、微信、博客、论坛等。当微博/微信只是作为自我表达的平台时，它仅仅是自媒体；当微博微信中自我表达的信息被同一圈子的受众使用时，发挥了社交功能，又是进行关系勾连的社交媒体。

近年来，自媒体平台争夺市场已见分晓，影响力较大的是腾讯的微信公众号、企鹅号，字节跳动的今日头条、抖音，阿里巴巴的大鱼号，以及百度的百家号，一点资讯等。中国产业信息网数据显示，2018 年中国自媒体行业规模达到 876.10 亿元，预计 2020 年行业规模将超过 1200 亿元。当前，自媒体的突出代表是微信公众号、抖音号与今日头条，承载它们的运作平台即微信平台、抖音平台与今日头条平台是社交媒体的突出代表，它们无一例外都是以基于移动传播的手机客户端接入并黏住用户，进行巨量的信息与观点传播的，这必将是一个信息冗余的时代，对人们的生活与生产方式产生巨大影响，甚至改变了人们的生存方式。《疫苗之王》《腾讯没有梦想》等自媒体爆款产品刷屏朋友圈，可见其传播力与影响力。由于先天存在的内容生产流程管理不规范，自媒体的野蛮生长与社交媒体的泥沙俱下，使很多爆款产品不

可避免地出现内容低俗恶俗、观点错误等违规违法和导向问题。自媒体、社交媒体经常被约谈、罚款、关闭账号，甚至停止运营。字节跳动是受监管机构点名、约谈及处罚最多的企业之一，仅 2018 年 7 月 1 日至 7 月 31 日 1 个月时间，抖音平台累计清理 36323 条视频、8463 个音频，永久封禁 39361 个账号，并被处以警告和罚款等行政处罚。

在自媒体与社交媒体蓬勃发展的信息大爆炸与观念多元化时代，媒体功能不仅仅是信息传播，更重要的是意见管理与观点疏导。皮尤调查数据显示，"美国三大新闻频道不再靠消息制胜，而集体蜕变为观点频道"，微软 NBC 新闻频道，评论类节目所占比例高达 85%，FOX 评论节目满天飞一直是其核武器，CNN 的观点类节目占一半。自媒体与社交媒体主要分享意见、见解、经验与观点，对主流价值观传播与意识形态塑造有着不可估量的正向或负向作用，到底发挥哪种作用，就看人们怎么去管理、利用、引导它们。

参考文献

［1］黄晓新,刘建华,卢剑锋.中国传媒融合创新研究报告（2018—2019）［M］.北京:中国书籍出版社,2019:12.

［2］国家新闻出版署.中国新闻出版资料汇编（2018）［M］.北京:中国书籍出版社,2018:18.

［3］黄晓新,刘建华,卢剑锋.中国传媒融合创新现状、问题与趋势［J］.中国传媒科技,2017（4）:25.

［4］黄晓新,刘建华,卢剑锋,中国报业融合创新现状、问题与趋势［J］.传媒,2018（8）:12.

［5］刘建华.中国传媒融合创新四大突出问题与发展趋势［J］.中国出版,2019（4）:3.

［6］刘建华.论传媒创意获得与网络时代思维方式［J］.传媒,2019（4）:92.

［7］刘建华.中国传媒融合创新四大瓶颈［J］.中国传媒科技,2016（11）:31.

网络时代实体书店发展的四个判析[1]

《2019—2020 中国实体书店产业报告》数据显示，"2019 年中国新开书店数量超过 4000 家，关闭的书店有 500 多家"。这个数据着实令人兴奋，有人乐观地判断，实体书店正走出低谷，大有扩张之势；更有人认为，实体书店的春天来了，并拿餐厅倒闭率为 91.6% 这个数据佐证那些"放大闭店的声音既不尊重数据，也不符合事实"。在国家大力推进全民阅读的大潮中，实体书店到底处在一个什么样的方位、扮演什么样的角色、具备什么样的功能、发挥什么样的作用，实体书店数量激增背后的逻辑是什么，如何理性认识"高颜值"书店的价值与作用，如何科学认识书店全行业的微利化，如何正确认识实体书店与网络书店的关系，如何更好认识实体书店发展的必要性与可行性，从而为人们营造更多的精神文化生活空间，促进书香社会建设。

判析一：实体书店激增背后的四大内在逻辑

数据显示，2019 年中国新开书店数量超过 4000 家，实体书店激增的原因主要有以下几个方面：第一，从政策来看，主要是政府对实体书店持续支持的结果。我国在 2006 年启动全民阅读活动，迄今已有 15 个年头。作为一项国家战略，全民阅读连续六次被写入政府工作报告。为了促进全民阅读，建设书香社会，政府实施了多项支持举措。《国家"十二五"文化发展规划》把"全民阅读"列为重要内容，《国家"十三五"社会经济规划纲要》把"全民阅读"列入国家八大文化重点工程，《全民阅读促进条例（征求意

---

[1] 本文原载于《新阅读》2020 年第 3 期，《光明日报》2020 年 1 月 16 日《实体书店如何在市场中觅光生长》节选该文。

见稿)》旨在用法律保障对全民阅读的服务，促进全民阅读。地方政府在资金上对全民阅读进行了大力支持，北京市市长陈吉宁在刚召开的市第十五届人民代表大会第三次会议上的政府工作报告中指出，要"完善实体书店扶持政策，加强房租补贴、奖励和政府购买服务力度，239家实体书店获得专项支持"。2019年，北京市扶持实体书店的资金达到1亿元。上海早在2012年至2016年就累计投入6000万元资金扶持实体书店。江苏、湖北、辽宁、江西、广西壮族自治区等省区也安排了额度不等的资金推动全民阅读。此外，在税收政策上，国家免征图书批发、零售环节增值税，有力促进了实体书店的勃兴。第二，从经济环境来看，主要是宏观经济整体下行、投资机会收缩的结果。受全球经济下行趋势的影响，再加上中美贸易争端等不利因素，我国经济面临前所未有的挑战，GDP增速不断下调。受宏观经济整体下行因素的影响，投资机会也随之收缩，资本日趋保守和谨慎，聚焦在政府重点扶持与风险较小的领域发力。实体书店作为文化产业的一部分，存在一定的"口红效应"。所谓"口红效应"，指的是因经济衰退而导致低价产品热卖的经济现象，也叫低价产品偏爱趋势。图书相对而言是一种低价产品，而且是非刚需产品。经济不景气的时候，人们反而有些"小闲钱"去购买这些非必要之物。资本的天性是逐利，正是因为看到了这个潜在消费市场，再加上书店投资门槛不高，才有了2019年书店数量的激增。第三，从社会心理来看，是网络"容器人"人际交往愿望不断高涨的结果。数字技术、网络技术、移动技术与智能技术的发展，推动了媒介业态的迭代革新，自媒体与社交媒体改变了人类的生存方式，虚拟网络空间成为人们社会交往的主要平台。城市化的跃进与移民的增加，使原来以熟人关系为纽带的社区日益变得"蜂巢化"，每个家庭甚至每个人都是一个个孤立的"容器人"，被看得见的透明玻璃所阻隔，互不往来，却都有一种与对方交流的欲望，然而谁也不能率先打破那层玻璃。虚拟的线上交流已不能满足这些"容器人"对"面对面"相处的强烈渴望，这就需要一些新的生活空间来提供帮助。实体书店不仅是展示和销售图书的地方，而且是人们进行社会交往的精神家园和文化生活空间。它们的存在，无疑是减缓社会焦虑、润滑社会关系、促进社会稳定的有力手段。第四，从业态演进来看，是新媒体技术强势裹挟中的消费者对"往昔美好时光"怀念的结果。在人类社会发展的历史长河中，无论经济社会如何发展，无论文明如何进步，每一代人都有属于自己的"往昔美好时光"，英国人的"往昔美好时光"也许是静谧的乡村社会，美国人的"往昔美好时光"也许是西部风情，我国的"上山下乡"知青岁月、北大荒、全家围炉烤火、饥饿下的偷吃、光着屁股抓鱼，如此等等都是"往昔美好时光"。同样，听留声机、拎单放机、进电影院、逛书店等，也是"往昔美好时光"。在媒介业态的演进中，报刊、图书、电影、广播电视、新媒体的发展是历史的必然，但是每一种媒介业态不是对前一种业态的代替，而应该是补充，它们以不同的比例为受众提供最佳的信息产品与服务。在电视的冲击下，电影与广播一度濒临死亡；在新媒体技术的冲击下，报刊、图书与实体书店也处于生死关头。我们欣喜地看到，这些面临重大危机的媒介业态都挺过来了，电影院的复兴固然有很多原因，而人们对"往昔美好时光"的怀念也是一个重要的催动剂，同样，实体书店数量的激增自然也在情理之中。

当然，实体书店数量的激增只是事物发展阶段的一种突然现象与暂时现象，这种现象不可能持续。毕竟图书这种信息产品的市场空间有天花板，不可能一直增长下去，各大出版社也不再以经济增长点作为评价其发展好坏的唯一标准，更多的是以社会效益为首位，实现两个效益相统一。作为图书出版产业链下游环节的实体书店，市场空间必然也有天花板，再加上网络书店的强势发展，作为"卖书"而言的实体书店的市场空间必然进一步收缩。作为人们的文化生活空间，也有其一定的容量，因为未来还有社区、工作单位、社会组织提供更多更好的社会交往空间。从这个层面上来说，社区又确实是实体书店未来发力的方向，加强书店与社区、学校的亲密对接，无疑是实体书店的有力抓手。2019年的发展实践中已看到这个走势，当然，无论是从运营模式、书店内容设置还是消费者认同来看，都还远远不够。

判析二："高颜值"书店的陌生化本质及其文化创意价值

一种物质产品（如冰箱、空调等）之所以拥有广阔的市场，是因为它们能满足众多消费者的共同需求，是一种刚需，如消暑、取暖、充饥等。然而，物质产品有其恒常性，不管什么品牌的冰箱，这个产品的基本特性是没有改变的。而精神产品不是这样，某种产品（如单部的电影、单本的书）在某个时空能满足某个群体的消费需求，但却不能满足这个时空所有消费者的需求，也不能满足某个群体在所有时空的消费需求。人们对精神产品求新求奇求异的追求是无限的，这就要求精神产品的创意创新是无限的。只有满足人们这种陌生化心理的精神产品，才能得到消费者的喜欢与追捧。当然，这种喜欢与追捧是有时效性的。从这个意义上而言，"高颜值"书店不过是社会求新求奇求异心理的一种征兆而已，也注定不可能永远"高颜值"，如果不做好内容与服务，不在内涵上下功夫，必然会为新的"高颜值"书店所碾压、所覆盖。如果"高颜值"书店陷入"你方唱罢我登场""一代新人换旧人"的境地，这绝对不是实体书店的所谓勃兴与胜利，而应该是整个社会资源的无谓浪费。

当然，我们也应该看到"高颜值"书店的价值所在，除体现一种社会创意创新、一种社会治理发展方向之外，它也有自己的隐性经济价值。尤其是对于文化旅游地而言，"高颜值"书店一是增加了旅游地的文化内涵，把文化元素辐射到餐饮、住宿、交通、景点等领域，增加景区的附加值；二是作为一种文化符号，发挥其强大的媒介信息传播功能，吸引更多消费者前来，重要的是一种结构化作用，这个时候，投资者对于书店图书销售业绩可能就并不怎么在意了，如设在广西南宁三街两巷景区的漓江书院，发挥的就是这种结构化作用。

与实体书店前些年的"暗淡"相比，现在受欢迎的实体书店主要具备以下特点和要素。一是地理位置的高人流量。综观这些书店，无论是设在景区的，还是设在闹市的，抑或是设在学校的，都有一个显著特征，从门口经过的人很多，这是书店之所以受欢迎的第一落点。二是书店外观及光影声色的新奇性。凡是受欢迎的书店，大多有一种别致的外观设计或形象标识。这些书店大多有一个特别的主题，在外观形状、光影声色上围绕自己所认定的主题进行差异化包装，突出自己的个性，如复古主题、乡村主题、红色主题、精英主题等。三是基于文化生活空间的多业态融合。凡是受欢迎的"高颜值"书店，都不单纯是书的展示与销售，而是力求做成一种精神空间、文化空间与生活空间。经营者希望这个空间能够吸引特定消费者进场，让他们自愿在家庭空间、生产空间、组织空间、社区空间之余，拿出一定的时间来到这个文化生活空间，或一个人发呆，或一家人散心，或一群人闲坐，为这个焦虑烦躁的社会吹进一股清风。为此，需要融通精神产品与物质产品等不同业态的界限，自然地安排图书、咖啡、文创、新技术体验、食宿等不同业态，让消费者愿意拿出更多的时间在这个文化生活空间品味精神与物质的双重美感。

判析三：实体书店的图书销售只是个"药引子"

实体书店数量不断激增，从量的方面来看，实体书店规模是扩大了，但是从质的方面来看，也就是从实体书店的实际销售利润来看，不如网络书店也是毋庸置疑的。实体书店的图书销售只是个"药引子"而已，书这个"药引子"是为了让实体书店的其他业态发挥经济作用，图书销售与否不应该是实体书店的重心。同理，消费者也不是单纯为了买一本书而进入实体书店的。一般是两类群体：一是急需书籍，等不及物流派送而进入书店，这些消费者买了书就走，不会做其他消费支出，当然，比例非常小；二是来书店消磨时光的，或单纯看书，或处理工作，或社交闲坐，这些消费者主要不是购书，更多的是进行其他业态的消费。与此相反，网络书店就是卖书，因其具备快捷找书、快捷送达、节约时间、随时随地购买、全方位售后服务等优点，能够让更多的消费者选择网上购书，而不是整装驱车费时费力地奔赴实体书店。而且，未来网络购书行为只有扩大而非收缩。

至于利润的下降，原因较多，主要如下。一是书店行业激烈竞争下的微利趋向。综观各大出版集团，无论是经营收入还是利润，旗下的新华书店基本贡献整个集团的百分之六七十的比例，可以说，书店曾经凭借特有的资源，具备暴利性行业特征。然而，随着网络书店的出现，图书渠道环节基本没有垄断优势可言，消费者的选择空间骤然增大，议价能力也随之增强，图书折扣竞争搏杀激烈，各种成本也随之增加，尽管销售收入整体增长，但利润必然下降，微利时代必然到来。二是出版社对自身利润关切的增强。无论是实体书店还是网络书店，原来之所以利润较高，并不是其节省了成本，而是凭借其渠道优势挤占了出版社的利润空间。我们所看到的书店折扣行为，其产生的成本大多是由出版社买单的。今天，随着新媒体技术的发展，尤其是移动客户端等自媒体的勃兴，出版社也在自建发行渠道上突围，从而增强了其与书店议价的话语权，必然拉低了书店的全行业利润。三是书店运营的社会成本的增加。无论是网络书店还是实体书店，人工、房租、物流等社会成本在不断增加，而图书作为一种精神文化产品，定价是有其透明的天花板的，不可能像餐饮店等服务业一样趁机涨价，政府对精神产品社会效益的强调，也不允许图书等文化产品定出过分离谱的价格，这也是导致其利润下降的因素之一。

至于网络书店与实体书店的"和平共处"与共同发展，在一定程度上而言可能是一个伪概念。两者可以共同发展，但并不存在"和平共处"与否的问题。它们是两种不同角色、不同功能、不同作用的市场主体，一个纯粹是图书产业链上的流通环节，只单纯实现图书的买卖，另一个只是把图书作为"药引子"，旨在做一种精神空间、文化空间与生活空间，两者并不处在一个平台上竞争，而是完全可以在不同的轨道上运行，而且都会做得很好。从各自做得很好这个意义上而言，也可以说是一种"和平共处"与共同发展吧。

判析四：文化生活空间是实体书店避免昙花一现的法宝

有人问，实体书店不会老这样持续增长下去吧？我们到底需要多少家实体书店呢？在我看来，我们肯定是需要实体书店，而实体书店的数量不能以一个简单的数字衡量。数量的多少是不能体现实体书店的重要性的，也不能确保实体书店的永世长存。如果实体书店不能满足消费者的需要，哪怕只有一家也是多余的，如果能够真正满足消费者需求，自然是多多益善。

对于运营者而言，实体书店要真正走进消费者的生活，避免新鲜感消失后昙花一现。首先要做的就是不要为新鲜感而做新鲜感，如果仅仅是想通过求新求奇求异心理去吸引消费者的眼球，那么这家书店前途未卜。新鲜感是一时的，它其实也是一种"药引子"，发挥吸引消费者注意力的作用，当这个功能实现后，它的历史使命也得以终结。这个时候，就要通过书店里面的结构化设置与多业态融合来留住消费者、满足消费者，培养流连忘返的忠诚客户。其次，要正确认识实体书店永恒的社会价值与人文价值，要把它做成融通各种阅读社会心理的文化空间。阅读主要受消费者所处时代社会心理的影响，如社会思维、社会影响与社会关系这三大社会心理的影响，它们中的自我认识、文化、偏见等，影响人们的阅读选择、阅读过程与阅读效果。实体书店要做成能够融通上述各种个体心理与社会心理的文化空间，让不同阶层、不同圈层、不同人口统计特征的人都能找到自己的心灵栖息地，并能在保持各自主体地位的同时，实现不同价值观的认可、认同或接受。最后，线下实体书店要与线上网络书店融合发展，两者不是替代关系而是互补关系。实体书店也要做网络书店的"药引子"，通过设在机场、社区、学校、闹市、景点等不同空间的书店的人际传播与口碑传播作用，促进人们对阅读的认识与重视，加大网络购书的比例与力度，让纯粹做售书的去售书，让纯粹做文化生活空间的去做文化生活空间，互为补偿，互为倚重，共同推进全民阅读活动。

作为一种文化生活空间，未来实体书店的前景是值得期待的。扶持实体书店不是纯粹给予资金配额，而应该是通过对真正做文化生活空间、真正做内涵式发展的书店进行奖励性支持，这个奖励资金不是"撒胡椒"的均等化扶持，而应该是有焦点的重奖。对于那些不做内涵、钻营套政府资金的投机者，不但不能给一分钱，而且要严格限制甚至重罚。当然，即使是做内涵的实体书店，政府的扶持也应该是有期限的，一段时间的扶持培育以后，无论是资金上的扶持还是政策上的扶持，对书店全行业而言，是有终止期的。彼时，如若实体书店还未成长发展起来，那必然会有另外一种新的业态来代替它履行应有的历史使命。

参考文献

[1]张胜,等.实体书店如何在市场中觅光生长[N].光明日报,2020-01-16（7）.

[2]黄晓新,等.阅读社会学——基于全民阅读的研究[M].北京:人民出版社,2019:185.

[3]刘建华.中国传媒融合创新四大突出问题与发展趋势[J].中国出版,2019（4）.

[4]刘建华.把实体书店做成融通阅读社会心理的文化空间[N].光明日报,2019-07-16（2）.

新时代党的新闻出版理论创新成果的结构体系、产生背景与重要意义[1]

以人民为中心的工作导向、党性与人民性的统一、新闻舆论48字方针、以社会效益为首位的两个效益相统一、舆论监督与正面宣传的统一、新闻出版时度效、全媒体的融合发展、网络空间命运共同体、"讲故事"的国际传播、"部校共建"新闻学院是新时代党的新闻出版理论的主要内容，构成了相对完整的逻辑体系，科学回答了当前新闻出版业是什么、为谁服务、如何服务等理论问题。这些创新成果的产生缘于国际和国内舆论环境的不断挑战，缘于媒介技术变革的不断挑战，是马克思主义新闻出版观与中国实践相结合的产物，是中国新闻出版业融合改革发展的科学指南。

一、新时代新闻出版理论创新成果的结构体系

在推动习近平新时代中国特色社会主义思想体系形成的过程中，新闻出版理论创新成果自成体系，逐渐明晰了自身的坐标定位、核心本质、根本要求、根本目的、关键保障、工作理念和工作方法。在全国思想宣传工作会议、党的新闻舆论工作座谈会、网络安全和信息化工作座谈会等会议上，习近平总书记提出了一系列新闻出版新思想、新观点、新论断，根据讲话中的概括性表述和理论界已有研究共识，十八大以来党的新闻出版理论创新成果的主要内容包括：以人民为中心的工作导向、党性与人民性的统一、新闻舆论48字方针、以社会效益为首位的两个效益相统一、舆论监督与正面宣传的统一、

---

[1] 该文原载于《现代传播》2020年第9期。

新闻出版的时度效、全媒体的融合发展、网络空间命运共同体、"讲故事"的国际传播、"部校共建"新闻学院十个方面。

1. 新闻出版理论创新成果的主要内容

"以人民为中心的工作导向是中国特色社会主义新闻出版业存在发展的定海针与压舱石，规定了我国新闻出版业的根本属性，解决了新闻出版业的本体问题。在 2013 年 8 月 19 日全国宣传思想工作会议上，习近平总书记强调，要树立以人民为中心的工作导向，把服务群众同教育引导群众结合起来，把满足需求与提高素养结合起来。以人民为中心的工作导向具体的首要工作原则就是坚持党性与人民性的统一，党性正是人民性最根本、最集中的体现。概而言之，党性寓于人民性之中，没有脱离人民性的党性，也没有脱离党性的人民性。"[1] 新闻舆论 48 字方针是"高举旗帜、引领导向，围绕中心、服务大局，团结人民、鼓舞士气，成风化人、凝心聚力，澄清谬误、明辨是非，联接中外、沟通世界"[2]，这个方针明确了新闻出版的政治功能、经济功能、统战功能、文化功能、教育功能与外交功能。以社会效益为首位的两个效益相统一是以习近平同志为核心的党中央非常重视新闻出版意识形态属性强化与社会效益发挥的结果，"习近平总书记明确指出，要把握好意识形态属性和产业属性、社会效益和经济效益的关系，坚持社会主义先进文化前进方向，把社会效益放在首位"[3]。"在全国宣传思想工作会议上，习近平总书记指出，坚持团结稳定鼓劲、正面宣传为主，是宣传思想工作必须遵循的重要方针。"[4]要充分发挥正面宣传鼓舞人、激励人的作用。"习近平总书记在党的新闻舆论工作座谈会上指出，舆论监督和正面宣传是统一的。新闻媒体要直

[1] 魏玉山，黄晓新，刘建华，等.十八大以来党的新闻出版理论十大创新成果 [J].传媒，2017（10）：20-25.
[2] 魏玉山，黄晓新，刘建华，等.十八大以来党的新闻出版理论十大创新成果 [J].传媒，2017（10）：20-25.
[3] 魏玉山，黄晓新，刘建华，等.十八大以来党的新闻出版理论十大创新成果 [J].传媒，2017（10）：20-25.
[4] 魏玉山，黄晓新，刘建华，等.十八大以来党的新闻出版理论十大创新成果 [J].传媒，2017（10）：20-25.

面工作中存在的问题，直面社会丑恶现象，激浊扬清、针砭时弊，同时发表批评性报道要事实准确、分析客观。"[1]"在党的新闻舆论工作座谈会上，习近平总书记指出，做好党的新闻舆论工作，要遵循新闻传播规律，创新方法手段，不断提高能力和水平。时度效是检验新闻舆论工作水平的标尺。"[2]"时，就是时机、节奏。度，就是力度、分寸。效，就是效果、实效。""2019 年 1 月 25 日，中共中央政治局就全媒体时代和媒体融合发展举行第十二次集体学习。习近平总书记强调，推动媒体融合发展、建设全媒体成为我们面临的一项紧迫课题。要运用信息革命成果，推动媒体融合向纵深发展，巩固全党全国人民共同思想基础。"[3]"习近平总书记指出，全媒体不断发展，出现了全程媒体、全息媒体、全员媒体、全效媒体，信息无处不在、无所不及、无人不用，导致舆论生态、媒体格局、传播方式发生深刻变化，新闻舆论工作面临新的挑战。"[4] 2020 年 6 月 30 日，在中央深改委第十四次会议的讲话中，习近平总书记指出，要"推动媒体融合向纵深发展，建立以内容建设为根本、先进技术为支撑、创新管理为保障的全媒体传播体系"[5]。在 2015 年 12 月 16 日第二届世界互联网大会开幕式上，习近平总书记直面世界互联网发展的共同问题，倡导一起建设网络空间命运共同体。国际形象的塑造需要有较强的国际传播能力与国际传播话语权。"为此，习近平总书记给我们开出良方：讲故事，是国际传播的最佳方式。要讲好中国特色社会主义的故事，讲好中国梦的故事，讲好中国人的故事，讲好中华优秀文化的故事，讲好中国和平发展的故事。"[6]"习近平总书记 2016 年 2 月 19 日在党的新闻舆论工作座谈会上指出，

[1] 魏玉山，黄晓新，刘建华，等.十八大以来党的新闻出版理论十大创新成果［J］.传媒，2017（10）：20–25.

[2] 魏玉山，黄晓新，刘建华，等.十八大以来党的新闻出版理论十大创新成果［J］.传媒，2017（10）：20–25.

[3] 刘建华.中国新闻传媒业融合发展十二大现状［J］.编辑之友，2020（2）：23.

[4] 姜春勇.守正创新 做好新时代正能量传播新闻［J］.研究导刊，2019（12）：56.

[5] 刘建华.中国新闻传媒业融合发展十二大现状［J］.编辑之友，2020（2）：23.

[6] 魏玉山，黄晓新，刘建华，等.十八大以来党的新闻出版理论十大创新成果［J］.传媒，2017（10）：20–25.

新闻院系教学方向和教学质量如何，在很大程度上决定着新闻舆论工作队伍素质，要把马克思主义贯穿到新闻理论研究、新闻教学当中去，使学新闻的学生真正成为牢固树立马克思主义新闻出版观的优秀人才。"[1]2001年，上海市委宣传部与复旦大学最早开创"部校共建"新闻学院模式。"2013年，中宣部与教育部联合发出《关于地方党委宣传部门与高等学校共建新闻学院的意见》，突破了新闻出版人才教育传统理念束缚，为中国特色社会主义新闻出版人才培养提供了科学有效的理论指导。"[2]

2. 新时代新闻出版理论创新成果的逻辑体系

党的十八大以来，新闻出版理论系列创新成果有其内在规定性，有机统一的联系形成了新闻出版理论创新成果的逻辑体系。在这个逻辑体系中，前述的十个方面全面阐释了新闻出版业是什么、为谁服务、如何服务等理论问题，对新闻出版的本体属性、传播功能、传播对象、传播机制、传播方法手段、传播效果、国际传播及人才教育等维系新闻出版生态链有序健康运行的具体理论问题，都作了专门性的解释，形成一个具有强大理论解释性与科学未来预测性的系统理论架构。

"以人民为中心的工作导向"是灵魂所在，是贯穿其他重大新思想、新判断的主线。首先，其他重大新思想、新判断的理论前提是以人民为中心。党性与人民性的相统一、融合发展、网络空间命运共同体、以社会效益为首位的两个效益相统一、"讲故事"的国际传播等，都以增进人民群众利益福祉为目的，把自己的前途命运同人民的前途命运紧紧连在一起。其次，其他重大新思想、新判断又具有鲜明的党性。新闻舆论48字方针、舆论监督与正面宣传的统一、新闻出版时度效、"部校共建"新闻学院等思想，都力求以科学有效的方法和手段，彰显党的意志、反映党的主张，让党的主张成为国内外的

---

[1] 魏玉山，黄晓新，刘建华，等.十八大以来党的新闻出版理论十大创新成果[J].传媒，2017（10）：20-25.

[2] 魏玉山，黄晓新，刘建华，等.十八大以来党的新闻出版理论十大创新成果[J].传媒，2017（10）：20-25.

最强音，获得较大的国内外话语权。最后，其他新思想、新判断融通了党性与人民性。党性与人民性的统一，既体现在舆论导向、传播效益、融合发展、对外传播、人才教育等单个领域的运作实践中，更体现在这十大理论板块的协同合作运行机制中，通过结构化合力，互相补充、互相促进，共同捍卫新闻出版党性与人民性的统一。

其他重大新思想、新判断是"以人民为中心的工作导向"在新闻出版各个领域各个方面的生动展开与具体体现。第一，作为新闻出版功能的48字方针，是"以人民为中心的工作导向"的内在要求。"高举旗帜、引领导向，围绕中心、服务大局"是对新闻出版工作党性的明确要求，新闻出版媒体必须高举党的新时代中国特色社会主义事业这面旗帜，围绕全面建成小康社会与中华民族伟大复兴中国梦这个当下党的中心工作进行宣传服务。"团结人民、鼓舞士气，成风化人、凝心聚力"要求新闻出版业在全面贯彻党性的前提下，要把工作落实到人民群众的具体需求上来，只有摸准了人民群众的脉搏与心理，才能说人民想说的话，做人民想做的事，才能赢得广大人民群众的认可，使其自觉自愿地聚集到我们旗下，团结协作、充满斗志推进新时代中国特色社会主义建设。"澄清谬误、明辨是非，联接中外、沟通世界"要求新闻出版业的教育功能是为人民服务的，要做人民群众的信息管家与意见领袖，及时为人民发现错误、判断是非，避免人民群众利益受损，避免党的事业受损；同时，全球一体化与世界多极化既是民族国家的选择，又是个体的必要选择，站在党和政府与人民群众长远利益的角度，必须同其他国家和人民交流合作，这就需要新闻出版业发挥好联结中外、沟通世界的桥梁作用。

第二，党性与人民性的统一、舆论监督与正面宣传的统一，是"以人民为中心的工作导向"的根本任务与根本原则。新闻出版业与其他行业的根本区别是它的意识形态属性，它的根本任务就是做思想工作，要时时彰显意识形态领域的党性与人民性，集中体现为舆论导向。舆论导向要以正面宣传为主，要通过主流价值观的传播及时干预不良思想言论，以体现真善美的事例去引导人们的价值取向。当然，新闻出版是充满矛盾的辩证统一的事物，正面宣传与舆论监督就是一对辩证统一的矛盾，适当的舆论监督与有力的舆论斗争会从另一方面促进正面宣传的效果，从而获得人民的信任，增强新闻出版的公信力与影响力，有利于新时代中国特色社会主义建设事业及党的各项中心工作的顺利开展，有利于营造良好的舆论环境。只有坚持党性与人民性相统一、坚持舆论监督与正面宣传相统一，才能团结好广大人民群众，凝心聚力、踏踏实实地实现党的"四个全面""五位一体"等基本布局。

第三，全媒体的融合发展、新闻出版的时度效、网络空间命运共同体、以社会效益为首位的两个效益相统一、"部校共建"新闻学院是"以人民为中心的工作导向"的根本保障。伴随新媒体的迅猛发展，网络已成为主要舆论场，传统主流媒体不仅在舆论引导能力上而且在生存发展能力上都遇到前所未有的挑战，一个有生存问题的新闻出版媒体，其党性与人民性是很难保证的。以习近平同志为核心的党中央提出的融合发展、网络空间命运共同体、以社会效益为首位的两个效益相统一、"部校共建"新闻学院分别从技术、空间、资本、人才等方面对"以人民为中心的工作导向"提供了雄厚的物质与精神保障。

第四，"讲故事"的国际传播是"以人民为中心的工作导向"的新闻出版良好外部环境的迫切需要。全球一体化与世界多极化潮流中，中国已成为世界第二大经济体，中国在世界舞台上的作用越来越大，已成为经济意义上的全球性国家，对外战略日益清晰，"走出去"步伐日益加快。但是，在国际事务中，中国还处于失语与"挨骂"的窘境，亟须提高国际传播能力，增强国际话语权，让世界听到并听清中国声音。"讲故事"的国际传播新思想为媒体的对外传播指明了努力的方向，提供了系统的方案，设计了科学的路径，阐明了具体的方法。新闻出版业把故事讲好了，把中国声音讲清楚了，把国家形象传播好了，把国家利益维护好了，就是做到了最好的"以人民为中心的工作导向"。

二、新闻出版理论创新成果产生的时代背景

1. 新闻出版理论创新成果是因应国际舆论环境挑战的必然结果

当今世界处在一个大发展、大变革与大调整的时期，未来发展格局究竟

如何，很难进行精确描绘，各国力量此消彼长的较量会给人类社会带来较为复杂的挑战。经过 40 多年的改革开放，中国经济快速发展，已成为世界第二大经济体，坚持新发展理念和供给侧结构性改革的中国，依然保持稳中向好的经济增长速度。中国对全球经济增长的贡献率不断加大，成为全球最大的能源依赖型国家，是全球第一大能源进口国。从经济层面而言，中国已经是全球性国家。中国正走向世界舞台中央，日益彰显负责任大国的风范，赢得了很多国家的认可与支持。中国对外战略日益清晰，"一带一路"建设彰显了中国促进与其他国家共同发展、共同繁荣的全球共赢意愿。显然，面对中国的经济政治全球战略，美国宣布"重返亚太战略"，意图遏制"一带一路"等"走出去"战略。中美贸易争端、美国对中国的外交打压和军事挑衅、周边国家与中国的领土争端、朝核问题等，都会成为遏制中国全球战略的重大筹码。

经济、政治、文化等综合国力的激烈竞争，会集中投射到国际舆论竞争上。习近平总书记指出："失语就要挨骂，现在，'挨骂'问题还没有得到根本解决，国际传播能力不强是一个重要原因。"[1]中国亟须理顺内宣外宣体制，加强国际传播能力和对外话语体系建设，应对新一轮全球化所带来的大国竞争。当前而言，尤其要应对美国和其盟国借南海问题、涉港问题、涉台问题、涉疆问题与涉藏问题，对中国联合发起的舆论围攻。党的十八大以来收获的新闻出版理论创新成果，正是我们党以宽广的眼界观察世界、以发展的观点审视自己、以战略的思维谋划全局，在马克思主义新闻出版观的指导下，进行科学分析世界经济政治形势与国际舆论环境基础上提出来的，有力地推动了新闻出版业快速发展，极大地增强了国内外传播能力，提升了国内外传播话语权，提高了国内外公信力与影响力。

2. 新闻出版理论创新成果是因应国内舆论环境挑战的必然结果

党的十八大以来，在经济上，中国经济实现了巨大飞跃，人民群众普遍感受到改革发展的实惠，新发展理念指明了未来经济科学发展的方向；政治

---

[1] 中共中央文献研究室. 习近平总书记重要讲话文章选编 [M]. 北京：中央文献出版社，2016：432.

上，政治体制改革不断深化，着力推进国家治理体系和治理能力现代化，加快建设公正、高效、权威的社会主义司法制度，反腐工作常抓不懈；文化上，《深化文化体制改革实施方案》标志着新一轮文化体制改革进入全面实施阶段，文化政策从特惠转向普惠，文化企业坚持以社会效益为首位，实现经济效益与社会效益相统一，文化消费迈上新台阶；社会与生态上，当前社会进入多元复杂的阶段，收入和财富增加，社会结构和社会价值观发生变化，中央的"精准扶贫"政策让人们更加感受到中央建成社会主义现代化强国、实现中华民族伟大复兴中国梦的决心与信心，生态环境日益成为人们关注的话题，智慧城市、特色小镇、新型城镇化等举措的推出，坚定了人们期待良好生态环境与未来美好命运的信心。

当然，目前也存在很多问题。第一，腐败问题依然严重，当前反腐已成为压倒性态势，取得明显的震慑效果，但腐败力量会采用更加隐蔽的方式蚕食来之不易的反腐成果。第二，金钱至上与功利主义侵蚀各个社会阶层、各个领域，真、善、美等传统义利观受到严重挑战，社会主义核心价值观真正深入人心并化为自觉实践行动，尚有一定距离。第三，贫富差距、城乡差距、公共卫生、食品安全、养老医保、公平教育、环境污染、物价房价上涨等问题严重刺激人们的神经，成为社会不稳定的隐患。所有这些问题，使得社会利益关系更加复杂，统筹各方面的难度明显增加，人民内部矛盾处于多发期，人们思想活动独立性、选择性、多变性、差异性明显增强。反映到舆论上，使得原有的新闻传播理念、新闻传播方法手段应对失当，正确舆论导向难免捉襟见肘，不能达到理想效果。党的十八大以来新闻出版理论系列创新成果，正是我们站在新的历史起点上科学认识与准确把握当下经济社会转型期的深刻性与复杂性的情况下，着眼于我国经济社会发展良好舆论环境营造，着眼于团结人民实现中华民族伟大复兴中国梦而提出来的。

3. 新闻出版理论创新成果是因应新媒体技术挑战的必然结果

智能技术、数字技术、网络技术与移动技术的发展，推动了信息社会的深刻革命，不仅带来了传统媒体与新兴媒体这一并不太严谨的媒介形态分野，而且更重要的是带来了人类生存方式的根本革命。其中，"新媒体的快速发展，模糊了国际国内、线上线下、虚拟现实、体制内外的界限"[1]，构成了日益复杂而又不可阻挡的新闻舆论场，蓬勃发展的互联网日益成为舆论生成的策源地、信息传播的集散地、思想交锋的主阵地。人在哪里，网络就在哪里，舆论就在哪里，阵地就在哪里。"党的新闻舆论工作是党的一项重要工作，是治国理政、定国安邦的大事。"[2]如果新闻出版管理部门不能监管新媒体，传统主流媒体不能掌握新媒体、不能成为全媒体，宣传系统不能建成全媒体传播体系，在舆论导向上就会失语，就不能团结人民、鼓舞士气，就不能治国理政，就不能实现中华民族伟大复兴中国梦。面对新媒体带来的人类生存方式与舆论生成环境的根本改变，以习近平同志为核心的党中央审时度势、高瞻远瞩，不断创新新闻出版理论，科学指引了传统媒体与新兴媒体融合发展的正确方向。

三、新闻出版理论创新成果的重要意义

1. 理论意义

从理论上看，党的十八大以来新闻出版理论系列创新成果是马克思主义新闻出版观与当代中国实践相结合的重大成果，也是马克思主义新闻出版观的重要组成部分。"马克思主义新闻出版观的形成是一个与时俱进，不断充实、完善、创新、发展的过程。"[3]马克思主义新闻出版观是无产阶级新闻观，是在批判资产阶级新闻观的基础上形成的，马克思主义新闻出版观不否定一般意义上的反映新闻传播基本规律的理论观点，这也是马克思主义新闻理论体系有科学解释力与持久生命力的原因。以习近平同志为核心的党中央，从中国经济社会深刻转型的实践出发，创新了新闻出版工作的坐标定位，将党的新闻舆论工作从"耳目喉舌"功能提升到"治国理政、定国安邦"的高度；认为新闻出版舆论工作的本体就是以人民为中心的工作导向，这是新闻出版

[1] 万光政.杭报集团：牢记职责使命 当好网上宣传主力军[J].传媒，2016（17）：35.
[2] 万金光.马克思主义新闻观的变与不变[J].新闻前哨，2019（7）：37.
[3] 郑保卫.马克思主义新闻观的发展与创新（上）[J].新闻前哨，2002（1）：19.

的根本属性，是新闻出版开展所有工作的基石与前提；党的新闻出版舆论工作的根本目的就是以人民为中心；此外，还对新闻出版功能、新闻出版宣传、新闻出版改革发展、新闻出版效益、新闻出版场域、新闻出版对外传播、新闻出版教育等作了科学深刻的理论阐述，初步形成了当代马克思主义新闻出版理论架构。

2. 实践意义

从实践上看，党的十八大以来新闻出版理论系列创新成果是习近平新时代中国特色社会主义思想的重要组成部分，与其他理论一起为中国经济社会发展实践服务，是中国新闻出版业改革发展的科学指南。首先，新闻出版理论创新成果科学回答了新闻出版业的根本属性问题，以人民为中心的工作导向是新闻出版业的本体，这个本体性源于其"治国安邦"的坐标定位。以人民为中心的工作导向廓清了社会公众与新闻出版工作者关于新闻出版为谁服务的认识偏差，统一了全党与全国人民的思想认识，推动了新闻出版业更好更快发展。其次，新闻出版理论创新成果科学回答了新闻出版业的一系列理论与现实问题，前述的十大观点及时有效遏制了新闻出版业的一些"乱象"，确保新闻出版业走上健康、协调、可持续的发展道路。最后，新闻出版理论创新成果科学回答了媒体技术历史性变革下的新情况与新矛盾，以其科学的理论解释与预测功能为传统主流媒体的生死存亡转型提供了抓手与动力。全媒体的融合发展、网络空间命运共同体等理论直面当下新闻出版业最急迫的大局，提供了解决方案与行动路径，使其及时抓住历史机遇，走上了成功转型的道路，实现了华丽转身。

2021 年

关键词：元宇宙　融合出版　县级融媒体中心　报业深度融合　高质量发展

新时代我国新闻出版业的理论创新与战略选择^[1]

新时代社会大背景下，我国新闻出版业的基本盘表现为四个方面：一是产业规模稳定增长，发展势头整体向好。中国新闻出版研究院相关报告显示，我国新闻出版业 2018 年实现营业收入 18687.5 亿元，利润总额达 1296.1 亿元，资产总额为 23414.2 亿元^[2]。二是公共服务日益完善，惠民项目扎实推进。第一，大力推动全民阅读工作。截至 2020 年，全民阅读已连续七次写入政府工作报告，据有关研究机构国民阅读调查报告数据，2019 年我国成年国民综合阅读率为 81.1%，全民阅读活动已蔚然成风。第二，农家书屋数量不断提升。2018 年底，全国农家书屋数量达 58.7 万家，数字农家书屋也达到 12.5 万家。第三，城乡阅报屏稳步推进。第四，盲人出版服务水平有较大提升。目前形成了盲文读物、有声读物、数字出版物、大字读物和盲用信息化产品等多形态盲人文化产品系统。第五，实体书店在扶持中快速发展。三是技术升级换代，全媒体融合发展迈向深入。自党的十八大以来，新闻出版业在融合发展方面取得了较大成果，全媒体建设是当下和未来发展的主要方向。实力雄厚的出版集团如江苏凤凰出版集团、江西出版集团、中南出版集团等，积极布局全媒体发展，已成为拥有出版社、期刊社、报纸、动漫游戏、新媒体等多种媒体形态的有强大影响力的大型出版传媒集团。四是"走出去"势头强劲，国际传播能力不断夯实。自党的十八大以来，我国新闻出版业从版贸升级、多元化输出到版权输出数量、品种等不断丰富，国际传播力和影响力不断提

---

[1] 该文原载于《出版科学》2021 年第 2 期，《新华文摘》2021 年第 16 期目录索引。

[2] 国家新闻出版署 . 2019 中国新闻出版统计资料汇编［M］. 北京：中国书籍出版社，2019：2.

升。主题图书如《习近平讲故事》等、原创文学作品和少儿图书等，都在欧美主流市场有不俗的表现。通过实施中国图书对外推广计划、经典中国国家出版工程等重点工程，一批有较大国际影响力的中国图书彰显了国际话语权。实力较强的出版企业积极开拓国际出版市场，通过投资、并购以及合作经营等多种方式，把前沿阵地不断推进到欧美国家腹地，在国际市场竞争中不断夯实国际传播能力。

一、新时代我国新闻出版业的理论创新

党的十八大以来，党的新闻出版理论发展主要有以下七个创新性论断。

1. 新闻出版的本体是坚持以人民为中心的工作导向

以人民为中心是我党一切工作的出发点和落脚点，新闻出版业作为党的一项极为重要的工作，发挥传播主流价值观和塑造社会主义意识形态的作用，它的本体就是以人民为中心，它的根本属性就是以人民为中心，它的所有的规律和特点也都来源于以人民为中心的工作导向。习近平总书记强调，"要树立以人民为中心的工作导向，将服务群众同教育引导群众结合起来，把满足需求与提高素养结合起来"。习近平总书记在2014年文艺工作座谈会的讲话中指出，"只有牢固树立马克思主义文艺观，真正做到了以人民为中心，文艺才能发挥最大正能量。以人民为中心，就是要把满足人民精神文化需求作为文艺和文艺工作的出发点和落脚点，把人民作为文艺表现的主体，把人民作为文艺审美的鉴赏家和评判者，把为人民服务作为文艺工作者的天职""人民需要文艺""文艺需要人民""文艺要热爱人民"。习近平总书记指出，党的新闻舆论工作要"坚持党的领导，坚持正确政治方向，坚持以人民为中心的工作导向"。新闻出版的人民中心本体得以确定后，很多争议性和模糊性认识及观点便会变得不言自明。比如新闻的真实性、客观性、公正性、时效性、新闻出版的自由与管控、双重属性、功能和效果以及相关法规和职业道德等问题都能够迎刃而解。对于当下的一些言论"是替党讲话，还是替老百姓讲话""是站在党的一边，还是站在群众一边"更是致命一击。换言之，不仅是党办媒体，中国特色社会主义制度管理下的各媒体都应该坚持以人民为中心的工作导向。

2. 新闻出版的根本工作原则是坚持党性与人民性相统一

新闻出版最根本的工作原则是坚持党性与人民性相统一，这个根本原则是以人民为中心工作导向的基本保证。"党性是人民性最根本、最集中的体现。党性寓于人民性之中，既没有脱离人民性的党性，也没有脱离党性的人民性。"[1]人民性是因为我们党的根本宗旨是全心全意为人民服务，"中国共产党代表中国最广大人民的根本利益，除了人民的利益，共产党没有自己的私利，这是党性和人民性一致及统一的基础"[2]。"党性和人民性向来是一致的和统一的。坚持党性，核心是坚持正确的政治方向和政治立场。所有宣传思想部门和单位，所有宣传思想战线上的党员、干部都要旗帜鲜明坚持党性原则。坚持人民性，就是要把实现好、维护好、发展好最广大人民根本利益作为出发点和落脚点，坚持以民为本、以人为本。"[3]新闻出版工作处在意识形态斗争的最前沿，承担着信息报道与知识传播、正确舆论引导、团结稳定鼓劲、塑造核心价值观和夯实共同思想基础的重任，只有上接天线确保"党性"，下接地线确保"人民性"，把党的路线方针政策和人民的实际诉求贯通起来，才能扎实完成好这些重任，成为党和人民都满意的"耳目喉舌"。

3. 新闻出版的功能是"48 字"方针

2016 年 2 月 19 日，习近平总书记在党的新闻舆论工作座谈会上提出了新闻舆论"48 字"方针，即"高举旗帜、引领导向，围绕中心、服务大局，团结人民、鼓舞士气，成风化人、凝心聚力，澄清谬误、明辨是非，联接中外、沟通世界"。"48 字"方针创新和巩固了马克思主义新闻功能观，对新媒体语境中的媒体社会责任提出明确要求，并提供了新闻出版一切工作正确有效开展的科学指南。"高举旗帜、引领导向"规定了新闻出版的政治功能，

———————————

［1］ 杨英杰.坚持以人民为中心的工作导向：学习习近平同志在党的新闻舆论工作座谈会上的重要讲话精神［N］.学习时报，2016-03-21.

［2］ 郑保卫.马克思主义新闻观十二讲［M］.北京：高等教育出版社，2019：74.

［3］ 倪光辉.习近平：胸怀大局把握大势着眼大事　努力把宣传思想工作做得更好：刘云山出席会议并讲话［N］.人民日报，2013-08-21.

旗帜是党和国家的指导思想与行动指南，是具有中国特色的社会主义；"围绕中心、服务大局"阐明了新闻出版的经济功能，因为在今后较长一段时期内，经济建设作为我党的中心工作是坚定不移的，围绕这个中心工作的重大战略构想，新发展理念、全面深化改革、两个一百年目标，乃至当前的"六稳""六保"等，都是以经济建设为中心的大局，新闻出版业需要发挥经济功能，更好服务这个中心和大局；"团结人民、鼓舞士气"明确了新闻出版的统战功能，团结是中国共产党在革命时期总结出的一个重要经验，并产生"统一战线"这一法宝；"成风化人、凝心聚力"确保新闻出版的文化功能，新闻出版宣传思想工作的中心环节就是统一思想、凝聚力量，以文化传播的方法能够很好地达到凝聚民心的目标，一个国家一个民族发展中更基本、更深层、更持久的力量就是文化自信，在这方面使力会起到事半功倍的作用；"澄清谬误、明辨是非"强调了新闻出版的教育功能，在信息知识传播和观点表达中，新闻出版能够使人们懂道理、明是非，发挥强大的教育功能，塑造好人们正确的世界观、人生观与价值观；新闻出版的外交功能就是"联接中外、沟通世界"，新闻出版通过融合发展建构的新兴主流媒体，以其移动、快速、便捷、互动的特性把世界变成了地球村，各国的相互交往越来越紧密，经济社会依存度也越来越高，无论是官方交往还是民间互动，新闻出版天然地成为各国公共外交的选择。

4. 新闻出版应坚持以社会效益为首位的两个效益相统一

新闻出版作为一种精神性产品主要是做人的思想工作，肩负着巩固马克思主义意识形态指导地位、共同思想基础的重任，由此可见其社会效益的重要性。当社会效益与经济效益产生冲突时，须首先重视社会效益。习近平总书记明确指出，文化建设要"把握好意识形态属性和产业属性、社会效益与经济效益的关系，始终坚持社会主义先进文化的前进方向，始终把社会效益放在首位"[1]。

---

[1] 周玮.激发文化创造活力　向着社会主义文化强国迈进：党的十八大以来文化体制改革成果述评[EB/OL].[2019-12-31].http://www.xinhuanet.com/politics/2017-07/23/c_1121365692.htm.

对新闻出版业来说，重视其经济效益，通过观众、读者和用户最大范围地阅读、收看和使用，从而最大限度地实现其宣传教育的功能，强化新闻出版的意识形态属性[1]。总而言之，获取经济效益的最终目的是实现社会效益，反之，如果新闻出版媒体不具备社会效益，也就很难有公信力与影响力，不能得到公众认可，自然难以成为公众信息消费选择，那么经济效益也如镜花水月。"以社会效益为首位的两个效益相统一"的理论创新成果统一了新闻出版业的全局思想，能够有效地指导、解释和预测新闻出版业的发展和实践。

5. 新闻出版传播的方法是"时度效"

习近平总书记指出，"做好党的新闻舆论工作，要遵循新闻传播规律，创新方法手段，不断提高能力和水平"[2]，"党的新闻舆论工作是一门科学，必须按照规律办事。时度效是检验新闻舆论工作水平的标尺。不管是主题宣传、典型宣传、成就宣传，还是突发事件报道、热点引导、舆论监督，都要从时度效着力、体现时度效要求"[3]，"时，就是时机、节奏。时效决定成效，速度赢得先机。没有时效性就没有新闻"[4]。度，即力度、分寸。在习近平总书记关于"度"的论述中，我们必须要牢记，新闻报道的造势、突出和力度都是需要的，但必须掌握一个度，不要在个别用词上过度，不能在渲染上过头，不能在力度上言过其实而导致失向、失真和失态[5]。效，就是效果、实效。习近平总书记强调，"新闻舆论工作最终要看效果，这个效果就是群众口碑好、社会共识强"[6]。习近平总书记强调的"时度效"是新时代数字技术、移动技术、网络技术、智能技术背景下党关于改进新闻出版工作方法的最新理论，具有实践性，为新闻出版宣传思想工作者提供了有效的战斗武器，可以

［1］ 张垒.深刻领会习近平同志新闻舆论工作的重要论述［J］.中国记者，2016（3）：25.
［2］ 中共中央文献研究室.习近平同志重要讲话文章选编［M］.北京：中央文献出版社，2016：427.
［3］ 中共中央文献研究室.习近平同志重要讲话文章选编［M］.北京：中央文献出版社，2016：430.
［4］ 中共中央文献研究室.习近平同志重要讲话文章选编［M］.北京：中央文献出版社，2016：431.
［5］ 中共中央文献研究室.习近平同志重要讲话文章选编［M］.北京：中央文献出版社，2016：432.
［6］ 习近平：推动媒体融合向纵深发展 巩固全党全国人民共同思想基础［OL］.新华网.［2020-09-20］.http:// www.xinhuanet.com/politics/2019-01/25/c_1124044208.htm.

更好地发挥新闻出版的主要功能，有力地传播社会主义核心价值观，塑造好主流意识形态。

6. 新闻出版的全媒体融合发展

2019 年 1 月 25 日，习近平总书记在中央政治局第 12 次集体学习会议上强调，"推动媒体融合发展、建设全媒体成为我们面临的一项紧迫课题。要运用信息革命成果，推动媒体融合向纵深发展，做大做强主流舆论，巩固全党全国人民团结奋斗的共同思想基础，为实现'两个一百年'奋斗目标、实现中华民族伟大复兴的中国梦提供强大精神力量和舆论支持"[1]。习近平总书记对于当下媒体融合发展做出准确的历史判断，"全媒体不断发展，出现了全程媒体、全息媒体、全员媒体、全效媒体，信息无处不在、无所不及、无人不用，舆论生态、媒体格局、传播方式发生深刻变化"[2]。媒体融合的终极目标是全媒体，传统媒体要加快采编流程再造与融媒体中心的建设，实现一次信息采集，多种形态发布，打通报、网、端、微、屏等各种资源，进行全媒体传播，实现新闻的全方位覆盖、全天候延伸以及多领域拓展，从而推动党的声音进入各用户终端，占领新的舆论场。多年来，传媒融合创新发展成效显著，习近平总书记擘画的传媒融合蓝图正在一步步实现，经过几年的实践与探索，机构改革、政策推动、技术革新、管理创新，渠道融通、平台构建等，涌现出一大批标杆式的传媒融合创新的典型。

7. 新闻出版"讲故事"的国际传播

一个国家的形象良好与否决定该国获得外部资源的多寡，好的国家形象也可以说是一种强大的生产力，有利于促进国家发展和增进人民福祉。在新闻出版业"举旗帜、聚民心、育新人、兴文化、展形象"的使命任务中，"展形象"就是要求新闻出版业要积极发声，展示我国的良好形象，让国际受众

［1］ 习近平：推动媒体融合向纵深发展巩固全党全国人民共同思想基础［OL］.新华网.［2020-09-20］.http:// www.xinhuanet.com/politics/2019-01/25/c_1124044208.htm.

［2］ 习近平：推动媒体融合向纵深发展巩固全党全国人民共同思想基础［OL］.新华网.［2020-09-20］.http:// www.xinhuanet.com/politics/2019-01/25/c_1124044208.htm.

认识我们、了解我们、认同我们。这就需要我们不断提高传播能力，增强我们国际传播话语权，提升中华文化软实力，塑造理想的中国国家形象。习近平总书记强调，"我们在国际上有时还处于有理说不出、说了传不开的境地，存在着信息流进流出的'逆差'。我们在国际上有理说不清的一个重要原因，是我们的对外传播话语体系没有完全建立起来"[1]。习近平总书记说，"讲故事，是国际传播的最佳方式。要讲好中国特色社会主义的故事，讲好中国梦的故事，讲好中国人的故事，讲好中华优秀文化的故事，讲好中国和平发展的故事"[2]。当然，习近平总书记还告诉我们，"不要为了讲故事而讲故事，要把'道'贯通于故事之中，通过引人入胜的方式启人入'道'，通过循循善诱的方式让人悟'道'"[3]。这里所说的"道"，就是指我们提出的重大理念，即"五位一体"总体布局、"四个全面"战略布局、五大发展理念等。我们要对这些"道""加大传播力度，使其成为世界表达中国故事的源头、读懂中国的标识"[4]。

二、新时代我国新闻出版业的战略选择

我国出版业未来发展战略包括以下九大方面。

1. 以社会效益为首位两个效益相统一发展战略

根据施拉姆对社会责任理论的解读，传媒的社会责任的核心是"传播人的责任"，即要求新闻从业者"应该以负责任的态度来处理自己的成品""竭尽所能提供素质最高的成品"。同样地，美国新闻自由委员会指出，报业的不良外在表现可以由法律与舆论形成的外界力量来控制，但是其良好表现，却只能依靠那些操作传播工具的人，依靠传媒人自身的社会责任感来维护，为社会谋福祉，为民众求真理，这也是媒体社会责任的题中之义。新闻出版业

---

[1] 中共中央文献研究室.习近平同志重要讲话文章选编［M］.北京：中央文献出版社，2016：432-433.

[2] 中共中央文献研究室.习近平同志重要讲话文章选编［M］.北京：中央文献出版社，2016：432.

[3] 中共中央文献研究室.习近平同志重要讲话文章选编［M］.北京：中央文献出版社，2016：433.

[4] 中共中央文献研究室.习近平同志重要讲话文章选编［M］.北京：中央文献出版社，2016：433.

要强调社会责任的首要地位，凭借社会效益的实现来推动经济效益的提升，实现新闻出版传媒业社会效益和经济效益的统一。

为实现社会效益，新闻出版传媒首先要发挥正确的舆论导向和社会监督功能，确保正确的主流价值观和中国特色社会主义意识形态。新闻出版单位要以读者为中心，照顾读者等利益相关者的权益，肩负应有的社会责任。新闻出版单位要改变传统单向型的传播模式，加强与新媒体的互动与融合。新闻出版单位的社会效益还体现在对环境的责任上，主要表现在绿色出版、环保与生态文明建设等方面。党的十八届三中全会明确提出了加强生态文明制度建设，建立生态文明损害责任追究制度等要求，绿色发展也成为党中央为"十三五"时期制定的"五大发展理念"之一，这为推动传媒企业践行环境责任提供了动力和政策支持。对于一般企业来说，承担的是解决高能耗高污染、应对气候变化等问题的责任，对于传媒企业而言，则是通过绿色出版印刷的实践，达到保护社会环境，同时也保障投资人利益的重要目的。同时，开展公益慈善行动，推动中华文化"走出去"，推动和谐社会发展等，也是媒体社会效益的集中体现。在经济效益方面，新闻出版机构要确保自身的盈利能力，这对传媒企业的发展和社会效益的发挥至关重要。社会效益与经济效益是一种相辅相成的关系，两者的关系处理好了，才能够极大地促进新闻出版业的发展。

2. 主题出版与公共服务优先战略

主题出版主要指的是新闻出版企业所进行的策划和出版活动，主要围绕着党和国家的重大主题来展开。作为新闻出版广电公共服务体系的重要组成部分，在新媒体技术发展的推动下，媒介融合的发展趋势下，以主题出版为代表的公共服务战略已经成为新闻出版传媒业产业结构优化、经济增长方式转变、不断提高自身的整体实力和竞争力的重要方略。

近年来，主题出版已经成为新闻出版业新的增长点，其内容也在不断丰富和发展，由于其具有较强的时效性，影响广泛，受到了公众的广泛关注，在推进中国特色社会主义发展建设上起到了重要的作用。随着信息技术的发展和普及，主题出版要充分体现自身特色，摒弃旧有思维方式和出版模式，坚持正确的导向，提升广度和深度，采用多种形式贴近群众，贴近生活，切实做好具有重大社会意义的事件、现象、问题的宣传报道，更好地让受众认识其本质，把握其精神，从而深化报道主题，扩大宣传效果。主题出版是新闻出版公共服务功能的重要体现，目前，新闻出版广电公共服务体系已经形成了以政府为主导，以公益出版单位为骨干，以重大工程项目为载体，并逐渐覆盖到社会各类人群和各个领域，尤其重视保障基层群众包括读书看报等在内的基本文化权益。今后，更是要践行公共服务优先的重要战略，创新体制机制建设。目前，我国新闻出版业中的出版主体，包括各地人民出版社、少数民族出版社等都属于社会公益性质的事业单位，但是在社会公益性质的出版社中，其业务种类大部分为市场化的经营产品，公共服务性产品只占其中的极少部分。未来，新闻出版业要着力于开放创新的公共文化服务体系建设，在进一步提升政府治理能力的同时，保障公众的文化权益。

3. 精品生产与高质量发展战略

在新闻出版业发展的路径选择上，精品生产与高质量发展战略是其中重要的一环。当然，要"推出更多思想精深、艺术精湛、制作精良的精品力作，不是一蹴而就的事，需要不断努力，持之以恒"[1]。要提升新闻出版传媒产品的吸引力和引导力，就要通过对新闻出版业的规律性认知，在产品创作上紧紧围绕人们的精神文化生活需求，着力推进文化精品创作生产和高质量发展，在重点创作领域投入更多的资源和精力，推出高水平的新闻出版传媒产品。在传播技术带来媒体格局的深刻变化之中，互联网在催生新闻出版领域重要变革的同时带来了舆论生态的巨变。在此，新闻出版工作要去解读读者的需求，读者与受众的感受应该是宣传报道的着力之处。这就为我们新闻出版工作的内容创新指明了方向，新闻出版单位要在宣传内容上下功夫，满足广大群众对新闻出版工作的新需求、新期待。

新闻出版单位要重视精品生产，提高新闻出版产品内容的感染力，好的内容是新闻出版工作最根本的生命力。新闻出版单位要深入基层，并对海量信息进行筛选梳理，从中挑选出那些反映时代精神、反映社会面貌、能够引起受众

---

[1] 范军. 持之以恒地推动出版业的高质量发展 [J]. 出版科学，2018（5）：1.

广泛共鸣的内容，抓取公众最为关切的点，通过鲜活的第一手素材，进行选题报道和解读分析，发挥好新闻出版工作一直以来具有的风向标、定音鼓的作用。新闻出版单位在报道中，要遵循新闻宣传规律，把握时代脉搏，找准切入点，对亮点进行重点报道；多关注细节，剖析解读、释疑解惑；多关注情感，真实体现民意、关心民情、反映民生，用丰富的语言、形式、方法、技巧创作出精品力作来吸引受众。为做出符合党和人民群众利益的好的新闻报道和出版物，传播正能量，引导主流舆论，新闻出版工作要通过努力提高报道的质量和水平，通过生动而有技巧的讲述，寓教于乐、潜移默化地推广社会价值观和积极的生活方式。受众也会被这种方式感染，有效地接收这种从具体到抽象的传播内容。主流新闻出版单位要将新闻出版工作与人民群众的实际需要和接受能力相结合，善于思考，注重对信息进行加工整理，深入发掘，梳理和阐发信息素材中暗含的深刻道理，实现传播内容的入耳、入脑、入心，使新闻出版单位的新闻出版工作既顶天更接地气，思想宣传更有感召力和影响力，从而充分发挥正面宣传鼓舞人、激励人的作用，为经济社会健康发展提供新思路、新观念。

4.非均衡发展战略

作为区域经济学研究中的一个重要概念，非均衡发展理论在区域开发与规划中经常被用来解决地区发展不均衡的问题，新闻出版传媒产业中的非均衡发展战略是指在产业布局方面，鼓励产业集聚企业兼并整合，不需要每个省在新闻出版方面大而全、小而全。传媒产业具有高增值性和知识密集性的特征，一直以来，我国的新闻出版传媒产业都秉持均衡发展的态势，随着市场经济的完善和体制改革的发展进程，我国新闻出版传媒业应适时摒弃大而全的发展思路。以出版社为例，大多数省市都有人民、教育、科技、美术、少儿等出版社以及大学出版社，且出版社的规模相似，经营模式同质化严重，难以获得市场发展优势，在这种情况下，新闻出版工作要从体制机制出发进行创新改革，根据市场需求完善经营管理运行机制，力行机构改革重组，利用自身优势优化竞争力，建立富有经营活力的运行机制。为完善市场机制，加快新闻出版传媒业发展步伐，新闻出版工作要积极进行资源整合，实现多渠道、规模化、立体化的传播效果。

在践行非均衡发展战略的过程中，制度创新是重要的支撑力，党的十九届四中全会着重讨论制度建设问题，在这股东风的推动下，新媒体管理体制和机制建设将会更加完善。面对媒体格局变化的新形势，新闻媒体要实践习近平总书记的指示，一手抓媒体融合，一手抓管理体制，有效借助制度的力量，打破思维定式，适应形势发展，进行科学改革，提升我国传媒业的竞争力和整体实力，只有鼓励各类市场主体公平竞争，优胜劣汰，融合发展，提高效率，才能促进新闻出版传媒事业的不断发展，开拓党的新闻舆论工作的新局面。

5. 产业生态链协调发展战略

产业生态链协调发展战略是指采编印发一体化，全产业链发挥生态链式的协调合力作用，这一战略是推动新闻出版工作创新发展的重要渠道。目前，以媒体融合为渠道的产业生态链建设已成为传统媒体转型升级、抢占舆论新高地的有力抓手。传媒产业生态链包括资源、产品、技术、资本、市场和信息反馈的链接整合，这是一个从投入生产到价值实现的商业循环。一个完整有序的生态链的形成能够有效建设一个强大的媒体生态圈，激励各个链条之间的互动平衡，形成多方共赢的局面。传媒生态链建设的核心是传统媒体的新媒体产品表达，围绕新媒体产品，产业链各个环节上下勾连、资源共享，一起发力做大做强整个新闻出版产业。打造健康的产业生态链需要新闻出版传媒企业立足现有优势，以创新引领发展，推动产业升级，打造精品，提升品牌影响力，并以资本运作转化资源优势，最终建立起多元发展，具有较强核心竞争力的贯穿内容提供、渠道运营到终端应用的全产业链条。为了完善传媒生态链的协调发展，传统媒体要树立一体化发展理念，利用不断发展的信息技术，优化媒体内容的制作和传播，为多元化需求的受众提供有效的产品和服务。

6. 全媒体发展战略

全媒体发展战略是指以新媒体技术为纽带，使传统媒体与新兴媒体融合发展，逐步形成各种媒体都有自己核心受众的，一体化策划、一次性采集、多元性生产、多端口传播的媒体组织机构，真正成为习近平总书记所说的全程媒体、全息媒体、全员媒体与全效媒体。新闻出版传媒企业准确把握新闻传播规律，充分借助新媒体的传播优势，推动媒介融合的进程，能够切实增强新闻出版工作的实效性。目前，新媒体在舆论传播方面存在着诸多优势，主流新闻媒体要认真研究新闻宣传规律以及受众的信息接收习惯，利用好新媒体传播平台的优势，优化报道机制，丰富报道形态，努力抢占第一落点，充分借助新媒体的传播优势，推动媒体融合从相加阶段到相融阶段，变简单叠加效应为战略融合效应，在全媒体战略的推动下建设新型主流媒体，建立以受众为中心，以内容为主导的全媒体传播新平台，构建新的舆论引导格局。

新闻出版单位要积极探索媒介融合之路，实现全媒体战略下的传播业态创新。传统新闻出版要树立一体化的全媒体发展理念，按照全媒体的特点来推进业态创新，在满足不同受众需求的同时，提供高质量的信息服务，最终提升自身的竞争力和影响力。全媒体战略的一个重要特点是报道方式的数字化和新闻报道的数据化，即积极运用数据新闻，探索可视化的报道方式。随着大数据时代的到来，通过数据发现问题、总结问题，让数据渗透到新闻报道的各个环节之中，已经成为新闻工作的助推器，为新闻舆论工作增添了新的活力。主流新闻媒体在新闻报道中，要注意运用元宇宙理念、数据化的技术手段、可视化的叙事结构，对报道对象进行社会意义的阐释，使其呈现在以数据库新闻为主的新闻报道里。数据新闻的报道方式通常结合了图形、表格、地图、动画等表现手法，运用可视化技术来叙述和传递新闻数据信息，这种可视化的叙事结构使报道整体不再流于表面文字，在一定程度上满足了受众的视觉需求，在吸引其注意力的同时，也使受众更加简单清晰地了解了新闻事实，使报道更具说服力和准确性。

7. 复合型人才发展战略

人才是新闻出版事业永续发展的活力源泉。复合型人才战略是新闻出版传媒工作创新的重要支撑力。在"8·21"讲话中，习近平总书记对宣传思想战线加强党的领导提出明确要求，要求"努力打造一支政治过硬、本领高强、求实创新、能打胜仗的宣传思想工作队伍"。新闻出版工作者需要加强学习，进一步提高政治、业务能力和理论水平，学习马克思主义经典理论，更重要的是学习习近平新时代中国特色社会主义思想。舆论引导部门身处意识形态工作前沿和舆论的风口浪尖，要求高、压力大、责任重，只有选准人、用对人，才能顶得住、打得赢。只有将这些理论成果作为自身的必修课，新闻出版工作者才能有效地提升自己的素质。

新闻出版媒体人才战略的关键点是要着力破除束缚人才发展的思想观念，吸引具有创新才华的复合型人才进入新闻出版事业队伍中，并实现与新媒体的有效融合，用好的体制机制引进和留住人才。新闻出版传媒单位必须完善人力资源制度和规划的顶层设计，建立起与单位发展战略相适应的人力资源建设与保障机制。加强人才培训力度，健全员工职业生涯规划，完善专业技术岗位序列、职称序列等员工职业发展多通道设计。要不断提高关键管理、技术领导岗位的公开选聘和竞争上岗比例，改善用人机制。新发展理念背景下，创新融合是企业发展的主题与生命线。要大力培养创新精神和创新能力，培养和提高职工自主创新、自我创造的能力，为新闻出版生产提供永续动力源泉。

8. 版权超常发展战略

版权超常发展战略重点在于保护挖掘版权潜能，成为真正规范成熟的版权产业。目前，随着新闻出版体制改革进入深水区，传统国企的改革红利基本已释放，以行政干预、财政直补、税收优惠等为主的产业政策的边际效益逐步递减。新一轮体制改革将会以市场机制创新为着力点，建立起能够激发企业活力、竞争力、科技创新力、融合发展力的资产组织形式和经营管理模式，新闻出版业的生产力将进一步得到解放。随着阅读立法、版权保护、互联网管理等相关工作的持续推进，新闻出版业的市场体系也将进一步完善。

在新发展理念和供给侧结构性改革中，版权产业对推动经济发展和经济结构优化起到了更加重要的作用。作为我国国民经济的新增长点，以内容产业为代表的版权产业的竞争力提升为国民经济提供了基础和战略性的支持。版权企业在发展中将迎来产权有效激励，竞争公平有序的发展环境。为推动版权产业的超常发展，管理者要加强对版权事业的支持和引导，激发版权产业的创新活力，开展版权执法，保护版权企业的创新成果，推动其成果转化的步伐。同时，要对互联网环境下的版权产业管理体系进行深入提升，完善法律法规，提高管理水平，完善管理体系，提升服务质量。对于出版企业来讲，主要是加强对著作权法的学习，提高版权意识，规范版权各项保护和交易制度。同时，要推进版权合作开发。新闻出版企业要利用其内容优势，将优秀作品改编成影视剧、网络剧、微电影、在线教育等创新型业务。加强与互联网公司、电视台、民营影视公司的合作，推进版权合作，做大业务规模。

9. "走出去""走进去"发展战略

"走出去""走进去"发展战略强调新闻出版业不但要走出国门，更重要的是走进读者脑中心中，即入脑入心。面对进入 21 世纪以来新兴媒体对传统媒体的冲击，党的新闻出版工作面临着极大的挑战。众所周知，新闻出版本身就具有"联接中外、沟通世界"的外交功能，新时期的新闻出版，已经成为国家外交的重要手段，也是大国外交的天然选择，其所具有的快捷、便利、移动化的特性得到各国的重视并在外交层面加以运用。中国已经站在了世界舞台中央，面对世界的关注，更需要运用媒体的力量来做好外交工作，让世界了解自己。在这里，首先要着力构建融通中外的话语体系，努力讲好中国故事。为实现有效的国际传播，新闻出版单位要着力把握新闻宣传工作的主动权，把握好国际新闻报道导向，构建科学的对外话语体系，讲好中国故事，多层次、多形式地开展对外文化交流活动，使用兼具中国智慧和外国思维的表达方式解释中国的社会发展实践，促进全世界对中国的全面认识，将中国的社会价值观念贯穿于国际交流和传播的方方面面，向世界传播中国特色的现实走向。

要积极创新对外宣传方式，展现中华文化魅力。在全媒体时代，信息传播方式日趋多元化，要利用这一时机，整合外宣资源，提升对外传播能力，通过具有全球影响力的媒体或栏目，努力传播当代中国的价值观念，努力展示中华文化的独特魅力，传播中国文化的创新成果。提高信息的原创率、落地率，实现国际传播力的跨越式发展。同时，要拓展传播平台和载体，形成一批能够有效讲述中国梦、传播当代中国价值观念的优秀作品，使中国梦的传播更加立体、更加鲜活、更加广泛、更加深远。

新时代出版业融合发展的十大落点[1]

2020 年 6 月，中央全面深化改革委员会第十四次会议审议通过的《关于加快推进媒体深度融合发展的指导意见》指出，"推动媒体融合向纵深发展，要深化体制机制改革，加大全媒体人才培养力度，打造一批具有强大影响力和竞争力的新型主流媒体，加快构建网上网下一体、内宣外宣联动的主流舆论格局，建立以内容建设为根本、先进技术为支撑、创新管理为保障的全媒体传播体系，牢牢占据舆论引导、思想引领、文化传承、服务人民的传播制高点"，为出版业融合发展提供了根本遵循。

2021 年 5 月，国家新闻出版署印发《关于组织实施出版融合发展工程的通知》，强调："推动出版业深度融合发展是一项系统工程，要以出版融合发展工程为重要抓手，聚焦重点领域和关键环节打造示范样本，引导带动全行业深化认识、提高站位，主动推进、系统谋划，形成融合发展、高质量发展的内驱动力和有效行动。"图书出版业作为媒体产业的重要组成部分，其本质也是一种媒体，发挥着知识传承、信息服务与精神娱乐的作用，在巩固共同思想基础、提供精神动力方面有着不可替代的重要作用。在元宇宙理念范畴下，新时代图书出版业融合发展主要有以下十大落点。

一、发展理念：形成融合创新发展思维

创新的本质是突破，相对其他领域而言，创新在经济、商业、技术、社会学及建筑学领域，意义显得尤为重大，甚至是关乎一个领域、一个行业、

---

[1] 该文原载于《中国出版》2021 年第 8 期，《新华文摘》2021 年第 22 期观点摘编。

一个组织的生死存亡。习近平总书记在党的十八届五中全会上提出了创新、协调、绿色、开放、共享五大发展理念，认为这是关系我国发展全局的一场深刻变革。习近平总书记指出，"坚持创新发展，必须把创新摆在国家发展全局的核心位置，不断推进理论创新、制度创新、科技创新、文化创新等各方面创新，让创新贯穿党和国家一切工作，让创新在全社会蔚然成风。创新不是拍脑袋乱想，要以实践为基础，遵循规律。必须始终坚持在继承中创新，在创新中发展"。在媒体融合发展的论述中，习近平总书记也多次谈到创新。2015年在视察解放军报社时，习近平总书记指出，"要顺应互联网发展大势，勇于创新、勇于变革，利用互联网特点和优势，推进理念、内容、手段、体制机制等全方位创新"。

对于出版业而言，融合创新思维是一种必然要求。首先，选择融合发展道路本身就是创新，是一种新的发展理念创新，意味着要居安思危，抓住融合发展的最后一次窗口机会，顺势而为，推动全行业融合发展。其次，对于在传媒文化产业中转企改制走得较彻底的出版社而言，融合发展意味着对刚刚配套完备的体制机制的再一次新的变革和突破，这又是一种创新，需要在内部管理、内容管理、生产流程再造、全媒体人才培养、薪酬制度、激励机制等方面进行新的探索，设计出适合媒体融合发展的制度。最后，在市场竞争中，出版业的融合发展意味着要进入一些陌生的领域，特别是自己尚不具备优势的新媒体新业态领域，这种进入是双向的，你进入别人领域的同时，当然也得允许别人进入自己的"一亩三分地"，市场扩大的同时，竞争也更为激烈，这就需要有持续的创新理念加持，推出有竞争力的全媒体产品，用实力去赢得受众、占领市场，达到有效思想引领和知识服务的目的，早日成为新型主流全媒体出版机构。

二、传播功能和角色：牢牢占领思想引领和知识服务制高点

图书是最早出现的媒体，在报刊出现之前，图书是克服时空障碍、实现信息与知识传播的主要载体。现代大众媒体尤其是新媒体勃兴以来，占据了信息与知识传播的主体地位，图书因其系统性和深度性依然稳居一定的市场

空间。随着传播技术的不断革新，在信息丰富、快捷、易得的同时，人们也面临知识碎片化、娱乐感官化、思想肤浅化的威胁和挑战。中华优秀传统文化的传承、现代人文学科理论体系的学习、主流意识形态的塑造，更需要以图书为基础的全媒体出版体系助力。因此，从传播功能和角色来看，只有在思想引领和知识服务方面拥有话语权，出版业才能获得长久而广阔的生存空间。

当然，要占据思想引领和知识服务制高点，必须与时俱进实施融合发展战略，不断革新自己的生产技术和经营管理理念，在新媒体大潮中牢牢黏附并扩大自己的受众市场，成为有强大影响力和竞争力的新型主流出版集团。这方面做得较好的有中国科技出版集团、中国出版集团、江苏凤凰出版集团、中南出版集团等。

三、受众：阅读习惯深刻变化

当下，媒体格局、舆论生态、受众对象、传播技术都在发生深刻变化，特别是互联网正在媒体领域催发一场前所未有的变革。在数字技术、网络技术、移动技术和智能技术等高新技术的助推下，特别是元宇宙等技术理念的引导下，受众的阅读习惯发生了极大改变，数字阅读已成为主要阅读方式。

中国新闻出版研究院第十八次全国国民阅读调查报告数据显示，2020年我国成年国民数字化阅读方式的接触率为79.4%，76.7%的成年国民进行过手机阅读，71.5%的成年国民进行过网络在线阅读。受众阅读习惯已发生不可逆的深刻变化。习近平总书记指出："读者在哪里，受众在哪里，宣传报道的触角就要伸向哪里，宣传思想工作的着力点和落脚点就要放在哪里。"出版社要维系和扩大自己的受众市场，必须进行融合发展，建设全媒体出版机构，提供丰富多元的全媒体产品，牢牢黏附住受众，发挥知识服务与信息传播的功能，巩固共同思想基础，提供发展精神动力。从这个意义上来说，在思想上对受众阅读习惯变化的清醒认识，是推动出版融合发展工程的首要基础。

四、传播渠道：利用多端渠道推送产品

渠道被引入到商业领域，引申意为商品销售路线，是商品的流通路线。传播渠道是指传媒产品从生产者手中到达消费者手中所经过的所有环节，包括两大板块：承载传媒产品的流通路线和呈现传媒产品的接触终端。

流通路线包括线下和线上两种渠道，对于目前的图书出版业而言，主要是指实体书店和网络书店所各自引致的销售路线。由于 5G 技术、数字技术、网络技术、移动技术与智能技术的赋能，手机成为应用最广泛的媒体接触终端，文字、图片、音视频等各种形态的媒体产品都能通过手机加以呈现，其便携性、移动性、互动性、个性化等特点，使它成为绝大多数受众的媒体消费终端首选。中国互联网络信息中心（CNNIC）第 47 次《中国互联网络发展状况统计报告》显示：截至 2020 年 12 月，我国手机网民规模达 9.86 亿人，其中，手机网络新闻用户 7.41 亿人，网络视频（含短视频）用户规模 9.27 亿人，手机网络支付用户 8.53 亿人。从这些数据来看，手机应该也必须是图书出版业进行融合发展的关键切入点。马克思认为，"生产直接是消费，消费直接是生产。消费从两方面生产着生产：一是因为产品只是在消费中才成为现实的产品，二是消费创造出新的生产的需要"。没有消费就没有生产，而手机是实现媒体消费的关键端口，它决定了传媒产品"惊险的一跳"的成功与否。可以说，控制了手机终端，基本上是控制了消费的实现，从而促进媒体产品的再生产。当然，手机终端又承载着不同的接触终端，包括微信、客户端、门户网站、小程序等各种接触终端，出版融合发展必须瞄准这些渠道终端，供给丰富多元的全媒体产品，以获得最大化受众市场。

五、表达方式：丰富的高质量融合内容

出版业要彰显其知识服务与信息传播功能，更好发挥在宣传思想工作中价值观塑造作用，融合发展是必须要走的正确道路。出版机构的当务之急是在纸质图书的基础上，加快融合内容的生产开发，拓展读者市场疆域。中国已成为世界出版大国，有关数据显示，2019 年全国共出版图书 105.97 亿册

（张），出版新版图书 22.5 万种。但是，我们离出版强国的目标还有较大距离，这就需要高质量内容，需要新媒体时代高质量融合内容。

表达形式是提高内容质量的不二法宝。在信息大爆炸时代，眼球资源越来越稀缺，唯有依赖与众不同的表达形式，瞬间抓住读者的眼球，才有可能实现精神内容的阅读和接受。纸书封面与版式装帧设计的创意变化是一种表达形式；富媒体图书是一种表达形式，如安徽少儿出版社推出的《拼音国奇遇记》；线上知识服务、网络文学、听书、短视频阅读、基于手机的各种客户端数字阅读都是表达形式，如此等等，不一而足。客户端数字阅读是出版业融合发展的主要阵地，要充分利用 5G、大数据、云计算、人工智能及 VR/AR 等技术，催生丰富的产品表达形式，推出受众喜闻乐见的高质量出版融合内容。

六、组织形态：全媒体出版中心

表达形式的丰富，是高质量内容不可或缺的组成部分，而这一切的实现，必须有赖于不同介质的全媒体产品矩阵的建设。我们经常讲，传统媒体与新兴媒体要融为一体，合而为一。这个融为一体不是指把所有介质（如纸媒报刊、电子媒体广播电视等）的媒体产品消灭，生产出一种新的媒介产品，而是指媒体组织机构的融为一体，生产流程与经营管理上的合而为一，在新型媒体机构的统一调度下进行一体策划、一次采集、多种生成、多端发布。这个新型媒体就是全媒体机构或者说是融媒体中心。"全媒体与融媒体中心其实是一块硬币的两面，本质内涵是相同的，指的是同一种事物。首先，它们指的都是传媒机构，而不是媒介业态；其次，它们作为一个传媒机构，经营的是报刊、广播电视、网站、新媒体等多种媒介业态；最后，无论是全媒体还是融媒体中心，并不必须涵盖所有媒介业态，一般来说，拥有两种以上媒介业态的机构都可以称为全媒体或融媒体中心，前提是该机构能具备生产不同形态产品的能力。"

首先，对于图书出版业而言，融合发展的第一抓手就是成立融媒体中心或者直接转型为全媒体出版集团（社），在组织机构上为融合发展打下了坚实基础。其次，对自己出版资源和出版能力进行全面评估，确定好将要拓展的媒体业态，一般是在纸质图书的基础上重点进军新媒体业态，如线上知识服务、网络文学、短视频客户端等，当然，也不排除广播影视和动漫游戏业。最后，要运用大数据进行用户画像，科学细分受众市场，以不同形态的产品精准满足不同年龄、不同职业、不同学历、不同兴趣爱好的各个圈层阅读需求，最大化占领市场，最优化实现阅读接受，牢牢占据舆论引导、思想引领、文化传承、服务人民的出版传播制高点。例如，天津科技出版社瞄准微信视频号，确立了以积极打造视频号为主体，逐步形成"两微一抖"的新媒体矩阵，编辑通过编稿子、剪视频、做 H5 等方式生产出不同介质的媒体产品。

七、生产者：大力培养全媒体出版人才

根本而言，媒体融合发展就是人的融合发展。融合发展的主要瓶颈一是技术，二是人才。技术是靠人才来实现的，所以说，融合发展能否成功，取决于融合人才的培养，也就是全媒体出版人才的获得。对于出版机构而言，最缺的是既懂业务又懂技术的人才，包括管理人才、编辑人才、技术人才与营销人才。

全媒体出版人才的获得一是直接从外面引进，二是对自身人员的培训，要在融合发展过程中实现人才的到位。当下的问题是：一方面，人才转型滞后与人才培养缓慢，出版机构人员自身转型跟不上新媒体、新技术、新时代的要求，由于时间与培训教师专业水平等问题，难以有效提升专业水平；另一方面，由于体制机制和福利待遇的掣肘，很多急需的优秀人才招不进来，媒体融合技术团队实力、能力不强，优秀人才也留不住，不仅普通出版社是这样，有很高知名度的出版集团也是如此。政府管理机构、出版行业协会要从出版业长远发展的全局出发，进行顶层设计，制定全媒体出版人才发展规划，尽快为出版融合发展培养出懂技术、会策划、善写作、统筹协调强的人才，培养出具有互联网思维和实践能力的复合型人才，打造出一支有强大战斗力的全媒体出版队伍，为出版融合发展保驾护航。当然，具体就出版机构而言，"在培训培养人才时，要坚决摒弃全能型人才观念，

没有哪个人可以精通所有媒介业态的采编业务，科学的做法应该是培养一专多能型人才"。

八、技术：及时应用先进融合技术

新闻传媒发展史其实就是传媒技术变革史，全媒体就是数字技术、网络技术、移动技术与智能技术革新的结果。目前，出版融合发展的技术问题主要表现为：新媒体技术的生产应用还处于初级阶段，尤其是内容生产和传播渠道建设方面的技术应用滞后；技术更新总是落后于商业互联网公司；新媒体技术发展投入机制尚未形成，对新媒体技术研发重视不够。

图书产品拥有不同于其他传统媒体产品的特性，因其思想性、系统性和深度性，人们在进行深入系统学习某一方面理论特别是普通教育学习时，更多的是选择纸质图书，这为图书出版业的融合发展赢得了较为充裕的时间。很多出版集团如江西出版集团、中南出版集团等，都在积极布局新媒体业务，甚至成立了专门的技术公司进行出版融合技术研发。出版机构务必盯紧科技发展前沿，与高新技术公司展开合作，重点把智能技术、数字技术、移动技术、云计算等先进技术引入出版融合生产经营流程中。

九、生产经营模式：以用户为本位打造全媒体出版体系

市场主体要获得生存发展，必须获得消费者对其产品或服务的再购买，如此，企业再生产也就得以实现，发展壮大也就成为必然，百年老店都是再生产持续保持的成功典范。出版业的生产经营，就是围绕图书产品的投入、产出、销售、分配乃至保持简单再生产或实现扩大再生产所开展的各种有组织的活动的总称，生产经营是出版企业各项工作的有机整体，是一个生态系统。从这个角度来说，在融合发展的道路上，要建成全媒体出版体系，出版业须从以下几个方面着力。

首先，出版企业的生产经营要以用户为本位。长久以来，出版社都是以生产者或产品为本位，这是"我发你收"传播格局下的必然结果。然而，新

媒体时代，传播获得权与发布权大幅拓展，信息空前丰富，受众可以有多种介质形态的选择。在同一种介质形态的媒体中（特别是新媒体），受众又有不同提供者、不同呈现方式产品、不同消费场景、不同体验方式的选择，如果依然固守生产者或产品本位，那就成了自言自语、自娱自乐。必须发挥云计算、大数据、智能技术等融媒体技术的优势，为受众提供适销对路的融媒体产品。

其次，融通线上线下，进行一体化发展。很多出版机构选择从网上书店入手，或者借助商业网店平台，或者自建网络书店，根据网络信息反馈，使自己的图书生产尽可能紧贴市场需求，打通线上线下的生产流通环节，走融合发展之路。当然，这远远不够，真正的一体化发展必须是以不同介质的媒体形态建设为抓手，以丰富多元的全媒体产品为依托，以有效用户为锚点，以网络空间为命运共同体，以线上线下融通为资源宝库，实现一体策划、一次采集、多种生成、多端发布。

最后，要以互动再生产作为融合发展的起点与归宿。无论在什么时代，没有哪个市场主体不想成为百年老店。百年老店是企业不断循环往复再生产的结果，再生产特别是扩大生产是产品和服务适销对路的有力证明。在传统的一对多传播时代，传者和受者的及时互动很难实现，生产者也难以准确把握受众需求的真实状况，媒体产品也就难以满足受众的多元需求。新媒体技术使瞬息互动的人际传播成为可能，多元化、个性化的受众需求可以为生产者随时掌握，分众化精准化的多对多传播成为现实。一个成功的出版企业，也必然是能够进行互动再生产的市场主体，如果所有出版机构都具备这种生产经营理念，全媒体出版体系的建成也就指日可待。

十、制度：构建科学的出版融合管理体制机制

新中国成立以来，我国出版业取得了长足发展，已成为世界出版大国。究其原因，除了经济、技术、文化教育和社会生态等诸多条件的助推，科学有效的出版管理制度是有力保障。出版业作为文化产业，产品具有物质与精神双重属性，是意识形态工作的重要组成部分，发挥巩固共同思想基础和提

供发展精神动力的强大作用，所以，出版业必须置于党的绝对领导之下，这也是我国出版制度的主要特色。在 2014 年 10 月 15 日文艺工作座谈会上，习近平总书记强调，"一部好的作品，应该是把社会效益放在首位，同时也应该是社会效益和经济效益相统一的作品"。2015 年 9 月，中共中央办公厅、国务院办公厅印发的《关于推动国有文化企业把社会效益放在首位、实现社会效益和经济效益相统一的指导意见》，对出版业的性质和功能进行了明确界定，决定了出版业生产经营的方向，也决定了出版融合发展的方向。在此基础上，我国在行政管理、出版公共服务、社会监督、行业自律等方面为出版业的发展做出了制度设计。出版社转企改制后，根据公司法和现代企业管理制度对内部管理、内容管理、生产流程、人事及社会保障作了详细的体制机制安排，确保全行业的健康有序发展。

在新媒体发展背景下，出版融合发展除了已有的制度安排，还需要切实考虑到技术引致的网络空间、线上线下一体化、全媒体人才培养、读者阅读习惯改变、新媒体业态的冲击、全媒体传播规律等实际情况，做出有利于出版融合发展的制度安排，使出版业在科学有效的体制机制护航下健康发展。

参考文献

[1]习近平主持召开中央全面深化改革委员会第十四次会议强调依靠改革应对变局开拓新局扭住关键鼓励探索突出实效[N].人民日报,2020-07-01.

[2]国家新闻出版署关于组织实施出版融合发展工程的通知[EB/OL].[2021-05-18].http://www.nppa.gov.cn/nppa/contents/279/76041.shtml.

[3]习近平与"十三五"五大发展理念·创新[EB/OL].http://www.xinhuanet.com//politics/2015-11/01/c_128380546_2.htm.

[4]曹智,栾建强,李宣良.习近平在视察解放军报社时强调坚持军报姓党强军为本创新为要[N].中国新闻出版广电报,2015-07-01.

[5]张君成.第十八次全国国民阅读调查成果发布 国民听书超过三成纸书 阅读悄然回暖[N].中国新闻出版广电报,2021-04-26.

[6]CNNIC.第 47 次《中国互联网络发展状况统计报告》[EB/OL].[2021-02-03].

http://www.cac.gov.cn/2021-02/03/c_1613923423079314.htm.

［7］马克思恩格斯选集:第二卷［M］.北京:人民出版社,1995:9.

［8］尹琨.图书出版结构调整走向深入电子出版物营收增速居首［N］.中国新闻出版广电报,2020-11-05.

［9］刘建华.中国新闻传媒业融合发展问题与抓手［J］.中国出版,2020（4）.

［10］习近平在文艺工作座谈会上的讲话［EB/OL］. http://news.xinhuanet.com/politics/2015-10/14/c_1116825558.htm.

县级融媒体中心应该分主体、分阶段均衡联动[1]

近年来，随着县级融媒体中心建设的蓬勃发展，不断涌现出各类协作联盟，如中国市县广播电视台长城协作联盟、长三角县级融媒体中心高质量发展联盟、银杏融创共享联盟等。这些协作体对县级融媒体中心发展有哪些影响？如何避免出现同质化发展状况？这些协作体将有哪些发展前景？就这些问题，《中国新闻出版广电报》记者采访了中国新闻出版研究院传媒研究所执行所长刘建华。

一、打通平台限制　实现资源共享

现今，各中央、省级媒体通过搭建合作共享的开放平台带头促进区域间合作，而各县市区媒体则是主动整合区域资源，布局产业发展，制定区域一体化战略。各市县融媒体中心通过联盟的形式建立长效协作机制，为其后续的高质量发展奠定了良好的基础。

实现内容生产协作共享。"每个融媒体中心自身的内容生产能力是有限的，但 APP、微博、微信等这些新媒体平台的传播承载力是无限的。"刘建华说，通过联盟机制，各融媒体中心之间可以实现内容共享和内容生产协作，解决自身生产能力有限的问题，快速增加优质内容资源，实现跨区域传播，增强受众黏合度，吸引更多的受众。

打通平台、地域限制，形成跨行业、跨区域资源共享与经营。刘建华认

---

[1]　该文原载于《中国新闻出版广电报》2021 年 9 月 7 日第 5 版传媒周刊，为该报记者常湘萍对刘建华的学术专访，《青年记者》2021 年第 19 期全文转载。

为，通过联盟协作机制与技术支撑，各地融媒体中心的优质产品可以聚合在一个大的资源平台上。在这个大的资源平台上，各地可以进行除新闻内容以外的像旅游、农产品等其他产业资源的共享与联动运营。如浙江安吉推出的"游视界"APP整合了全国县市热门景点，实现了线上就能预订景区电子门票，为游客提供美食、特产查询等一站式综合性旅游服务。这既促进了当地的经济发展，也能给融媒体中心带来一定的收益。

形成良好的跨区域传播效果。"县级融媒体中心在传播方面有一定的地域限制，但通过联盟协作机制可提升其整体的对外传播效果。"刘建华说，"中国市县广播电视台长城协作联盟每年都召开联盟会议，以会议为纽带，各地融媒体中心之间的相互报道增多，起到了良好的跨区域传播效果，使其成员机构对外传播有了一个更好的拓展。"

二、发展自身特色　进行跨区域协作

说到跨区域协作，刘建华认为县级融媒体中心应该是分主体、分阶段的均衡联动。各县在媒体融合发展方面情况不尽相同。对于县级融媒体中心来说，应先做好本地化融合发展，在形成自身特色的基础上再进行跨区域联动。这样其有自身的文化观、价值观加持后，在跨区域联动过程中才能实现均衡联动，而不是被动接受。在本地化融合发展过程中，刘建华建议应注重经营管理、本地化运营及与区域文化相结合。

为增强县级融媒体中心在本地域的新闻舆论传播力、引导力、影响力、公信力，应逐步形成其本地化落地运营。刘建华认为县级融媒体中心要紧扣"新闻 + 政务 + 服务 + 商务"发展模式进行落地运营，首先要做好内容生产，充分发挥其地域特性，为本地受众提供喜闻乐见的新闻；其次是抓住政府"放管服"改革机遇，将区域内的教育、民政、公安等政务服务嫁接到融媒体中心的平台上；最后是要打造本地商家服务平台，为商家提供良好的区域商务服务，为受众提供及时可信的商务信息。

在经营管理方面，刘建华建议县级融媒体中心应做好本地化发展，注重市场需求，更好地服务于受众。大多数县级融媒体中心是事业单位，但其向受众提供各类服务的过程中，科学的经营管理是实现融合发展目标的有效手段，"事业身份企业化管理"应该是当下全国县级融媒体中心健康快速发展的必然选择。这样，才能把融媒体中心尽快建成"主流舆论阵地、综合服务平台、社区信息枢纽"。

县级融媒体中心发展应与县域文化相结合。"县级融媒体中心应着力梳理县域特色文化，建立本地文化体系，以增强县域民众的认同感与自豪感。"刘建华表示，"地方特色浓郁的县域亚文化是对主流文化的滋养与促进"。如四川的阆中市有张飞庙、考棚这两处历史遗迹，当地的县级融媒体中心可以比较容易地打造出与县域文化相结合的各种产品，形成特有的地域文化体系。

三、加强平台建设　做好基层舆论引导

县级融媒体中心建设的目标是做好基层舆论引导，更好地引导群众、服务群众。刘建华认为，要提升舆论引导能力，一方面要充分发挥主流媒体的内容优势，面向基层群众加强和改进新闻宣传方式，形成一个"一体策划、一次采集、多种生成、多端发布"的融媒体生产方式；另一方面要创新运营模式，增强自身造血能力，将信息服务、政务服务变为媒体运营资源，做好自身定位，建立完善的激励机制，打造与之相适应的人才队伍。

刘建华建议，在县级融媒体运营过程中应做好平台建设与舆论引导工作。在落实舆论引导工作时，首先要解读宣传好党的思想、路线、方针、政策；其次要讲好本地域老百姓的生活、生产故事，再就是面对突发公共事件应及时处理好舆情，做好正向报道与引导工作；最后应做好本地域的对外传播工作。在平台建设方面应及时关注前沿技术发展应用，以政务、服务、商务来巩固平台，黏附受众，成为"上接天线、下接地气"的平台型媒体，打通信息传播"最后一公里"，真正建成党性与人民性相统一的新型主流舆论阵地。

在基层舆论宣传过程中，县级融媒体中心的内容制作及服务能力有限，因此联盟协作机制的优势逐渐显现，但现在这种协作机制大多为民间行为。刘建华说："应逐步发展形成更好的深度协作团体。在松散的联盟协作方式下，会议是一个很好的合作交流平台。如中国新闻出版研究院举办的全国县

级融媒体中心能力建设年会，通过搭建一个涵盖业界、学界、政界的研究和交流平台，使县级融媒体中心的发展更好地与乡村社会治理、县域文化建设相结合。"

在未来，县级融媒体中心可通过区域合作、多级联动和技术驱动等进一步强化可持续发展。

中国报业改革发展的机理性问题与机制性突破[1]

1978 年，我国报业开始实施"事业单位企业化管理"机制，这为报业发展注入了空前动力，我国报业蓬勃发展，进入了百舸争流的历史"黄金期"。进入 21 世纪，随着网络媒体的兴起，特别是 2013 年"媒体融合元年"以来，网络技术、数字技术、移动技术和智能技术从根本上改变了传媒生态，信息传播与接受发生了巨大变化，网络成为人们的基本生存方式，新媒体对传统媒体的冲击前所未有，报业面临生死存亡的危机，融合发展改革转型势在必行。在这一进程中，有些报纸或休刊或注销或苟延残喘，有些报纸创办了新媒体进行延伸性融合探索，有些报纸干脆彻底转型为新媒体客户端。在报业大转型的当下，报业改革发展的深层机理性问题是什么，到底从哪些方面进行机制性突破，是值得深入研究的课题。对此，本文通过深入调研进行了一定回答，在对当前我国报社总体情况进行梳理的基础上，分析了各种利弊，提出了改革完善管理机制的政策措施。

一、基本情况

1. 当前报社规模与分布

国家新闻出版署发布的《2018 年新闻出版产业分析报告》显示：2018 年，全国共出版报纸 1871 种[1]（2019 年度中宣部传媒监管局核验全国报纸基数为 2680 种，这两个数据相差的 809 种报纸为高校校报，一般不纳入新闻出版

---

[1] 该文原载于《编辑之友》2021 年第 10 期，人大复印报刊资料《新闻与传播》2022 年第 1 期索引。

产业统计口径）。[1]2019年度年检数据显示，当年拟注销报纸86种（大多数为无法正常出版的经营性报纸），加上近年来休刊的报纸，累计休刊报纸200种左右。2009年中央启动报刊转企改制以来，中央层面约200家、地方层面约270家共计470家左右报纸完成转企改制。排除这些数据，目前全国约有1200种报纸实施"事业单位企业化管理"机制。其中，时政类报纸（包括中央级、省级、地市级、县级四类党报及各部委机关报）大多数实行"事业单位企业化管理"机制，个别报纸（报业集团）如《内蒙古日报》、宁夏日报报业集团、《西藏日报》等省级党报（集团）未实行"事业单位企业化管理"机制；非时政类报纸（指中央和地方党报党刊所办都市报及晚报、企业法人所办报纸和大公司所办行业报）中，部分经营性报纸或休刊（如《京华时报》《北京晨报》《生活新报》《楚天时报》等），或全面转型为移动客户端（如《东方早报》转型为澎湃新闻、《华西都市报》转型为封面新闻、《成都商报》转型为红星新闻、《重庆晨报》转型为上游新闻），或撤销事业单位建制转企改制（如《重庆日报》报业集团的《新女报》《健康人报》《渝州服务导报》《重庆人居报》等）。

2. 中央级全国性报纸成为融合发展先锋，奋力转型为全媒体集团

目前中央级全国性报纸约210家，在改革和融合发展的道路上，作为中央级的全国性主流报纸凭借资源、技术、人才、资本与政策优势，率先进行了融合转型，初步实现了全媒体集团发展目标。如人民日报社拥有29种社属报刊、31家网站、111个微博机构账号、110个微信公众号及20个手机客户端，是名副其实的全媒体集团。2019年，在新媒体收入及利润的排名中，《人民日报》分别以4.7亿元、4.4亿元独占鳌头。光明日报报业集团率先提出了融媒体的概念，较早成立了融媒体中心，致力于多平台联动优化媒介融合，实现了跨平台的内容集成与发布，通过技术创新进一步推动了媒体融合发展。《科技日报》以建设中国科技资讯库为突破口，确定了建设"中央厨房"、资

[1] 除特别标注外，本文数据均来自中宣部传媒监管局2020年（核验对象为2019年度数据）全国报纸年检数据和本课题组问卷调研数据。

讯库发布平台、智库服务平台"三步走"媒体融合的发展路径，通过整合各种科技资源，探索大数据运作，打造三大融合平台和融合智库，在《科技日报》6000多万元的经营收入中，新媒体收入为2000多万元，占报社总收入的三分之一。[2]

3. 省级党报集团积极转型，在艰难中朝全媒体集团挺进

2020年6月，习近平总书记在中央全面深化改革委员会第十四次会议上强调，推动媒体融合向深度发展，要深化体制机制改革，加大全媒体人才培养力度，打造一批具有强大影响力和竞争力的新型主流媒体。目前，全国30多家省报集团都是公益二类事业单位，700种左右的省级报纸大多也是事业单位，这些报纸可以利用事业身份充分争取政府的政策指导和财政资金支持，又可以利用企业化管理的方式充分挖掘市场资源、引进先进技术、提高运作效率、取得社会效益和经济效益。假以时日，省报集团应该可以战胜暂时性困难，成功转型为全媒体集团。浙江日报报业集团日均发稿约9000条，浙江新闻客户端总用户数突破1700万人。上海报业集团拥有网站、客户端、微博、微信公众号、手机报等多种新媒体形态，258个端口，新媒体覆盖稳定用户数超过4.5亿人，抓住"内容+技术+运营"叠加驱动的新媒体机遇期，推动媒体融合向深度发展。重庆日报报业集团已形成"4+2"全媒体传播新格局，覆盖用户数达6.1亿人。大众报业集团内部数据显示，大众报业集团重点新闻客户端发展很快，覆盖用户数达2.1亿人，《大众日报》融合传播力在全国省级党报集团位居第二。

4. 地县级党报包袱较小，在相关财政政策保护下，发力融媒体中心建设

在新媒体的冲击下，全国360多家地县级党报广告收入骤降，由于事业单位身份，可以通过财政统一购买报纸或其他补贴的方式实现正常运转。财政补贴使地市级党报在发行上不断发力并保持稳定增长，基本成为地市级党报的一项重要收入，是融合改革发展与党报全媒体转型成功的基本保证。有了发行收入的保证，很多地市级党报在新媒体发展上可圈可点。如《孝感日报》，发行收入占了总营业收入的一半以上，新媒体投入也有保证，实现了300多万元的新媒体收入；《黄石日报》的发行收入与广告收入各占一半，其新媒体收入高达 2100 多万元；《郴州日报》《赣南日报》《贵阳日报》《呼伦贝尔日报》等的发行收入都高于甚至大幅超过广告收入，新媒体收入也表现不俗。在数字技术、网络技术、移动技术与智能技术的有力推动下，有些地市级党报在融合发展的道路上走得较彻底，与电视台等媒体进行全面整合，组建新的全媒体机构。

2020 年 9 月，中共中央办公厅、国务院办公厅印发的《关于加快推进媒体深度融合发展的意见》中，明确鼓励地市级党报积极建设融媒体中心，县级融媒体中心要建成主流舆论阵地、综合服务平台和社区信息枢纽。目前，全国 20 多家县级报纸都已建成了县级融媒体中心，部分地市级党报成立了市级融媒体中心，如辽宁的大连新闻传媒集团，宁夏的银川市新闻传媒集团，山西的晋城市新闻传媒集团，四川的资阳新闻传媒中心，安徽的芜湖传媒集团、铜陵市融媒体中心、淮北市传媒中心，广东的珠海传媒集团，黑龙江的齐齐哈尔市新闻传媒中心，河北的张家口市新闻中心，广西的来宾市融媒体中心，浙江的绍兴市融媒体中心等。[3]

二、面临困难

1. 人才管理方面

（1）人才队伍结构性失衡。首先，员工队伍总量多但高端人才少。一是业务上的高级职称、荣获国家荣誉称号的人才少，如某省级报业集团，共有员工 1400 人，在岗的全国宣传文化系统"四个一批"人才、长江韬奋奖获得者、国务院政府特殊津贴专家、全国新闻出版行业领军人才等国家级人才仅 9 人；二是技术上的高端人才少，尤其是既懂业务又懂技术的融媒体人才少，融媒体高端人才更是奇缺。其次，采编人员整体年龄结构失衡，很多报纸在一定程度上存在人才队伍知识老化、技能老化问题，由于事业编制数量限制，很多优秀的年轻人未能充实到采编队伍中。再次，全媒体人才稀少，特别是移动互联网技术、大数据分析、文化资本运营等融媒体业态的人才储备基本空白。仍以上述省级报业集团为例，新媒体技术人员约有 70 人，仅占总人数的 5%。此外，优秀人才流失严重，由于舆论传播方式的多样化和传统媒体经营压力的增大，事业编制的减少乃至冻结，商业化新媒体高薪酬的刺激，党报集团面临优秀人才流失、人员"逆淘汰"等问题。

（2）人才成长通道存在障碍。当前，很多报社为了适应市场化竞争需要，除政策性安置人员和公务员调入外，新进人员一般没有事业编制身份。随着部分事业编制人员到龄退休，事业编制人员占总人数的比例下降，报社采编、经营管理特别是新媒体采编工作，很多都由聘用的企业身份人员承担。尽管在内部管理上，所有员工实行一体化管理，但企业身份人员在薪酬保险、晋升提拔、评奖推优等方面仍然处于"二等公民"的尴尬状态。尤其在对外交流和干部培养方面，非事业编制人员仍面临一些障碍，不能与事业编制人员享受同等待遇。很多报业集团空缺的事业编制被收回，在采编人员纳入事业编制管理上既存在事业编制数不够的问题，也存在年龄受限、户口受限等问题。随着薪酬竞争力的下降，采编人员对事业编制越来越看重，但又看不到进编希望，青年技术人才和年轻骨干多数流向政府、高校、区县融媒体中心等机关事业单位，少部分因收入原因选择进入头部互联网公司或新媒体企业。

（3）人员进出渠道不够畅通。一方面，在新媒体的冲击下，作为传统媒体的报纸，近年来对高校毕业生（尤其是"985""双一流"名校）的吸引力大幅下降，不仅求职人数下降，签约后的违约率也居高不下。如某知名省级报业集团在 2020 年春季招聘考试中，符合条件的应聘者仅 150 余人，最终参加笔试面试的只有 26 名，且只有 1 名男生应试。媒体融合发展急需的技术人才、高端媒体经营人才和资本运营人才，靠现有的校园招聘方式难以解决，而社会招聘、技术职位定点猎聘、高层次人才引进等渠道尚未建立，这对报纸融合改革转型发展极为不利。另一方面，大多数报纸实行"事业单位企业化管理"二十余年，事业身份人员虽然缴纳机关事业单位社会保险，但人员招聘、岗位设置、聘用合同等未完全按照事业单位人事管理制度执行，事业身份人员考核、奖惩措施及开除解聘都可能存在政策风险。综合管理部门量化考核难度大，绩效考核方案实施效果不佳，实行末位淘汰制的难度较大。

2. 盈利模式方面

（1）传统盈利模式难以为继。新媒体时代，报纸受众分流严重，发行量骤降，传统的通过发行量进行广告售卖盈利的模式已经失效，而报纸转型还处在"阵痛期"，过度依赖发行创收、广告创收、活动创收等创收路径。由于上述传统的盈利空间不断受到挤压，一些媒体入不敷出，需要靠"输血式"扶持、"订单式"帮扶才能勉强维持生存。

（2）新媒体盈利模式尚不成熟。全媒体时代，在中央融合发展政策的推动下，报纸都在发展新媒体，朝全媒体迈进。目前，大多数报社的新媒体运营还处在投入阶段，即使有收入，数量也不大，占报纸总收入的比重较小，大多数新媒体还只是在"赚吆喝"，仍在探索盈利模式。2019年报纸年检数据显示，尽管有550家报社新媒体实现营收，但总体上新媒体收入仅占总收入的6%。比如重庆日报报业集团，目前形成了以上游新闻和华龙网·新重庆客户端为龙头的新媒体矩阵，集团新媒体涵盖了"两微一端"、抖音号等所有新媒体领域，新媒体广告收入增速在20%以上，但新媒体广告收入总量仍然较小，不足以弥补传统主业下滑带来的收入空缺。同时，尽管报业集团为发展新媒体投入巨大，但与头部互联网媒体相比较，实力差距仍然很大，导致其新媒体影响力依然有限，变现能力较弱，用户无法有效转化为客户。

（3）都市报转型举步维艰。随着网络和新媒体的发展，报纸全行业广告持续出现断崖式下滑。同时，由于报纸广告下滑带来的发行量、印刷量的大幅下降，传统主业经营遇到前所未有的挑战，其中都市报受到的冲击最引人注目。2020年上半年，受疫情影响，都市报广告再次受到强烈冲击，如某省级报业集团旗下的都市报，2020年1月至6月的广告收入仅为699万元，同比下降52.1%。在新媒体的冲击下，一些非时政类晚报、都市报面临巨大的生存压力，停刊休刊在所难免。近年来，陆续有200多家报纸关门停业，其中有少部分是为了积极主动转型，如《东方早报》《华西都市报》等，但更多的是不得已的被动选择。

（4）多元产业竞争力弱。近年来，出于生存需要，在企业化管理机制的激活下，报业集团大力发展非主营业务，拓展了以"传媒+"为模式的文旅、电商物流、创意产业、会展、户外、康养等多元产业发展新模式，并取得了初步成效，弥补了传统主业下滑带来的收入缺口，但除创意产业、电商物流、文旅产业外，其他行业多以小、散状态为主，没有形成产业链，市场竞争力有限，有的甚至成为报纸（集团）的新包袱。

3. 采编流程方面

（1）融媒体生产流程再造尚有差距。党的十九届四中全会审议通过的《中共中央关于坚持和完善中国特色社会主义制度　推进国家治理体系和治理能力现代化若干重大问题的决定》提出，建立以内容建设为根本、先进技术为支撑、创新管理为保障的全媒体传播体系。这就要求报纸加快融合发展，积极转型为全媒体。全媒体的首要前提是融媒体生产流程再造，需要引进先进技术，建设融媒体中心，实现一体策划、一次采集、多种生成、多端发布。目前，无论是单个报纸还是报业集团，尽管同时运营传统媒体和新媒体，但在生产流程再造上都有很大差距，新媒体与传统媒体的采编流程分属两个平台，平台间的协作机制还不够健全。部分媒体采访与编辑、视频与文字、白班与夜班之间的协作程度还不够高，导致融媒体产品生产效率相对较低，全媒体考核机制与"融为一体、合而为一"的要求还有差距。

（2）媒体融合不够深入。报纸自融合转型以来，不断拓展网上舆论阵地，推动传统媒体网上传播力快速提升，但在采编方面的融合还不够深入。报纸传统的采编优势未能灌注到新媒体上，新媒体内容的碎片化、浅显化、刻板化正变得日益严重。[2] 同时，报纸有赖于历史积累和传统优势，现有版面基本固化，呈现只做减法不做加法的现状，在规范采编工作、完善工作机制、细化任务分工、强化结果运用方面也存在一些问题，需要在深度融合发展中不断解决。

4. 优惠政策方面

（1）税费优惠方面的问题。目前，文化企业可以享受的优惠政策主要有："经营性文化事业单位转制为企业，自转制注册之日起免征企业所得税"，"由财政部门拨付事业经费的文化单位转制为企业，自转制注册之日起对其自用房产免征房产税"，"党报、党刊将其发行、印刷业务及相应的经营性资产剥离组建的文化企业，自注册之日起所取得的党报、党刊发行收入和印刷收入免征增值税"，以及《关于延续宣传文化增值税优惠政策的公告》《关于继续实施文化体制改革中经营性文化事业单位转制为企业若干税收政策的通知》等。由于实行文化"事业单位企业化管理",增值税、房产税、土地使用税、文化事业建设费等均要按相关税收法律法规执行。但对于部分处于亏损状态的改制单位来说,实际未享受到改制文化企业免征企业所得税的优惠。未改制单位无法享受企业所得税优惠政策。此外,虽然对文化改制企业有企业所得税减免规定,但并没有覆盖所有层级的全资子公司,部分下属公司尚未享受此优惠政策。

(2)财政基本预算经费方面的问题。根据"三定"规定,事业编人员经费实行财政全部补助。但很多党报仍然没有按人头进行财政支持,晚报、都市报更是如此。由于人员退休,事业编制人员减少,按照有关政策规定,目前事业编制冻结,编制内人员得不到补充,财政经费数额连年下降。

三、深层问题

1."企业化管理"没有真正落实,现代企业制度有待完善

事业单位性质,决定了报社(集团)在企业化管理方面往往不够彻底、不够纯粹。根本原因在于报社管理者相关认识理念的局限,事业单位先天要求的公共性和社会效益对管理者而言是一种约束,同时也会成为其不思进取的借口,导致报社内部现代企业管理理念不够深入人心,创造创新活力不够。现代企业制度的建立与真正的企业化管理也就总是差点火候,法人治理不完善、决策审批效率低下、激励机制不灵活在所难免,企业文化的形成、人才队伍的培养,以及薪酬分配、人事管理、市场运作、资本引进、战略投资、创新激励等现代企业管理制度也就难以真正建立。如考核激励机制方面,受事业单位工资体制限制,尽管有绩效奖金考核量化标准,但很难体现新闻这一创意型工作的价值,也就很难激发采编人员的积极性,既不能产出高价值、有深度的作品,也不能及时跟进热点舆论背后的社会价值和经济价值。

2.两种人员身份和"双轨制"管理削弱年轻优秀人才归属感、荣誉感和忠诚度

由于编制限制与人才队伍自然老化,报社出于融合发展及转型的生存需

要，必然要通过市场招聘方式引进企业身份人员。传统媒体与新媒体融合，企事业身份人员不可避免地交织在一起。这批年轻优秀人才承担了报社生产经营方面的主体工作，是维系报社生存发展的中坚力量，而他们的贡献与其所得到的经济收入、社会名誉相比是有较大差距的，与事业编制身份人员比较存在相对剥夺感。另外，实行用人方式"双轨制"管理，事业编人员与聘用制人员在行政职务、级别晋升等发展空间方面区别较大，优秀的编外聘用干部没有成长空间，影响了他们的认同感、归属感、荣誉感和忠诚度，导致部分骨干人才流失，影响报纸发展。

3. 报纸媒体融合支撑保障能力不足

媒体融合是报纸转型发展和成功挺进网络主阵地的关键，媒体自身、党政机关和社会各界应协作努力，在思想观念和体制机制方面进行认真思考和探索，形成融合发展的良好环境。新媒体产品投入巨大，传统媒体经营上的路径依赖仍然存在，不少单位还没有从体制机制、业务格局上真正改革或调整，存在等、看、要的情况，媒体融合思维所需的用户意识与创新能力较为欠缺。媒体融合的低成本、低门槛与高竞争、高投入背离的困境，仍需"事业单位企业化管理"机制的报纸在体制机制上加大探索力度，为报纸的市场化竞争提供更好的体制基础。此外，技术和人才是报纸融合发展的主要瓶颈，需要通过社会地位赋予和薪酬待遇双重保障吸引和留住优秀人才。

4. 报纸行业性产业链存续面临严峻挑战

报纸具有精神和商品两种属性，精神属性决定了报纸要以公共性和社会效益为主，必须以事业单位性质在制度上加以保障；商品属性可以使报纸产品在市场上进行自由买卖，通过二次售卖以广告收入获得经济效益。新媒体的出现，使得受众信息产品选择发生了根本变化，绝大多数受众尤其是年轻受众都转移到了网上，移动端信息产品成为首选。报纸等传统媒体产品的读者市场大幅萎缩，广告商自然转向新媒体产品，报纸广告收入断崖式下滑，报纸生存也就难以为继，报纸面临行业性产业链坍塌危机。这需要高度重视和警惕，对报纸产业链的再造进行长远考虑和谋划。

四、相关建议

1. 在理论和政策上深入研究，重新界定报社"事业单位企业化管理"的内涵

1978 年，财政部批准人民日报社等首都八家报社试行"事业单位企业化管理"机制。党报实行企业化管理，经营活动按经济规律办事，通过市场竞争增强经济实力。当然，企业化管理并不是说报社就是企业法人，它依然是事业法人，属于财政差额拨款的公益二类事业单位。在事业单位身份确保报纸最大化发挥公共性和社会效益的前提下，主要是通过企业化管理使报纸有能力提供公共服务，彰显社会效益。改革开放 40 多年来，报纸企业化管理进程不断跃进，1992 年开始的集团化大幅夯实了报业实力，报网融合不断深化。进入移动互联网时代后，报纸融合发展持续深入，向新型主流媒体转型。在这一发展过程中，"事业单位企业化管理"机制发挥了最大化制度优势，既确保了报纸作为党和人民耳目喉舌的地位，又极大地解放了生产力，调动了从业人员的积极性，充分挖掘了市场资源，报纸行业规模不断扩大。

新媒体时代，报纸作为信息商品，其信息价值日益式微，受众大幅减少。新的时代背景需要我们在理论和政策上重新研究"事业单位企业化管理"的内涵。第一，报社不仅指报纸产品的生产机构，还应指包括报纸在内的全媒体产品生产机构。第二，报社的事业单位身份应指其作为精神产品的生产机构公益性的定位，是一种社会功能的界定。第三，企业化管理并不仅仅针对报社事企分开中企业部分的管理，而是指包括事业和企业在内的所有实体都应该进行企业化管理，如属于事业性质的采编部门，也应该按照企业化的方式对内容生产者进行管理。事业单位企业化管理不仅指报纸（集团）本身，报纸（集团）所属的全资子公司也应该注重履行报纸母体所履行的公益性和社会责任。第四，企业化管理需要建立成熟的现代企业制度进行规范管理，报纸企业行为如股权激励、投资、融资、破产等应该按市场规律进行，不应受到来自机关事业管理机制的硬性束缚。

2. 在体制机制上深化改革，建立健全全媒体人才成长通道

报纸融合转型向深度发展，最终目标是成为全媒体（集团），全媒体人才的"进、培、管、转、退"需要构建一个全新的成长通道。[4]第一，要加快融媒体转型，形成全媒体内容生产和经营管理模式，增强对年轻优秀人才的吸引力。第二，强化事业单位公益性和社会责任担当，弱化个体事业编制身份意识。第三，打破传统媒体和新媒体人员的界限，逐步形成全媒体采编人员和经营管理人员两类人员，既没有编制内编制外的区别，也没有"双轨制"用人方式的相对剥夺感。第四，改革人事管理和薪酬分配制度，同一工种同一岗位人员的薪酬、医保、养老执行同一标准。第五，改革人才上升和流动渠道，既可以有本报纸（集团）内部向上升迁的通道，也可以有向政府机关和高校等其他事业单位流动的通道。第六，由中宣部相关部门牵头搭建报纸（集团）、高校、新媒体技术公司协作的全媒体人才培养平台，加快培养符合市场需求的新媒体人才。第七，大力支持报社进行全媒体人才培养的实践探索，在科学评估考核前提下提供强大的政策保障、资金支持和相关扶持。建议由中宣部传媒监管局牵头，组织相关部门参与，制定一套导向正确、标准客观、评估专业并体现公益性媒体定位特色、符合科学发展要求的综合评估体系。

3. 在"企业化管理"上走向深入，全面推行现代企业管理制度

"企业化管理"是报纸融合发展转型成功的法宝，只能加强不能削弱。对于新型主流媒体而言，要具有强大影响力和竞争力，要全面挺进主战场，以互联网思维优化资源配置，把更多优质内容、先进技术、专业人才、项目资金向互联网主阵地汇集、向移动端倾斜，就必须建设一套成熟的现代企业制度。无论是事业法人主体，还是报纸（集团）所属的企业法人主体，都必须以市场经济为基础，以公司制度为核心，以产权清晰、权责明确、政企分开、管理科学为条件的现代企业制度进行管理。这样才能吸引高新技术人才，盘活传统媒体活力，整合市场资源，加快融合发展，建成新型主流媒体。创新媒体投融资政策，鼓励符合条件的媒体企业上市融资，支持主流媒体控股或参股互联网企业、科技企业，支持主流媒体参与特殊管理股制度试点。

4. 在采编流程上加快再造，全面建成融媒体生产流程

采编流程再造关乎报纸融合转型发展的成功与否，传统媒体与新兴媒体融合发展的关键就是建成一个统一的融媒体生产流程平台，实现一体策划、一次采集、多种生成、多端发布。建议传媒监管部门在每年报纸的年检工作中，把融媒体生产流程建设作为一个重要的指标进行考核。通过资金上的奖励和政策上的支持，推动报纸（集团）加快采编流程再造，使传统媒体与新兴媒体真正"融为一体、合而为一"。

5. 在优惠政策上继续倾斜，实现对报纸全资子公司的全覆盖

报纸正处在融合发展转型的最困难时期，新媒体建设面临的"高竞争""高投入"，使报纸一方面要应对商业化新媒体的冲击，另一方面要面临持续投入的断炊之虞。这两方面的压力都有可能把报纸拖垮。报纸（集团）肩负着党媒的职责和使命，承担着舆论引导和主流价值观塑造的重任，这就需要政府在政策及优质资源上给予进一步倾斜。

第一，要延续文化体制改革税收优惠政策。第二，在财政上加大对融媒体项目的补贴，在科技、高新技术等政策口把党报纳入扶持范围。第三，确保税收优惠政策对报纸所属全资子公司全覆盖。第四，要适时出台一些专门性的减税降费优惠政策，促进报纸融合发展的阶段性突破，如在新冠疫情期间出台的"财政部税务总局关于电影等行业税费支持政策的公告""减免小规模纳税人增值税"等。第五，在优质资源配置中用政府"看得见的手"对报纸（集团）宣传阵地和影响力延伸拓展方面给予更多支持。第六，鼓励报纸新媒体探索实施股权激励政策，有条件的报纸（集团）可以在新媒体产业化、公司化等方面进行试点，利用市场资源和社会资本加快融合发展。

6. 在报纸产业链上重新构造，出台报纸全媒体产业经济政策

我国报业在企业化管理的催动下，产业规模不断壮大，形成了报纸行业性产业链，包括策划、采编、发行、广告、印刷、消费终端等环节，这些环节相辅相成，在报纸产业链的循环往复中，形成了区别于其他媒体类型的报纸行业。随着数字技术、网络技术、移动技术和智能技术的不断革新，新媒体新业态层出不穷，在以微信、微博、客户端为代表的自媒体冲击下，报纸受众日益减少，发行量不断萎缩，处在报纸产业链下游的印刷业也受到重创，整个报纸产业链面临坍塌的危机。当务之急，一是对报纸产业链进行再造并制定发展规划，二是积极转型全媒体，研究报纸全媒体在未来媒体格局中的地位与功能，找到成熟的盈利模式，出台新媒体经济政策，培育报纸全媒体产业利益相关方及各环节市场主体，形成新的报纸全媒体产业链，壮大报纸全媒体产业。

参考文献

［1］国家新闻出版署.2018中国新闻出版统计资料汇编［G］.北京:中国书籍出版社，2019:35.

［2］刘建华.中国新闻传媒业融合发展十二大现状［J］.编辑之友,2020（2）:23-30.

［3］刘建华.中国新闻传媒业融合发展问题与抓手［J］.中国出版,2020（2）:10-17.

［4］刘建华.新时代党的新闻出版理论创新成果的结构体系、产生背景与重要意义［J］.现代传播,2020（9）:42-45.

2022年

关键词：新型全媒体　多元党端　移动优先　网络主战场
数字传媒经济产业链

党的十八大以来我国出版业新态势、新变化与新体制[1]

习近平总书记在给首届全民阅读大会的贺信中指出，"阅读是人类获取知识、启智增慧、培养道德的重要途径，可以让人得到思想启发，树立崇高理想，涵养浩然之气"。出版业是阅读内容的主要供给者，一直坚持为人民出好书，以精品阅读引领时代风尚，为书香中国建设作出了重要贡献。当前，随着数字技术、网络技术、移动技术与智能技术发展，信息生产、传播与接受方式也发生改变。出版业的新变化和发展新态势，需要构建相应的中国特色社会主义出版管理新体制，确保出版业的高质量发展，提供更多精品出版物，满足人民日益增长的美好精神文化需要。

一、我国出版业发展的新态势

出版业是党的宣传思想系统的重要组成部分，对文化传播与主流价值观塑造发挥着不可替代的作用，是文化产业领域改革发展的试验田，一直坚持将社会效益放在首位，两个效益相统一的指导思想，全行业蓬勃发展。党的十八大以来，我国出版业获得新的历史机遇，呈现以下发展态势。

1. 全面加强党的领导

新闻出版是党和政府的重要舆论阵地，是建设中国特色社会主义的重要推动力量。新闻出版要讲党性，坚持党性，就是坚持党对新闻出版工作的领导。"坚持党对意识形态工作的领导权"是习近平总书记关于宣传思想工

---

[1] 本文原载于《中国出版》2022 年第 8 期，《新华文摘》2023 年第 1 期观点摘编。

作论述的重要理论创新。在 2013 年 8 月全国宣传思想工作会议上的讲话中，习近平总书记强调，"坚持党性，核心就是坚持正确政治方向，站稳政治立场，坚定宣传党的理论和路线方针政策，坚定宣传中央重大工作部署，坚定宣传中央关于形势的重大分析判断，坚决同党中央保持高度一致，坚决维护中央权威"。在 2016 年党的新闻舆论工作座谈会上，习近平总书记指出，"坚持党性原则，必须自觉在思想上政治上行动上同党中央保持高度一致。报刊、通讯社、电台、电视台、新闻网站的所有工作都必须体现党的意志、反映党的主张，必须维护党中央权威、维护党的团结，做到爱党、护党、为党"。在 2018 年 8 月全国宣传思想工作会议上，习近平总书记再次强调，"要加强党对宣传思想工作的全面领导，旗帜鲜明坚持党管宣传、党管意识形态"。新闻出版工作者要深刻把握与理解习近平总书记关于加强党对新闻出版工作全面领导思想的深刻内涵，增强遵循新闻出版工作规律的自觉性，大力提高宣传思想工作的质量和水平。

2. 强化以人民为中心的出版导向

习近平总书记在党史学习教育动员大会的讲话中指出，"我们党的百年历史，就是一部践行党的初心使命的历史，就是一部党与人民心连心、同呼吸、共命运的历史"。以人民为中心的工作导向是中国特色社会主义新闻出版业存在发展的定海针与压舱石，规定了我国新闻出版业的生命 ID 与根本属性，解决了新闻出版业的本体问题。新闻出版的本体一旦确定，围绕新闻出版的所有争议也就有了明确方向与标准答案，诸如真实性、客观性、新闻出版双重属性、新闻出版功能与效果等认识性的问题，都可以迎刃而解。近年来，出版业加快推进高质量发展战略，深化供给侧结构性改革，不断推出具有重要社会影响力的精品佳作。主题出版正引领时代潮流，《习近平总书记系列重要讲话读本》《习近平谈治国理政》等主题图书成为畅销书。以人民为中心的导向要求我们，出版内容要为人民群众负责，要符合人民群众的需求。有了优质的内容就要把它传达到用户，要拓宽新闻出版的渠道，让更多的人民群众接触到内容，真正做到"内容为王，渠道制胜"。

3. 公共服务体系不断完善

2021 年 12 月，国家新闻出版署印发的《出版业"十四五"时期发展规划》提出，坚持政府引导、社会参与、全民共建，围绕优秀城乡文化资源配置，创新出版公共服务供给模式，提高公共服务的效率和质量，不断增强人民群众文化获得感幸福感。出版公共服务体系建设的重要目标与任务就是增强出版公共服务效能、创新开展全民阅读活动、保障特殊群体基本阅读权益和提升乡村阅读服务水平。党的十八大以来，我们在健全建设出版公共服务网，不断丰富和完善新闻出版公共服务方式等方面取得了新的成绩。一是持续推进全民阅读，建设书香中国。自 2006 年中宣部等 11 个部门联合发出《关于开展全民阅读活动的倡议书》以来，全民阅读活动蓬勃开展。2012 年党的十八大报告提出"开展全民阅读活动"，"全民阅读"连续九次被写入政府工作报告。习近平总书记在首届全民阅读大会上的贺信，为深入推进新时代全民阅读工作指明了前进方向、提供了根本遵循，掀起了书香中国建设的新高潮。根据《关于促进全民阅读工作的意见》，到 2025 年，覆盖城乡的全民阅读推广服务体系将基本形成，全民阅读理念更加深入人心。二是保障农民基本文化权益，农家书屋成效显著。农家书屋工程是党中央、国务院实施的五大公共文化惠民工程之一。目前，各地依托农家书屋开展农村农民读书月、主题阅读等活动，既保障了农民的基本文化权益，也在丰富农民群众文化生活、提高农民科学文化素质、增强农民文化自信等方面发挥了积极作用。三是无障碍出版服务水平大幅提升。2022 年 5 月 5 日，保障阅读障碍者平等获得文化和教育权利的《马拉喀什条约》对中国正式生效，目前，我国盲人出版服务的水平不断提升，形成了盲文读物、有声读物、数字出版物、大字读物和盲用信息化产品等多形态盲人文化产品系统。文化是民族凝聚力和民族创造力的重要源泉，保障公民基本文化生活权利，既是一个合法政府的基本义务，也是其合法性存在的必要前提。就图书出版业而言，相继实施的东风工程、农家书屋、国家盲文出版基地等工程为全民阅读和书香中国打下了良好的社会基础。

4. 全媒体融合发展引领风潮

2019 年 1 月 25 日，习近平在中共中央政治局第十二次集体学习时强调，推动媒体融合发展、建设全媒体成为我们面临的一项紧迫课题。媒体融合的终极目标就是全媒体。2022年4月18日，中宣部印发的《关于推动出版深度融合发展的实施意见》指出，"到'十四五'时期末，打造一批竞争力强、优势突出的出版融合发展示范企业，有效巩固数字时代出版发展主阵地，始终用主流价值引领网上出版舆论，进一步扩大主流价值影响力版图"。实力雄厚的出版集团如江苏凤凰出版集团、江西出版集团、中南出版集团等，积极布局全媒体发展，经过多年实践，已成为拥有出版社、期刊社、报纸、动漫游戏、新媒体等多种媒体形态的有强大影响力的大型出版传媒集团。实体书店积极转型，拓展功能，由单纯的卖书场所逐渐变成市民活动的公共文化生活空间。智能型文化书店将打造成线上线下融会贯通的新型环保生态书店。印刷业坚持绿色化、数字化、智能化、融合化方向，印刷方式、印刷工艺、印刷管理、印刷经营方式、印刷业务模式等不断创新，构建产业发展新格局，出版物智慧印厂成为建设重点。企业之间的融合、企业内部业态的融合、渠道的融合、各种技术的融合、市场的融合等，应该多管齐下，在大数据等技术的推动下，实现新闻出版业与新兴媒体、上下游产业、相关产业之间的大融合与全媒体发展。

二、出版体制机制的新变化

1. 党对出版业要求的新变化

2013年12月，习近平总书记在中共中央政治局第十二次集体学习时强调，"提高国家文化软实力，关系'两个一百年'奋斗目标和中华民族伟大复兴中国梦的实现"。2016年12月，习近平总书记在致《大辞海》出版暨《辞海》第一版面世80周年的贺信中强调："为培育和践行社会主义核心价值观、增强国家文化软实力、建设社会主义文化强国作出新的更大的贡献！"2021年3月发布的《中华人民共和国国民经济和社会发展第十四个五年规划和2035年远景目标纲要》（以下简称《纲要》）提出，"促进满足人民文化需求和增强人民精神力量相统一，推进社会主义文化强国建设"。出版业是建设文化强国的重要力量，在新征程、新理念、新格局下，党赋予了出版业"举旗帜、聚民心、育新人、兴文化、展形象"的使命任务，在这个使命任务下，党对出版业的新要求就是建设出版强国、实现文化惠民。如此，出版业就要有明确的责任意识和使命担当。首先是以社会效益为首位，坚持社会效益与经济效益相统一；其次是做创新型企业，在改革发展的所有环节推动内容创新、科技创新、渠道创新、营销创新和服务创新；最后是在供给结构性侧改革与需求侧调适的基础上，加强出版人才队伍建设，进行高质量发展。

2. 宏观管理职能的新变化

改革开放以来的出版体制改革大致可分为四个阶段：以放权让利为主要特征的改革探索阶段，以治理整顿和强化管理为主要特征的"阶段性转移"阶段，以转企改制和集团化为主要内容的体制转型阶段和以融合发展和加强公共服务建设为主要内容的业态转型阶段。新时代以来，党和政府关于出版物的属性非常明晰，出版物首先是意识形态属性，当然也具有商品属性。无论是纯公益性的出版机构还是产业性的出版企业，其出版物无一例外都兼具这两个属性，这就决定了出版业必须要以社会效益为首位，社会效益和经济效益相统一。新时代媒体融合背景下的出版体制改革在处理好政府、市场、企业三者的关系，打破束缚出版生产力发展的生产关系和资源配置方式的过程中，宏观管理职能也出现了新变化。一是全国新闻出版业划归中宣部管理，强化了出版物的意识形态属性。二是着力朝服务职能转变，通过创新、政策、奖励、资助等方式营造较好的出版环境，拉动出版业的整体发展。三是强化政策和法律手段，通过各种要素管理，实现政府和市场这两只"手"的协调。四是担负引导出版全行业产业链重塑职能，积极培育市场、渠道和新兴出版业态，着力推动出版业向全媒体出版转型。

3. 公共服务职能的新变化

政府在出版业和公共服务的职能主要是制定合理的政策制度、保证较为充足的投入、维护正当的市场竞争等。《纲要》强调，要"加强公共文化服务体系建设和体制机制创新"。公共服务职能的新变化主要表现为：第一，以高质量统摄公共文化服务。在《纲要》中，党和政府拓展了公共文化服务职能范围，不仅提供一般意义上的公共文化产品，而且提出要加强优秀文化作品创作生产传播，要把提高质量作为文艺作品的生命线，不断提升原创能力。在强调创作生产的同时，公共文化产品的有效传播也是重中之重。第二，要在完善公共文化服务体系上下功夫，尤其要在城乡公共文化服务建设一体化、全民阅读和书香中国、全媒体出版及鼓励社会力量参与公共服务等方面做好工作。第三，公共文化服务职能的变化还体现在对外文化传播上，要加强对外文化交流和多层次文明对话，积极开展"感知中国""走读中国""视听中国"活动，提升中华文化影响力。

4. 社会监督方式的新变化

社会力量对出版业的监督是中国特色社会主义出版体制的重要内容。从理念上来看，社会监督是出版企业履行社会责任的助推器。通过社会监督，出版企业生产出反映时代新气象、讴歌人民新创造的高质量产品，有利于主流价值观传播和正面舆论引导，更好考虑利益相关方的福利，注重生态环保，提升履行社会责任的能力。很多出版企业已经切实加强了与包括政府部门、NGO 组织、科研院所、社会团体和第三方评估机构等组织机构的合作，旨在共同提升我国出版企业社会责任执行能力。公众评价在推动出版企业履行社会责任方面也发挥了重要作用。社会公众是具有批判意识和主动参与意愿的多元群体，社会公众会对产品进行监督，并以其特有的方式发表意见、建议或批评，使出版企业更好地履行社会责任。在国家治理体系和治理能力现代化的大背景下，出版业的全民自治不断加强，自我管理、自我服务、自我发展的社会化治理体系正逐渐形成。全媒体背景下的网络舆论监督将是出版业社会监督的主要方式。智能技术、大数据与算法等新技术会给公众带来更多利好，有利于激发公民意识，开展成熟有效的科学监督。

5. 出版行业自律的新变化

中国出版业的行业协会如中国出版协会等，对出版业的健康有序发展起到了巨大的促进作用。行业协会非常重要的一个业务是"加强行业自律，增强法治观念，提高出版单位和从业者遵纪守法、恪守职业道德的自觉性"。2019 年 12 月，中国记协公布了新修订的《中国新闻工作者职业道德准则》。该准则自 1991 年颁布以来，历经三次修订，在加强新闻队伍建设、提升新闻工作者职业素养方面发挥了积极作用。2015 年 50 家行业社团联合签署了《新闻出版广播影视从业人员职业道德自律公约》，突出自律，促进自律与他律相结合、道德坚守与法律治理相结合。为促进出版企业社会责任的有效执行，应从以下方面着力。首先，在行业层面，各行业协会要主导建立普遍认可的价值、行为和道德规范，成为从业者和机构的基本工作原则。其次，设立由出版业内外相关人士组成的图书评议机构，对整个行业社会责任的履行情况进行管理和监督，接受社会对行业的投诉。再次，加强和规范出版企业社会责任报告制度，为出版企业履行社会责任提供制度保障。最后，利用新媒体技术精准评估个体和机构的自律行为与后果，使全行业在法律和职业道德的框架内更加规范地运行，为社会提供高质量图书产品。

三、构建新时代出版管理新体制

在习近平新时代中国特色社会主义思想的指导下，按照国家"十四五"规划和 2035 年远景目标纲要的谋划，新时代中国特色社会主义出版管理新体制正在建成并不断完善，本文从管理主体、管理客体、管理方式和管理职能四个维度对出版管理体制构建作一简要勾勒。

1. 出版管理主体问题

进入新时代，党和政府对出版物的意识形态属性与经济属性及相互关系有了新的科学认识与界定，进一步明确了出版业"以社会效益为首位、社会效益与经济效益相统一"的要求，充分保证了出版业传播真理、塑造信仰等功能的发挥。2018 年，全国新闻出版管理职责划入中宣部。作为管理主体，中宣部直接领导管理出版业的各项工作，体现了出版业在党的意识形态工作中的重要性，这是新时代中国特色社会主义出版管理新体制的根本基石。

2. 出版管理客体问题

出版管理客体是新时代中国特色社会主义出版管理新体制的着力平台。这实际上是指出版管理内容问题，也就是党和政府应该管什么的问题。2013年 11 月，党的十八届三中全会通过的《中共中央关于全面深化改革若干重大问题的决定》指出："按照政企分开、政事分开原则，推动政府部门由办文化向管文化转变，推动党政部门与其所属的文化企事业单位进一步理顺关系。建立党委和政府监管国有文化资产的管理机构，实行管人管事管资产管导向相统一。"从办文化到管文化，从操盘手到服务者，管理主体必然始终紧紧抓住以社会效益为首位、社会效益与经济效益相统一这个主线，以政策和法律为准绳，以科学有效的监管评估指标体系为手段，借助新媒体技术，及时掌握出版物的生产与传播情况，运用各种奖惩机制，确保出版管理客体多出精品佳作。

3. 出版管理方式问题

不断革新的系统性的管理方式是新时代中国特色社会主义出版管理新体制的基本法宝。当前，我国出版业逐渐从以直接管理为主过渡到以间接管理为主。融合发展背景下，数字技术、网络技术、移动技术与智能技术的不断革新使得管理方式也日益灵活和丰富。从宏观层面来看，基于法治的间接管理将会带来全过程人民民主的参与型管理方式。新媒体技术尤其是大数据、算法和智能技术，可以使出版全行业在纵向与横向上实现较好的信息公开透明。同时，围绕管理客体的党委领导、政府管理、行业自律、社会监督、生产主体运营等要素产生合力，使出版生产的社会效益与经济效益得以最大化。从微观层面来看，新媒体技术使得管理方法和管理程序日益灵活多样且科学有效：未来应该是行政、法律、经济、思想、人本、目标、系统等方法融合发力的态势，管理程序日益简捷有效，管理客体充分发挥生产主动性、自觉性、能动性和创新性，出版生产力从而不断提高。

4. 出版管理职能问题

融合发展背景下，出版管理主体的职能也有了相应变化，这是新时代中国特色社会主义出版管理新体制的基本保障。新时代出版管理职能的核心要义就是进行正面引导、解决市场失灵、培育健康市场和维护公平竞争。2018年新闻出版管理职责划入中央宣传部后，全国"扫黄打非"办公室并入中宣部反非法反违禁局，各项行政命令也大多以反非法反违禁局的名义发布，体现了出版管理机构职能的新变化。未来，出版管理职能将始终聚焦这一核心，在出版融合发展战略中发挥灵魂作用，助力全媒体出版目标的实现。

参考文献

［1］习近平致信祝贺首届全民阅读大会举办　强调希望全社会都参与到阅读中来　形成爱读书读好书善读书的浓厚氛围［N］.中国新闻出版广电报,2022-04-25.

［2］习近平.论党的宣传思想工作［M］.北京:中央文献出版社,2020:15+182+342.

［3］习近平.在党史学习教育动员大会上的讲话［J］.求是,2021（8）.

［4］魏玉山,黄晓新,刘建华.十八大以来党的新闻出版理论十大创新成果［J］.传媒,2017（10）.

［5］国家新闻出版总署关于印发《出版业"十四五"时期发展规划》的通知［EB/OL］.https://www.nppa.gov.cn/nppa/contents/279/102953.shtml.

［6］《关于促进全民阅读工作的意见》要点［J］.中国出版,2020（22）.

［7］刘建华,李文竹.新时代我国新闻出版业的理论创新与战略选择［J］.出版科学,2021（2）.

［8］推动媒体融合向纵深发展巩固全党全国人民共同思想基础［N］.中国新闻出版广电报,2019-01-28.

［9］中共中央宣传部.关于推动出版深度融合发展的实施意见［J］.中国出版,2022(9).

［10］习近平.建设社会主义文化强国着力提高国家文化软实力［EB/OL］.http://cpc.people.com.cn/n/2014/0101/c64094-23995307.html.

［11］习近平致《大辞海》出版暨《辞海》第一版面世80周年的贺信［EB/OL］.http://www.xinhuanet.com//politics/2016-12/29/ c_1120215884.htm.

［12］中华人民共和国国民经济和社会发展第十四个五年规划和2035年远景目标纲要［EB/OL］.http://www.xinhuanet.com/2021-03/13/ c_1127205564.htm.

［13］周蔚华.中国出版体制改革40年:历程、主要任务和启示［J］.出版发行研究,2018（8）.

［14］袁舒婕.新修订的《中国新闻工作者职业道德准则》公布［N］.中国新闻出版广电报,2019-12-16.

［15］刘阳.人民日报新语:以行业自律促文化发展［EB/OL］.http://opinion.people.com.cn/n/2015/1109/c1003-27793104.html.

［16］中共中央关于全面深化改革若干重大问题的决定［EB/OL］.http://www.gov.cn/jrzg/2013-11/15/content_2528179.htm.

党的十八大以来媒体融合的遵循与逻辑[1]

习近平总书记关于媒体融合发展的论述为中国新闻出版传媒业的融合发展绘就了一幅详细的路线图，指明了媒体融合发展的正确方向，提供了切实有效的实施路径，是新时代马克思主义新闻观的新思想、新观点、新论断，是我们做好融合发展的根本遵循。

一、习近平总书记关于媒体融合发展论述的十年演进

融合发展是社会发展的重要规律之一。党的十八大以来，习近平总书记发表了很多融合发展的论述，党中央在各个领域、各个方面、各个层次制定的战略、策略、方针、政策，无不贯穿着融合发展的重要思想并基本形成了完整的体系。在所有关于融合发展的论述中，习近平总书记尤其重视媒体融合发展。十年来，习近平总书记在不同场合发表的许多推动媒体融合发展的重要论述，体现了宣传思想工作在党的当前工作中的极端重要性。2013 年被称为媒体融合元年，十年来，习近平总书记关于推动传统媒体与新兴媒体融合发展的论述，展示出一条清晰的演进轨迹，从"你是你、我是我"变成"你中有我、我中有你"，进而变成"你就是我、我就是你"，到"四全"媒体，最后在全媒体传播体系建成的基础上，不断扩大传播力和影响力，通过有效的国内国际传播，为实现中华民族伟大复兴的中国梦书写更为精彩的时代篇章，为推动构建人类命运共同体贡献智慧和力量。

2013 年 8 月，习近平总书记在全国宣传思想工作会议上强调："宣传思想

---

[1] 本文原载于《传媒》2022 年第 11 期。

工作就是要巩固马克思主义在意识形态领域的指导地位，巩固全党全国人民团结奋斗的共同思想基础。很多人特别是年轻人基本不看主流媒体，大部分信息都从网上获取。要适应社会信息化持续推进的新情况，加快传统媒体和新兴媒体融合发展。"[1]

2014 年 8 月，习近平总书记在中央全面深化改革领导小组第四次会议上强调："推动传统媒体和新兴媒体融合发展，要遵循新闻传播规律和新兴媒体发展规律，强化互联网思维，坚持传统媒体和新兴媒体优势互补、一体发展，坚持先进技术为支撑、内容建设为根本，推动传统媒体和新兴媒体在内容、渠道、平台、经营、管理等方面的深度融合。"[2]

2015 年 12 月，习近平总书记在视察解放军报社时指出："媒体格局、舆论生态、受众对象、传播技术都在发生深刻变化。读者在哪里，受众在哪里，宣传报道的触角就要伸向哪里，宣传思想工作的着力点和落脚点就要放在哪里。'互联网 +'就是'互联网 + 各个传统行业'。"[3] 2015 年 12 月，习近平总书记在第二届世界互联网大会开幕式上指出：推进全球互联网治理体系变革的四项原则是尊重网络主权、维护和平安全、促进开放合作与构建良好秩序，并提出了构建网络空间命运共同体的五点主张。

2016 年 2 月，习近平总书记在党的新闻舆论工作座谈会上指出："融合发展关键在融为一体、合而为一。要尽快从相'加'阶段迈向相'融'阶段，从'你是你、我是我'变成'你中有我、我中有你'，进而变成'你就是我、我就是你'，着力打造一批新型主流媒体。"[4] 在网络安全和信息化工作座谈会上指出：网民来自老百姓，老百姓上了网，民意也就上了网。

2017 年 10 月，习近平总书记在党的十九大报告中指出："高度重视传播手段建设和创新，提高新闻舆论传播力、引导力、影响力、公信力。加强互

［1］ 习近平 . 论党的宣传思想工作［M］. 北京：中央文献出版社，2020：14.

［2］ 推动传统媒体和新兴媒体融合发展［EB/OL］.http://media.people com.cn/GB/22114/387950.

［3］ 习近平视察解放军报社［EB/OL］.http://www.xinhuanet.com/politics/2015-12/26/c_1117588434.htm.

［4］ 人民网：习近平谈媒体融合发展，关键在融为一体、合而为一［EB/OL］.http://www.gstheory.cn/ 2019-03/26/c_1124282589.htm.

联网内容建设，建立网络综合治理体系，营造清朗的网络空间。"在给第四届世界互联网大会的致信中指出，建设网络强国、数字中国、智慧社会，推动互联网、大数据、人工智能和实体经济深度融合，携手构建网络空间命运共同体。

2018年4月，习近平在网络安全和信息化工作座谈会上指出："推进网上宣传理念、内容、形式、方法、手段等创新，把握好时度效，构建网上网下同心圆。"[1] 要发展数字经济，不断催生新产业新业态新模式。在全国宣传思想工作会议上指出，使互联网这个最大变量变成事业发展的最大增量。要扎实抓好县级融媒体中心建设，更好引导群众、服务群众。

2019年1月，习近平总书记在中共中央政治局第十二次集体学习时强调："推动媒体融合发展、建设全媒体成为我们面临的一项紧迫课题，全媒体不断发展，出现了全程媒体、全息媒体、全员媒体、全效媒体。要运用信息革命成果，推动媒体融合向纵深发展，做大做强主流舆论。推动媒体融合发展，要坚持一体化发展方向，通过流程优化、平台再造，实现各种媒介资源、生产要素有效整合，实现信息内容、技术应用、平台终端、管理手段共融互通，催化融合质变，放大一体效能，打造一批具有强大影响力、竞争力的新型主流媒体。人在哪儿，宣传思想工作的重点就在哪儿，网络空间已经成为人们生产生活的新空间。移动互联网已经成为信息传播主渠道。要把握国际传播领域移动化、社交化、可视化的趋势，在构建对外传播话语体系上下功夫。"[2]

2020年6月，中央全面深化改革委员会第十四次会议审议通过了《关于加快推进媒体深度融合发展的指导意见》。习近平总书记强调："推动媒体融合向纵深发展，要深化体制机制改革，加大全媒体人才培养力度，打造一批具有强大影响力和竞争力的新型主流媒体，加快构建网上网下一体、内宣外

---

［1］ 在网络安全和信息化工作座谈会上的讲话［EB/OL］.http://politics.people.com.cn/nl/2016/0426/c1024-28303544-3.html.

［2］ 习近平在中共中央政治局第十二次集体学习时强调：推动媒体融合向纵深发展巩固全党全国人民共同思想基础［EB/OL］.http://politics.people.com.cn/nl/2019/0126/c1024-30591056html.

宣联动的主流舆论格局，建立以内容建设为根本、先进技术为支撑、创新管理为保障的全媒体传播体系，牢牢占据舆论引导、思想引领、文化传承、服务人民的传播制高点。"[1]

2021 年 11 月，习近平总书记致信祝贺新华社建社 90 周年时指出，"90年来，新华社坚定不移跟党走，宣传党的主张，反映人民心声，记录时代精神，传播中国声音，在革命、建设、改革各个历史时期发挥了重要作用。在全面建设社会主义现代化国家新征程上，新华社要在党的领导下，把握正确政治方向，坚定理想信念，坚守人民情怀，赓续红色血脉，坚持守正创新，加快融合发展，加强对外传播，努力建成国际一流新型全媒体机构，为实现中华民族伟大复兴的中国梦、推动构建人类命运共同体作出新的更大的贡献"[2]。

2022 年 10 月 16 日，习近平总书记在党的二十大报告中指出，"巩固壮大奋进新时代的主流思想舆论，加强全媒体传播体系建设，推动形成良好网络生态"[3]。此前，1 月 4 日，习近平总书记在北京考察冬奥会筹备工作时，在中央广播电视总台主媒体中心指出，要"讲好中国故事、传播中国声音，争取第一时间把北京冬奥盛会传播出去。要通过办好这样的大型国际赛事活动，进一步提升我们的文化传播力、新闻影响力、国家软实力"[4]。6 月 12日，在致《大公报》创刊 120 周年的贺信中指出，"不忘初心，弘扬爱国传统，锐意创新发展，不断扩大传播力和影响力，为'一国两制'实践行稳致远、为实现中华民族伟大复兴的中国梦书写更为精彩的时代篇章"[5]。8 月 25

[1] 习近平主持召开中央全面深化改革委员会第十四次会议 [EB/OL].https://www.xinhuanet.com.

[2] 习近平致新华社建社 90 周年的贺信 [EB/OL].https://baijiahao.baidu.com/s?id=17156616016805 24239&wfr=spider&for=pc.

[3] 中国共产党第二十次全国代表大会开幕会文字实录 [EB/OL].http://www.news.cn/politics/cpc20/ zb/xhwkmh1016/wzsl.htm.

[4] 习近平主席致首届全球媒体创新论坛的贺信 [EB/OL].https://baijahao.baidu.com/s?id=172302366 7641043573&wfr=spider&for=pc.

[5] 习近平致《大公报》创刊 120 周年的贺信 [EB/OL].http://www.xinhuanet.com/politics/ leaders/2022-06/12/c_1128734716.htm.

日，在给第五届中非媒体合作论坛的贺信中指出，"努力做人文交流的推动者、公平正义的守望者、全球发展的促进者，共同讲好新时代中非故事，传播全人类共同价值，为推动构建人类命运共同体贡献智慧和力量"[1]。8月30日，为了深入学习贯彻习近平总书记关于推动媒体融合发展的重要论述，黄坤明在2022中国新媒体大会开幕式上强调，"中央媒体和省级媒体要在深入深化上取得新进展，地市级媒体要在整合融合上迈出新步伐，县级融媒体要在增质增效上进行新探索"[2]。9月23日，习近平总书记在给中国新闻社建社70周年的贺信中指出，要"创新国际传播话语体系，加快融合发展，提高国际传播能力"[3]。

二、我国媒体融合发展遵循的三个逻辑

媒体融合从2014年上升为国家战略以来，一直按照以下三个逻辑有序向纵深发展。

1. 从媒体角色与功能逻辑来看，媒体融合发展的根本宗旨是巩固马克思主义在意识形态领域的指导地位，巩固全党全国人民团结奋斗的共同思想基础，为实现中华民族伟大复兴的中国梦提供强大精神力量和舆论支持

习近平总书记强调，"经济建设是党的中心工作，意识形态工作是党的一项极端重要的工作"[4]，"中国特色社会主义进入新时代，必须把统一思想、凝聚力量作为宣传思想工作的中心环节"[5]，"做好新形势下宣传思想工作，必须自觉承担起举旗帜、聚民心、育新人、兴文化、展形象的使命任务"。宣传

---

[1] 习近平向第五届中非媒体合作论坛致贺信［EB/OL］.http://www.xinhuanet.com/politics/leaders/2022-08/25/c_1128946814.htm?d=1661421801001.

[2] 黄坤明出席2022中国新媒体大会开幕式时强调：加快推进媒体深度融合 更好凝聚团结奋进强大力量［EB/OL］.https://baijiahao.baidu.com/s?id=1742551637186801458&wfr=spider&for=pc.

[3] 习近平致中国新闻社建社70周年的贺信［EB/OL］.https://m.gmw.cn/baijia/2022-09/23/36044925.html.

[4] 习近平.论党的宣传思想工作［M］.北京：中央文献出版社，2016：14，338，15.

[5] 习近平在中共中央政治局第十二次集体学习时强调：推动媒体融合向纵深发展 巩固全党全国人民共同思想基础［EB/OL］. http://politice.people.com.cn/n1/2019/0126/c1024-30591056.html，2021-06-23.

思想工作是做人的工作的，精神力量和舆论支持的实施主体最终是人。要做好人的思想工作，让受众的议题设置和媒体及政府的议题设置保持一致，就需要媒体具有强大的传播力、引导力、影响力、公信力，成为人们须臾不可或缺的信息获得、意见参考和行动决策的主要依靠。在数字技术、网络技术、移动技术与智能技术日新月异变革的背景下，传播生态发生根本变化，在新媒体的冲击下，传统媒体面临生死存亡的威胁，融合发展战略就是通过推动传统媒体和新兴媒体融合发展，始终保持主流媒体的生命力和战斗力，扮演好党和人民耳目喉舌的角色，履行好举旗帜、聚民心、育新人、兴文化、展形象的使命任务，建设具有强大凝聚力和引领力的社会主义意识形态，为新时代中国特色社会主义建设提供强大精神动力。

2. 从媒体传播主体地位逻辑来看，媒体融合发展的根本目的是占领舆论引导、思想引领、文化传承、服务人民的传播制高点

要实现巩固共同思想基础、提供强大精神动力和舆论支持的根本宗旨，需要融合发展后的新型主流媒体能够占领信息传播的制高点。早在 2013 年的全国宣传思想工作会议上，习近平总书记就强调，要"积极探索有利于破解工作难题的新举措新办法，特别是要适应社会信息化持续推进的新情况，加快传统媒体和新兴媒体融合发展，充分运用新技术新应用创新媒体传播方式，占领信息传播制高点"[1]。在 2020 年 6 月的中央深化改革委员会第十四次会议上，习近平总书记进一步强调，推动媒体向纵深发展的目的是"牢牢占据舆论引导、思想引领、文化传承、服务人民的传播制高点"。传播制高点的占领不是靠行政手段实现的，而是要真刀真枪靠本事说话。主流媒体守土有责，更要守土尽责，及时提供更多真实客观、观点鲜明的信息内容，牢牢掌握舆论场的主动权和主导权，为其他合规的媒体提供新闻信息来源。在市场竞争中，如果主流媒体总能成为人民群众的信息管家、意见领袖与生活顾问，总能成为社会舆论的干预者和引导者，总能成为其他社会媒体信息来源与社会

---

[1] 中共中央文献研究室.习近平关于全面建成小康社会论述摘编[M].北京:中央文献出版社，2016:106.

行动的中心，那么它就成为货真价实的传播领袖，是真正的主流媒体，才能稳居传播制高点，很好地完成党和人民赋予的职责使命。

3. 从媒体社会生产总过程逻辑来看，媒体融合的根本任务是建立以内容建设为根本、先进技术为支撑、创新管理为保障的全媒体传播体系

传播制高点的占领，不是靠行政命令，也不是靠垄断资源，而应该是靠主流媒体能够提供人民群众喜闻乐见的产品和服务，以强大的市场竞争能力说话。媒体作为一种精神性行业，具有精神与物质双重属性，受众在接受其物质性产品后，主要是消费其精神性产品。根据马克思的社会生产总过程理论，任何社会生产都包括生产、分配、交换和消费四个环节。媒体产品只有在其精神性内容被受众接受后，才有可能进行再生产，实现循环往复的生产消费。要使媒体社会生产总过程得以顺利进行，就必须提供人民群众喜闻乐见的产品和服务，就必须建立科学有效的全媒体传播体系。习近平总书记关于媒体融合发展的相关论述，为全媒体传播体系的构建指明了方向。

三、把握媒体融合的八个节点

笔者根据我国媒体融合的发展特点，总结出以下关于融媒体社会生产总过程的八个节点。这八个节点，既是过去十年媒体融合的实践总结，也是未来媒体深度融合的要点。

1. 从融合技术上来看，主流媒体要以先进技术为支撑

先进技术是融合发展的基础，正是因为数字技术、网络技术、移动技术与智能技术的不断革新，才为媒体融合发展提供了可能。在印刷技术、电子技术、模拟技术等媒介技术单一递进发展的几千年间，图书、报纸、期刊、电影、广播、电视等媒体有鲜明的技术界限，各自形成独立的行业，在行业政策的保护下，相安无事地并行发展。新媒体技术的出现，可以打通原子媒体、电子媒体与数字媒体的介质障碍，使得同一内容在不同介质上的发布成为可能，传播媒介资源与信息资源不再具有垄断性，微信、微博、抖音等社交媒体的出现，使传播获得权与传播发布权无限扩大，全民记者也就成为可能。传媒生态发生如此巨大的变化，传统媒体如果还恪守原有的生产和传播

模式，必将为受众所淘汰。目前在融合发展道路上做得较好的媒体，几乎都是主动利用新媒体技术进行融合发展的媒体，它们具备互联网思维，不断强化用户意识、技术意识和互动意识，在遵循新闻传播规律和新兴媒体发展规律的基础上，以5G、人工智能、云计算、物联网、大数据、区块链等先进技术为支撑，坚持走一体化发展道路，成为有强大影响力和竞争力的市场主体。这方面的成功案例有人民日报社、上海报业集团、四川日报报业集团、重庆日报报业集团等。

2.从融合主体来看，要深化体制机制改革，推动媒体市场主体深度融合，打造一批具有强大影响力竞争力的新型主流媒体

融合的关键是主体融合，如果只是将各种媒体像把小舢板捆在一起一样，是永远不能造成航空母舰的，那是物理融合，没有化学融合是无法做成新型主流媒体的。为此，首先要深化体制机制改革，在主体性质、人事编制、绩效考核、薪酬制度上要全部统一，不管之前是什么性质的主体，融合后只能按同一套劳动、人事、分配制度进行运营；其次要进行媒体生产流程再造，建设融媒体中心或中央厨房，实现一体策划、一次采集、多种生成、多端发布，使报纸、期刊、图书、广播电视等不同形态的内容生产能够在同一个流程体系内完成；最后要融合多元传播渠道与终端，建设全媒体矩阵，每一个新型主流媒体都是一个全媒体或融媒体中心，全媒体实际上就是融媒体中心，它们不是新的媒介形态，而是一个个媒体组织，在这一个个媒体组织的运作下，不同形态的媒介（如报纸、期刊、图书、广播电视、门户网站、微博、微信、客户端等）真正实现优势互补，各自牢牢黏附住不同需求的细分受众，实现个性化、精准化与互动化传播，获得"笙歌归院落，灯火下楼台"的结构化传播效果。新华社、中央广播电视总台等都是成功的新型主流媒体。

3.从融合生产来看，要推动内容与技术深度契合，必须以内容建设为根本

媒体生产流程再造必然是内容与技术深度契合的结果，这也是供给侧结构性改革的有效落实。媒体融合发展无论进阶到哪个层次，都脱离不了技术、人才和规制三种力量的博弈框架。因为这三种力量都会对内容产生决定性的影响，这也从另一方面说明了内容建设的根本地位。新媒体技术下的传播生态改革，也使得内容生产主体发生了变化，传统意义上的以记者编辑为主的机构生产依然为主体，但机器内容生产、用户内容生产也越来越占据重要地位。传统意义上的资讯性内容扩容到除此之外的关系型内容和媒体功能型内容，媒体为社会提供的内容更多元更丰富，价值作用也更多维，这也给了媒体以新的社会角色和机会，得以在先进技术的支撑下稳保重要的社会地位。当然，无论内容的功能和作用怎么变化，其本质都不会变，依然是精神性产品与服务，必须为一定的意识形态服务，必然受国家政策的规制。作为新型主流媒体，在清楚认识到内容类型变化的基础上，需要清楚认识到自己的市场主体身份，只有提供适销对路的内容产品，才能为受众所接受，才能有效引导舆论，才能实现巩固共同思想基础、提供精神动力的目的。为此，需要在具体的战术上下功夫，通过理念、内容、形式、方法、手段等创新提高内容生产质量，尤其要推进网上宣传理念、内容、形式、方法、手段等创新，把握好时度效，构建网上网下同心圆，更好凝聚社会共识。

4.从融合创新来看，要实现内容、渠道、平台、经营和管理等方面的持续创新

融合创新是指因追求传统媒体和新兴媒体融合发展而导致的创新，与其他原因所导致的创新有根本不同。2015年，习近平总书记在视察解放军报社时指出，"对新闻媒体来说，内容创新、形式创新、手段创新都重要，但内容创新是根本的。要顺应互联网发展大势，勇于创新、勇于变革，利用互联网特点和优势，推进理念、内容、手段、体制机制等全方位创新"。习近平同志在中央全面深化改革领导小组第四次会议上指出，要牢固树立一体化发展观念，推动传统媒体和新兴媒体在内容、渠道、平台、经营、管理等方面的深度融合。实际上，内容、渠道、平台、经营、管理等方面的深度融合是要靠不断创新来实现的。融合是一个历史性过程，是一个阶段性动作，不可能总是永无止境地去逼近融合，融合的目的是降低社会成本，提高生产率和竞争力，给人民群众带来福利。创新是一个永恒性追求，是永无止境地、无极限地逼近目标。媒体即使实现了化学融合，但如果不去创新，也必然是一个没有生命力的组织，依然不能为人们提供喜闻乐见的产品和服务，依然不能占领传播制高点，依然不能有效引导舆论，更谈不上去实现宣传思想工作的目标了。所以，在融合过程中或者化学融合之后，媒体在内容、渠道、平台、经营、管理上的创新，就是其保持影响力和竞争力的动力源泉了。尤其是管理创新，更是重中之重，这是建设全媒体传播体系的保障。必须在管理上进行不断创新，充分调动人的积极性、主动性、能动性，与技术和内容形成三驾马车，确保全媒体传播体系的有效运转。

5.从融合政策来看，各级党委和政府要加大对媒体融合发展的支持力度

"习近平总书记在2019年中央政治局第十二次集体学习讲话中指出：媒体融合发展是一篇大文章。面对全球一张网，需要全国一盘棋。各级党委和政府要从政策、资金、人才等方面加大对媒体融合发展的支持力度。各级宣传管理部门要改革创新管理机制，配套落实政策措施，推动媒体融合朝着正确方向发展。"[1]在推动媒体融合发展建设全媒体传播体系的过程中，中国新闻传媒业面临思想、体制机制、技术与人才、资金、税收政策、媒体资质、自媒体监管、版权、新媒体盈利模式等诸多问题，这就需要各级党委和政府及时推出各种政策，加大对媒体融合发展的支持力度。党的十八大以来，中央和国务院各部委推出了许多切实有效的配套措施，媒体融合发展政策体系初具规模。一是文化企业可享受的一般优惠政策，例如财税〔2013〕87号文件规定的享受出版行业先征后退增值税政策，财税〔2014〕84号文件"经营性文化事业单位转制为企业，自转制注册之日起免征企业所得税"，财税〔2014〕84号文件"党报、党刊将其发行、印刷业务及相应的经营性资产剥离组建的文化企业，自注册之日起所取得的党报、党刊发行收入和印刷收入免征增值税"，财政部、国家税务总局《关于延续宣传文化增值税优惠政策的通知》（财税〔2018〕53号），财政部、国家税务总局、中共中央宣传部《关于继续实施文化体制改革中经营性文化事业单位转制为企业若干税收政策的

---

[1] 习近平在中共中央政治局第十二次集体学习时强调：推动媒体融合向纵深发展 巩固全党全国人民共同思想基础〔EB/OL〕.http://politics.people.com.cn/n1/2019/0126/c1024-30591056.html.

通知》（财税〔2019〕16号）。二是媒体融合发展专项政策，例如，中央全面深化改革领导小组第四次会议审议通过的《关于推动传统媒体和新兴媒体融合发展的指导意见》，中央全面深化改革委员会第五次会议审议通过的《关于加强县级融媒体中心建设的意见》，国务院印发的《关于积极推进"互联网+"行动的指导意见》，中央全面深化改革委员会第十四次会议审议通过的《关于加快推进媒体深度融合发展的指导意见》。除了中央层面的政策，各省区根据自己的实际情况也推出了不同的融合发展支持政策，主要是在资金、财税、技术、人才、版权等方面给予了重点支持，为全媒体传播体系建设保驾护航。

6.从融合人才来看，要加大力度培养全媒体人才

习近平总书记对新闻人才十分重视，多次谈到媒体融合人才培养问题。在2013年的全国宣传思想工作会议上，习近平总书记指出：宣传思想部门工作要强起来，首先是领导干部要强起来，班子要强起来。各级宣传部门领导同志要加强学习、加强实践，真正成为让人信服的行家里手。在2016年党的新闻舆论工作座谈会上，习近平总书记强调，"媒体竞争关键是人才竞争，媒体优势核心是人才优势""要加快培养造就一支政治坚定、业务精湛、作风优良、党和人民放心的新闻舆论工作队伍""要提高业务能力，勤学习、多锻炼，努力成为全媒型、专家型人才"。在2020年中央全面深化改革委员会第十四次会议上，习近平总书记强调，"加大全媒体人才培养力度"。全媒体人才是指确保全媒体组织机构有效运作的一专多能型人才，并非指对所有媒体内容生产总过程都通晓的人才，这既不必要，也无可能。全媒体（融媒体中心）虽然是媒体深度融合的产物，但并不否定其内部生产总过程各个环节的专业分工，全媒体人才只不过是在专业的基础上熟悉其他业务罢了。当下，全媒体建设需要懂技术、会策划、善写作、统筹协调强的人才，需要具有互联网思维和实践能力的复合型人才，当然，技术研发人才、经营管理人才也是较为欠缺的。对于大多数媒体而言，针对社长、总编辑的高端培训相对多些，但针对普通采编人员的中央级培训非常少，针对全媒体人才的中央级培训则更是寥寥无几。中宣部应牵头成立全国全媒体人才培训中心，有计划地组织各种高层次培训班，对普通采编人员进行分阶段分批次培训。同时，在

培训培养人才时，要坚决摒弃全能型人才观念，没有哪个人可以精通所有媒介业态的所有新闻业务。

7.从融合消费场域来看，要融通线上线下，构建网络空间命运共同体

习近平总书记指出："读者在哪里，受众在哪里，宣传报道的触角就要伸向哪里，宣传思想工作的着力点和落脚点就要放在哪里。""网民来自老百姓，老百姓上了网，民意也就上了网。""要适应人民期待和需求，加快信息化服务普及，降低应用成本，为老百姓提供用得上、用得起、用得好的信息服务，让亿万人民在共享互联网发展成果上有更多获得感。"这些论述明确了两个事实：一是媒体受众场域发生了变化，消费者已经在网上了，民意也在网上了；二是网络空间已经是老百姓的新的生存空间，要像线下实体空间一样为线上虚拟空间提供信息服务，让亿万人民在共享网络发展成果上有更多获得感。这就为媒体融合发展指明了方向：全媒体用户的消费场域是网络，一定要融通线上线下，着力构建网络空间命运共同体。布迪厄的场域理论认为，场域并没有物理意义上的边界，它指的是这么一个空间，里面存在着有生气、有潜力的力量。新闻出版历来被认为是充满着激烈斗争的场域，是以一个市场为纽带，将新闻出版象征性产品的生产者与消费者联结起来，如报社、出版社、读者、广告商、政府管理部门等。它们由于占有资本的不同，都在进行角力，以争取更有利于自己的资源。全球新闻出版网络场域是一种客观存在，这个全球性的网络场域中的角力者是各个民族国家，竞争活动也必然不平等，统治力量与被统治力量对抗的结果往往不是此消彼长的零和博弈，而是国家利益的双输与全球利益的共损。在2015年12月16日的第二届世界互联网大会开幕式上，习近平总书记提出了网络空间命运共同体建设的中国方案。按照这个方案，在全球新闻出版场域中，中国可以利用自己的优势资本掌握场域竞争的话语权，使世界网络空间命运共同体成为一个自主化强的场域。因为自主性强的场域遵循的是"是非"逻辑，自主性弱的场域遵循的是"敌友"逻辑。

8.从融合对外传播来看，把握国际传播领域移动化、社交化、可视化的趋势，构建对外传播话语体系

习近平总书记在《求是》发表的《加快推动媒体融合发展　构建全媒体

传播格局》一文中指出："我们要把握国际传播领域移动化、社交化、可视化的趋势，在构建对外传播话语体系上下功夫，在乐于接受和易于理解上下功夫，让更多国外受众听得懂、听得进、听得明白，不断提升对外传播效果。""我们走的是正路、行的是大道，这是主流媒体的历史机遇，必须增强底气、鼓起士气，坚持不懈讲好中国故事，形成同我国综合国力相适应的国际话语权。"[1]在国际政治舞台上，好的国家形象具有强大的品牌价值，是一种双重生产力，既可以提高国际受众对一国的友好度，也可以为一国吸引更多的投资和技术。国家形象的塑造需要有较强的国际传播能力与国际传播话语权。对于中国主流媒体来说，融合发展的目的不仅是实现对内传播占领传播制高点、有效引导国内舆论、确保稳定的国内发展环境，而且也是对外传播占领传播制高点、有效引导国外舆论、为国家发展赢得良好的外部环境。习近平总书记指出，"我们在国际上有理说不清的一个重要原因，是我们的对外传播话语体系没有完全建立起来"。对外传播话语体系的背后是思想，是"道"。习近平总书记为新闻媒体开出良方："讲故事，是国际传播的最佳方式。要讲好中国特色社会主义的故事，讲好中国梦的故事，讲好中国人的故事，讲好中华优秀文化的故事，讲好中国和平发展的故事。"[2]对于全媒体而言，为了有效传播好故事，需要充分利用移动技术、社交媒体和短视频形式，拓展国际传播疆域，获得国际受众的有效接受，实现全媒体的再生产。

[1] 习近平.加快推动媒体融合发展 构建全媒体传播格局[J].求是，2019（6）：2.

[2] 中共中央文献研究室.习近平同志重要讲话文章选编[M].北京：中央文献出版社，2016：432.

2023年

关键词：县级融媒体中心　提质增效　文化传播　智慧城市
市级融媒体中心　深度发展

全国县级融媒体中心能力建设研究报告[1]

　　作为我国四级媒体体制的基层媒体、传播体系"神经末梢"的县级融媒体，在主流舆论阵地上起着"最后一公里"的作用。2018年8月，习近平总书记在全国宣传思想工作会议上发表重要讲话，提出"要扎实抓好县级融媒体中心建设，更好引导群众、服务群众"。截至2022年8月18日，全国2585个县级融媒体中心建成运行。经过几年的努力，县级融媒体经历了媒体建制重构和运行机制再造，逐步从数量增长期向提质增效期过渡。

一、县级融媒体中心能力建设现状

　　在党和国家一系列战略部署和规划的推动下，县级融媒体中心围绕中心、服务大局，强化引导功能和服务功能，在基层社会治理、引导主流舆论、乡村文化振兴等方面的积极作用不断彰显。发展至今，各地县级融媒体中心在融合与创新的同时不忘初心，在"新闻+政务服务商务"方面进行了艰苦而有益的探索，取得了一定成果。

　　"媒体+政务"：地方治理能力提升的有力抓手。当前，建强用好县级融媒体中心，已成为提升基层社会治理效能的有力抓手。县级基层治理的现代化是国家治理体系现代化的基础板块，在新媒体已成为现代社会运行基础设施的大背景下，县级层面想要实现治理的现代化，就必然需要新媒体尤其是专门面向县级层面的新媒体。在具体功能上，县级融媒体不仅是从单纯的新闻宣传向政务服务领域拓展，同时在舆论监督方面，县级融媒体是维护基层

---

[1]　本文原载于《传媒》2023年第6期，《新华文摘》2023年第20期篇目辑览。

意识形态安全的主阵地，发挥着独特的作用。基层综合服务突出民生事项，及时呼应人民群众多层次、差异化、个性化的新需求、新期待，这是当前基层最大的政治。县级融媒体逐步深化数据共享开放，推动更多事项"掌上办"，用服务聚民心。把握移动互联网快速发展带来的契机，多地融媒体中心通过"融媒＋政务"的运作方式，全力打造主流舆论阵地、综合服务平台和社区信息枢纽，推动融媒体可持续发展。

"媒体＋服务"：对接"智慧城市"建设的方方面面。 数字化、智慧化治理平台的应用是县级融媒体中心的突出亮点，部分县级融媒体在这些方面成绩斐然：一是及时宣传和准确解读党的理论和路线方针政策，反映人民群众的意愿要求，上连天线，下接地气，实施乡村全覆盖，切实让基层宣传工作强起来，打通基层宣传思想工作"最后一公里"。二是利用 APP 对接"智慧城市"建设和公共服务平台，聚合各类优质公共服务资源，打造一站式社区服务终端，开通便民查询、便民支付、同城生活、房产、招聘、医疗服务、教育培训等功能应用，成为市民在衣、食、住、行、娱、游、购等方面的贴心伴侣。三是以移动互联网技术为依托，为合作单位提供新闻宣传、信息发布、数据共享、新媒体托管、账号运维、技术研发等一对一精准服务。一些内容创制能力强的县级融媒体中心还拓展了出县跨省业务。

"媒体＋商务"：形成各具特色的商业模式。 建成问题基本完成后，县级融媒体中心进一步提升"建强用好"的发展策略。在推进改革建设的过程中，县级融媒体不断通过采取新的传播手段重构媒体的商业模式，实现新的产业拓展，建立起自我"造血"和"输血"的良性循环。在具体的实践过程中，不同的县级融媒体中心形成了各具特色的商业模式。

一是深挖本地资源。本地资源主要包括本地产业、本地旅游、本地文化等方面，县级融媒体中心尝试实施底层市场战略，与本地社会形成嵌入关系。如邳州融媒体中心依托本地博物馆及银杏资源，开发了"邳州礼物"系列文创产品，备受青睐；联合开发御品膏方"白果草本膏"，借势进入健康产业。

二是创造公共价值与商业服务。价值创造活动分为非商业服务与商业服务，前者包括政务服务、民生服务、文明实践等内容，创造公共价值；商业服务包括电商、会展、教育培训、媒体营销等内容。如库车市融媒体中心通过策划丰收节、白杏节、塔里木原生态胡杨林旅游推介、沙世界冬春旅游文化活动等大型主题活动，引导全市各族群众参与其中，扩大库车知名度和影响力；又如，安吉县融媒体中心不断拓宽"游视界"本地圈的运行能力，持续夯实平台，确保优质高效，使本地优质农产品从"田间地头"直通"自家灶头"。

"媒体 + 文化"：服务百姓生活与乡村振兴。 近年来，县级融媒体充分发挥"全媒调度、全网传输、全域覆盖"的优势，在县域资源推广、乡村数字信息共享、乡村文化繁荣等方面作用明显。信息技术的广泛接入、内容生产的融合创新、公共管理的高效智能，是县级融媒体构建全媒体传播体系的数字基础，也是打通数字共享"最后一公里"的使命和责任。

二、县级融媒体中心建设的发展亮点

县级融媒体是中央和地方与基层百姓的"中间"环节，承担着"上情下达、下情上传"的核心任务。经过几年的建设，县级融媒体中心在创新变革的同时不忘初心，逐步从数量增长期向提质增优期过渡，着力做强扎根基层的"四全"新型主流媒体，并在融媒实践中提升"四力"。

深耕本土、呈现精品、服务群众。 引导群众、服务群众是县级融媒体中心的核心功能定位，需要以强大的服务能力为基础。近年来，县级融媒体中心敢于"聚焦"，瞄准基层，在推动基层治理进步及改善群众生活方面发挥了重要作用。比如，为迎接党的二十大胜利召开，北京市东城区融媒体中心统筹开设"高质量发展看东城""东城这十年""强国复兴有我""我见证"等专题专栏，通过主题报道、新闻故事、资讯动态、视频联播、实地探访等方式，采写老街新颜、生活新变、企业新貌等发生在群众身边的点滴变化，以不同视角全方位展现东城发展成就，发挥主流舆论影响力。县级融媒体遵循"本地人写、写本地事、给本地人看"的原则，通过鲜活呈现本土好故事、好人物、好画面，讲好本土故事，大量地域性原创新闻连连刷屏。面对自媒体和媒介平台的快速发展，县级融媒体扎根基层，树立精品意识，传播党和政府的声音。富有泥土气息和人性温度的专栏，是县级融媒体中心提升节目可看性和吸引力、增强本土用户黏性的制胜法宝。

第二轮体制机制改革，全面释放能量。截至 2022 年 8 月，我国 2585 个县级融媒体中心建成运行，绝大多数被列为县委直属（正科级）公益一类（或二类）事业单位。在县级融媒体中心建设实践中，"新闻＋政务服务商务"的运营思路，成为县级融媒体中心当前的主要运营模式和重要发展增长点。

一是通过"事改企"实现多链路应融尽融。随着体制机制改革的持续推进，县级融媒体中心由事改企的改革探索也初显成效。比如为培育适合媒体融合发展的强健"根系"，部分县级融媒体中心启动机制体制改革，取得了较好效果。同时，在事业单位企业化运营的政策指引下，一部分县级融媒体积极培育市场主体，进一步推进"融媒体中心＋国有公司"的运行体制改革，实施项目市场化管理、公司化运营，为产业发展注入了新的生机与活力。

二是重塑组织架构，全面提升业务素质能级。不少县级融媒体按照采编、经营两分离原则，根据升级再造全平台生产流程的要求，采用中心制或部门制，有的还探索了工作室制。同时，打破身份、职位、职称限制，实行"同岗同责、同工同酬、优劳优酬、灵活轮岗"制度，大幅提升员工的工作活力。

三是不断完善人才队伍建设，突破人才瓶颈。高质量发展离不开高层次人才。面对人才瓶颈，县级融媒体中心坚持对外引才选优、对内培强育优。比如北京市东城区融媒体中心在多方努力下已获得互联网新闻信息服务许可证、信息网络传播视听节目许可证、广播电视节目制作经营许可证，为有资质的人员申请核发新闻记者证。同时在一线采编队伍中广泛开展业务的交流和学习，不断激发干部潜能，倡导"全员自媒体"的概念，鼓励记者深度转型，由"幕后"走向"台前"，由"文字""摄影"走向"全能"，实现最大化产出。

协同合作，融合传播效能和平台运营实力提升。跨界、跨域、跨层级、跨媒体的协同合作，有效提升了县级融媒体中心的融合传播效能和平台运营实力。部分县级融媒体中心基于新闻宣传的跨媒体融合传播，打造宣传"生态圈"。立足全媒体优势，采取一体策划、一次采集、多次编辑、多屏发布等形式，破除平台壁垒，通力开展各类大型主题活动的宣传报道。如围绕党的二十大、"奋进新征程建功新时代"等，积极主动策划，坚持"移动优先"，完善内容推送模式，以正能量、高品质、视频化为内容创作方向进行全媒体宣传，运用音频、H5、视觉设计、动漫形象、创意视频等多媒体要素制作VLOG等"准、新、微、快"移动新闻精品。同时，部分县级融媒体中心积极主动与中央、省级、市级等主流媒体沟通联系，加强新闻选题策划，力求达到基于资源共享的跨区域协同发展。

技术赋能，数字化推进深度融合。 在县级融媒体中心走向深度融合的过程中，5G、大数据、云计算、人工智能等前沿技术正深度融入县级融媒体的平台建设之中，持续赋能内容生产、传播分发、媒体服务等融媒体业务全链条全流程。伴随着国家治理体系和治理能力现代化建设持续向基层下移，县级融媒体中心不断以智能技术拓展服务场景。如安吉县融媒体中心整合全县数字资产，结合社会基层治理现代化需求，启动数字精细化运营，实现建设研发、安全运维、数字经营一体化新样式。

三、县级融媒体中心能力建设的问题与困境

整体来说，我国县级融媒体中心虽然从机构上实现了全覆盖，但离真正用好还有一定的距离，具体体现在以下几个方面。

形式整合但并未实质融合。 在一些地方，融媒体还只是流于表面和形式，即所谓只是进行了"物理融合"，尚未进入"化学融合"的层面。因此，体制机制创新需要进一步推进，更需要进一步探索事业单位、现代媒体、文化类企业三者融合发展的体制机制，对人事、财政、薪酬等方面的体制机制进一步完善，推动在平台、渠道、媒介、人员等方面的深度融合。

传播形式和内容有待丰富。 县级融媒体中心作为党的喉舌、舆论引导的主阵地，在牢牢把握舆论引导的主动权、话语权和领导权上需创新形式和手段。然而，当前县级融媒体中心新媒体策划创作能力偏弱，采制的作品缺少与新媒体语境相匹配的"网感"，节目引导力、影响力有待持续提升。作为基层意识形态的宣传机构，受到经费、机制等各方面因素制约，县级融媒体中心在传播形式和内容上与新时代融媒发展要求还有差距，宣传党和政府的政治方针、理论路线以及区域内重大会议、重要活动等内容和形式相对单调冗

长，导致基层群众尤其是上网频率高的年青一代群体接受度不高，使得宣传效果打了折扣。

人才队伍依然薄弱。融媒体中心"一次采集、多元生成、多种渠道、多次发布"的运行机制，对记者、编辑业务能力的要求也在不断提高。新媒体运用需要的复合型、创新型人才储备不足，且人才流失的"变量"因素始终存在。随着媒体深度融合发展，现有技术系统已无法满足最新行业需求，且基础安全生产、人工智能及"5G+4K"直播、融合生产升级等亟须大量资金投入。然而调研发现，县级融媒体中心现有干部职工中，真正精通融媒体业务特别是全媒体采编、运营、维护、5G 技术、大数据方面的高端人才较少；再加上受体制机制制约，编制、薪资等问题导致不易招聘到优秀的专业人才，且人才容易流失，严重制约媒体融合发展。

经营能力尚处探索初期。随着媒体深度融合发展，在技术、人力等方面亟须大量资金投入。这就导致财政保障难以完全覆盖运行成本，同时由于产业范围过于局限，很多县级融媒体中心成立公司的设想仍在探索初期，发展运营乏力。

技术力量不足。技术驱动是推动媒体融合创新的关键因素。尽管目前来看融媒体中心的基础平台已基本搭建完成，但在日常维护、平台管理、系统操作等方面还存在技术支撑力量不足、技术保障体系不完善等问题，个别新闻采编人员对新设备和新系统掌握不全面、使用不熟练，工作效率有待进一步提高。这就导致新媒体开发与应用存在一定差距。

四、县级融媒体中心能力提升的建议与对策

结合我国县级融媒体中心的建设和发展实践，要真正建强用好县级融媒体中心，除继续把好内容质量关外，还要在定位、体制、人才、资源、技术等方面进一步提升优化。

找准定位：壮大基层主流舆论阵地。县级融媒体中心应坚持正确方向，进一步提升干部队伍理论武装。坚持以习近平新时代中国特色社会主义思想为指导，确保舆论引导工作始终沿着正确方向推进。坚持移动优先，发挥互

联网党建示范点作用。以互联网思维优化资源配置，把优质内容、先进技术、专业人才等向移动端倾斜，打造自主可控、传播力强的新型网络传播平台，用高质量服务和个性化体验吸引更多用户，让主流媒体牢牢占据舆论引导制高点。如库车市融媒体中心党组织利用互联网党建示范点优势，在落实"三会一课"制度、抓好"5+X"活动的基础上，充分发挥党建引领作用，严格落实意识形态工作责任制，对广播电视、新媒体平台刊发内容进行"三审三校"，建立审核专班，依托自治区石榴云平台，高位推动中心常态化创新发展，不断提升融媒产品生产质量和水平。坚持创新形态，吸引百姓关注。对于县级融媒体中心的工作者来说，要讲好"中国故事的地方篇章"，既需要生动形象地展示当地的文明、发展、进步和群众生活，又要在媒体语言、形式、表达角度等方面进行转变和创新。比如，在涉及民生类的新闻上，县级融媒体应多采用百姓喜闻乐见的方式，让群众能随时感受到身边的变化，不断增强群众的幸福感和获得感。敏锐捕捉社会热点，吸引百姓广泛关注，努力成为网络时代主流媒体的"流量"担当。

深度融合：进一步创优平台。 随着互联网新技术新应用的迅猛发展，县级融媒体中心更要以深化改革促深度融合。一是在信息融合方面采用多元传播方式。可以在做优"两微一端一抖"新媒体信息平台外，持续整合区内各新媒体平台的力量，用"集约化"和"规模化"的传播方式扩大信息的覆盖面和影响力，变信息"集散地"为"集中地"。具体而言，主要是完善客户端矩阵体系，整合镇区、街道、部门信息发布平台，将其统一纳入 APP 和微信公众号等平台，下沉基层、服务群众；将融媒体功能拓展到政务、服务、商务等各个领域，覆盖到经济社会建设发展的方方面面。二是探索事业单位、现代媒体、文化类企业三者融合发展的体制机制。包括对人事、财政、薪酬等方面的体制机制进行进一步完善，推动在平台、渠道、媒介、人员等方面的深度融合，激发人员干事热情和工作活力，等等。三是打造融媒体中心融合发展的升级版。继续发挥好新媒体及广播电视等平台的优势和作用，抓好自办栏目创新，积极探索"媒体+"传播服务新格局，搭建更优质的传播矩阵，实现同频共振，拓展宣传覆盖面，提升主流媒体影响力。

尊重人才：打造全媒体型人才队伍。县级融媒体中心要从根源入手，进一步改进和完善融媒体中心的岗位晋升等级制度。特别是在优质人才引入、晋升渠道畅通、薪资报酬提升等根本问题上解决人才引不进和留不住的困难。要在一线采编队伍中广泛开展业务的交流和学习，不断激发员工潜能，鼓励记者深度转型，实现最大化产出。同时，要选好"一把手"，建强基层新型主流媒体。县级融媒体中心"一把手"必须要有魄力、胆量和专业度，要勇于担当、尊重人才。此外，还需不断创新人才培养机制。加强中心干部、职工的日常教育培训，持续深入开展增强"脚力、眼力、脑力、笔力"教育实践，有针对性地制订融媒体中心学习培训计划，强化对采编人员、专业技术人员的招引、教育和培训，并在现有人员中选出最优、最强、具有使命感和责任感的年轻人才放在一线锻炼，发挥年轻人对新媒体的敏锐性和对新领域、新知识的快速接受能力。

强化监督：拓展渠道提升实效。面对复杂多变的舆情，县级融媒体中心新闻工作者需要主动发声，以正视听，回应社会关切，揭露事实真相，消除疑惑，把舆论引导做到最关键处、最急需处。一是加强党对新媒体、自媒体的领导。将自媒体平台、账号使用与监督相结合，建立健全机制。二是做好对突发事件的舆论引导。第一时间采制事实鲜活的高价值新闻，借用事实，感染群众，通过良好的舆论引导助力融媒体工作的进步和滋养群众正向的价值观。三是对于负面新闻要直面问题。融媒体中心工作者要学会"负面事件正面做"，以负责任的态度、开放的心态，全流程做好应急预案，直面问题，及时辟谣，端正社会风气。

掌握技术：做好"媒体＋"。县级融媒体中心要形成集约高效的内容生产体系和全媒体传播链条，构建智慧媒体"中枢大脑"。一是提升平台数字化服务水平，建设综合服务型智慧媒体。以大数据技术为支撑，打造内容强大、响应迅捷的智慧媒资系统，启动建设现代媒体会客厅，为融合发展提供硬件、技术支撑。二是拓展"融媒体＋"运营服务。推进"融媒体＋政务服务商务"深度融合，做好政务传播，推进与部门、镇街、社会资源的合作联动。三是充分发挥服务功能，做好"媒体＋"大文章，打造高效多维融媒体矩阵。联合中央级媒体与市级媒体，利用大平台做好地区经济社会发展的宣传工作；联动周边区县级融媒体中心，加强融合发展交流，取长补短，扩大媒体影响力；聚合部门、镇街和社会媒体，统筹全区资源，激发媒体活力，不断扩大媒体服务半径，既唱响主旋律，又当好服务员。四是改版升级媒体平台。把准政治方向与平台属性，明确传统媒体、移动媒体、户外媒体各媒体平台定位，有步骤地对各媒体平台进行升级改版，着力打造兼具新闻传播、政务沟通、民生服务、商务发展的全新立体传播矩阵，让整体内容布局更加立体化、合理化、时代化，整体设计更为简洁、便捷，为用户带来更加赏心悦目的视听体验和具有新时代特征的内容。

全国媒体融合发展的当前情况与未来方略[1]

　　党的二十大提出的中心任务是全面建成社会主义现代化强国，中国式现代化是中华民族伟大复兴中国梦的实现手段。中国式现代化具有五大特点：人口规模巨大的现代化、全体人民共同富裕的现代化、物质文明和精神文明相协调的现代化、人与自然和谐共生的现代化、走和平发展道路的现代化。作为社会主义现代化国家的一个重要组成部分的文化力量，它的根本要求就是要在社会主义意识形态中建立起一种有很强的凝聚力和导向性的力量，在社会上广泛践行社会主义核心价值观，提高整个社会的文明水平，繁荣发展文化事业，提高文化产业，提高中华文明的传播能力和影响力。习近平总书记在 6 月 2 日文化传承发展座谈会讲话中指出："在新的起点上继续推动文化繁荣、建设文化强国、建设中华民族现代文明，是我们在新时代新的文化使命。"[2]对于我国传媒文化行业而言，实现文化强国的重要实践抓手就是中国式现代化，战略路径是推进传媒生产环节和流通环节的现代化，涵括传媒社会生产总过程所有的人事物生产要素，如土地、劳动力、资本、技术、数据等。为此，传媒产业发展模式和组织模式就只有一个，即媒体融合发展。

　　2013 年被称为媒体融合元年，十年来，习近平总书记关于推动传统媒体与新兴媒体融合发展的论述，展示出一条清晰的演进轨迹，从"你是你、我是我"变成"你中有我、我中有你"，进而变成"你就是我、我就是你"，

<hr>

[1]　本文原载于《中国传媒科技》2023 年第 9 期，光明网学术频道、中国社会科学网全文转载。

[2]　习近平在文化传承发展座谈会上强调：担负起新的文化使命　努力建设中华民族现代文明[N].人民日报，2023-06-03（01）.

到"四全"媒体,最后到全媒体传播体系。2014年、2020年中央印发的《关于推动传统媒体和新兴媒体融合发展的指导意见》《关于加快推进媒体深度融合发展的意见》,是对习近平总书记融合发展思想的具体贯彻落实,推动了我国媒体融合发展的巨大飞跃。经过各方努力,我国媒体十年融合发展的十大突破表现为:党的新闻出版理论创新成果斐然、习近平总书记媒体融合发展论述逻辑化系统化、媒体融合发展政策不断完善、党端短视频成为宣传报道第一抓手、中央和省级党媒初步建成新型主流全媒体、市级媒体朝融媒体中心目标快速迈进、县级融媒体中心全面挺进互联网主阵地、媒体技术不断革新、全媒体人才队伍不断扩大、国际传播能力不断加强。为适应媒体格局的深刻变化、巩固宣传思想文化阵地、强化主流思想舆论,媒体融合发展是一种必然选择,也是更好地传播党和政府声音、更好地满足人民群众信息需要的一种重要方式。从中央级、省级媒体率先发展,到县级融媒体中心在全国范围内几乎全部覆盖,从理论研究、政策完善到实践结果,我国的媒体融合发展已经进入了一个全新的阶段。

一、媒体融合发展的现状、特点与突出问题

在建设全媒体传播体系的发展目标引领下,中央媒体、省级媒体、地市级媒体和县级融媒体中心四级媒体在融合发展上都展现出了各自不同的特色,取得了一定成绩,但也存在一些亟须解决的问题。

(一)现状与特点

2022年中国新媒体大会上,对于我国四级融媒的未来发展路径进行了简要阐述:中央媒体和省级媒体要在深入深化上取得新进展,地市级媒体要在整合融合上迈出新步伐,县级融媒体要在增值增效上进行新探索。媒体深度融合是建设全媒体传播体系的重要阶段,是重塑行业体制机制的重要抓手,也是再造生产流程的重要环节。对四级融媒发展现状进行探索、分析与梳理,才能从中找寻到有参考性、可实施性、价值性的经验、教训与未来路径。

1. 中央级

近年来，中央级媒体加快融合转型发展，取得了重要突破，推动了全媒体传播体系的基本形成。

（1）构建全媒体传播矩阵

中央级主流媒体不仅打造了客户端、微博、微信等移动平台，还入驻头条、抖音、哔哩哔哩等视频平台，扩展优质内容传播阵地。人民日报、光明日报、经济日报、中央电视总台等整合传统媒体与新兴媒体资源优势，积极入驻各重要头部商业平台，一体策划、一次采集、多种生成、多端发布的生产流程得以重构，降低了生产成本，增加了社会福利，大幅提高了全媒体传播矩阵的生产力和传播力。

（2）技术创新优化内容服务

中央级媒体作为头部媒体，在技术创新与资源配置等方面都处于媒体前列。以互联网、云计算、大数据为三大基础性技术支持，以 5G 与人工智能技术作为新兴技术应用层面，以数据中心作为媒体融合发展的底层逻辑支持。主流媒体通过提升科技创新能力来优化内容形式表达与服务，各大媒体进行"5G+AI+8K"的发展战略布局，以用户为核心，积极运用 AR、VR、H5、移动直播、动新闻、短视频、VLOG 等内容科技手段，生产出形式多样、易于接受、独特新颖的爆款融媒新闻作品。2020 年《人民日报》自主研发的"创作大脑"正式发布，实现了视频直播关键人物、全网热点数据自定义检测预警、文件多维 AI 分析等多种智能化技术。

（3）整合优势资源拓展融合渠道

中央级媒体寻求技术和渠道等资源，与影视、金融、游戏、网络技术公司进行跨界合作，拓展融合传播渠道。如人民日报社与中国电信集团公司、百度等的战略合作，中央广播电视总台与中国移动、华为、阿里、腾讯、百度、新浪、京东等新媒体平台和互联网公司在大数据、云计算、AI 技术、全媒体联合运营等多方面深度合作，推动了生产要素和优势资源的重组和优化配置，有效开拓和充分利用了媒体资源，为媒体融合提供了广阔的发展空间。

2. 省级

2023 年 6 月 1 日，人民网党委书记叶蓁蓁在《2022–2023 报业融合发展观察报告》中指出，在所考察的 1330 家报纸中，32 家省级党报均已实现传统报纸和新媒体的采编部门一体化，65.6% 的省级党报建立了跨部门的融媒体工作室，各家报纸通过建设融媒体工作室，打造媒体融合体制机制改革的"试验田"，省级融媒体平台在传播力、引导力、影响力、公信力上得到更大的提高。

（1）省级党报融合发展

目前，全国 32 家省级党报在融合发展上都已进入较为成熟的阶段，东部经济发达地区的省级党报集团是"领头羊"，如浙江日报集团、上海报业集团、四川日报报业集团、南方日报报业集团等。报纸是最早面临新媒体生死存亡挑战的媒体，融合改革转型较早，大多建成了融媒体中心，具备全媒体生产与传播能力，强力挺进互联网主战场，初步建成新型主流媒体。有些党报旗下的新媒体业务利润在逐年增加，已成为报团的重要经营收入来源，党端和短视频已成为融合发展的重要抓手。如上海报业的澎湃新闻，浙江日报的浙江新闻、天目新闻，四川日报的封面新闻，重庆日报的上游新闻，湖北日报的极目新闻，贵州日报的天眼新闻，已成为传播力影响力巨大的新型党端。根据《2021 全国党报融合传播指数报告》，"党报网站"仍然是"非传统媒体"的"龙头"，开通率达 95.9%，78.7% 的党报拥有自己的新闻客户端。譬如南方报业传媒集团，构建起由 5 家报纸、5 种期刊、9 家网站、6 个客户端、超 400 个境内外社交平台机构账号、1 家出版社以及 3000 块互动触控屏、10000 平方米户外 LED 大屏组成的"报刊网端微屏"全媒体传播矩阵，覆盖用户量超 4.57 亿人次。

（2）省级广播电视台融合发展

省级广播电视台融合转型发展稍晚一些，加上电视行业生产播出设备的特殊要求，历史包袱较重，转型难度稍高些，整体来看见效要慢一些，但大多数省级广播电视也已挺进互联网主阵地，利用优势资源生产出适应新媒体需求的融媒体产品，打造自己的客户端，产生较大的传播力和影响力。四川广播电视台的四川观察客户端，已成为四川省内外用户了解新闻资讯的重要党端，截至 2023 年 7 月 30 日，四川观察获赞 37 亿次、粉丝量近 5000 万人。北京广播电视台在 2021 年发布了全台三年的媒体融合发展规划，实施了"内容提升""技术赋能""服务拓展""体制改革""人才保障"五项重点工作。"北京时间"大力探索"新闻 +"发展模式，打造了满足用户差异化需求的 12 个台网联动垂类频道，培育了"首博食间"等系列文创 IP，客户端累计下载量达 4650 万次，较三年前增长了 6.2 倍。在转型发展的实践过程中，各省级广播电视台持续对自身的新媒体矩阵进行强化和优化，不同媒体平台和端口可以相互补充，新媒体平台与广播频率、电视频道形成了联动融合的新局面，从而提升了省级广播电视台的品牌影响力。[1]

3. 地市级

我国地市级媒体融合发展也表现出了多元融合、跨界融合、管理融合的趋势，初步形成了集创新性、多元性、协同性等特点于一体的地市级融媒体中心发展格局。中宣部、财政部、广电总局在 2022 年 4 月发布了《关于推进地市级媒体加快深度融合发展实施方案的通知》，明确了 60 家地市级"融媒体中心"作为试点，并提出了"围绕着深化改革，严格落实好试点工作"的要求。

（1）因地制宜，多地成立地市级融媒体中心

2022 年，全国各省市区启动地市级融媒体中心建设，浙江、江西、内蒙古、甘肃、黑龙江等步伐较快。浙江的湖州市融媒体中心、绍兴融媒体中心发展迅速，成为全国地市级融媒体中心的"领头羊"，湖北宜昌市的三峡融媒体中心，江西的赣州市融媒体中心、南昌市融媒体中心，宁夏银川市融媒体中心也表现不俗。目前，江西、内蒙古、黑龙江等省区的所有地市级融媒体中心已挂牌成立，其他各省市区的地市级融媒体中心的成立也是紧锣密鼓。整体而言，除极少数地市级党报电视台由于各自实力较强，可以分别成立所

---

［1］黄楚新，贺文文，任博文．激活与探索：我国西北五省区地市级广电媒体融合发展状况［J］．传媒，2022（17）：26–30.

属的融媒体中心之外，绝大多数地市级的党报和电视台应该加快融合力度，整合为统一的融媒体中心，实现"一体策划、一次采集、多种生成、多端发布"的生产流程改造，降低人力、资金、资源等方面的成本，提高生产能力和传播能力，增加社会福利，占领网络传播制高点，尽快建成承上启下的新型主力军，成为地市党委政府"治市理政"的抓手与平台。

（2）体制创新，优化人员配置

体制机制创新是地市级融媒体中心推进媒体深度融合发展的关键因素。从地市级媒体所处的媒介环境与社会环境出发，结合本媒体制度管理，只有从制度上做好顶层设计，才能为媒体长期发展奠定坚实的基础。一方面，精细化布局媒体内部的组织架构。目前，我国地市级媒体融合多采用"报业+广电"的模式，组织架构、流程再造、人员配置等是地市级媒体运营和生产的根本，建立好组织结构，优化生产流程，合理安排媒体工作人员，是进行体制和机制创新的关键。[1]另一方面，人才是媒体竞争的核心。当下各地市级媒体聚焦于人才引进与培养，不断拓新人才引进机制、加大人员配置，进行全媒体人才队伍培训、多元化考核激励、多层次人才梯队建设，以此转变思维，创新改革，加速打造一支全能型的全媒体人才队伍。

4. 县区级

县级融媒体中心建设是习近平总书记亲自主抓的一项国家战略工程，旨在打通传播"最后一公里"，2018年启动建设工作，2020年要求全部挂牌成立，目前已有近2600家县级融媒体中心建成运行。经过5年的融合发展，县级融媒体中心已成为全国媒体新型主力军的一支重要力量。

（1）模式多样，各具特色

2018年8月21日，习近平总书记在全国宣传思想工作会议上指出，"要扎实抓好县级融媒体中心建设，更好引导群众、服务群众"。自此，县级融媒体中心建设上升为国家战略。我国县级融媒体中心建设的典型模式主要分为三种，分别是平台共享型、财政扶持型和企业运作型。平台共享型，以江西

---

[1] 赵淑萍.新系统与新动能：我国地市级媒体融合发展的态势研究［J］.现代出版，2021.

省分宜县融媒体中心为例,依托江西日报"赣鄱云"省级技术平台,构建"中央厨房",通过互联互通、信息共享、协同互动,深度融合省、市两级优质媒体资源,在全省范围内实现各县市融合媒体的联合报道与信息交流。财政扶持型,玉门市被国家确定为 2018 年度"全国 57 个县级综合媒体中心"试点城市,并得到了中宣部的大力支持。企业运作型,2011 年,长兴传媒集团成立,由长兴电台、长兴宣传中心、县委宣传部、"中国长兴"门户网站(新闻栏目)等单位共同组建,成为全省第一家以县域为主体的综合性媒体集团。

(2)功能齐全,建设综合服务平台

县级融媒体打造自己的移动客户端和新媒体矩阵,以大数据为核心,通过数据汇集、数据挖掘、用户画像和精准推送,以"一张网整合"的方式打破组织界限和数据壁垒,为市民提供一体化便民应用、一站式指尖服务,正在进行县域生态级互联网平台建设,统筹县域资源,开发综合服务功能,为地方群众干部提供政务服务、生活服务、传播服务、培训服务、社交服务等。

(3)信息丰富,构建社区信息枢纽

县级融媒体积极尝试基于地缘关系的智慧社区、智慧城镇的构建途径,多数县级融媒体客户端开设了"报料""互助"等本地化信息沟通功能模块,并有一部分以跟帖等方式优化了网民与政府机构互动交流的功能,有利于及时发现问题,了解民情民意。县级融媒体中心积极参与社会治理和新时代文明建设,积极整合外部资源,打造新型智慧融媒体中心、新时代文明实践中心、网络应急中心,推动"三中心"一体化建设。

(4)商务服务,实现双效目标

县级融媒体中心充分发挥品牌营销作用,助力地方经济发展,实现社会效益与经济效益双丰收。"新闻＋电子商务"的运营模式以用户为中心,用户在享受内容服务的同时也满足了"购物欲"。由广东高州市融媒体中心主办的"果乡广东高州荔枝大厨王大赛",通过直播和短视频等方式,在高州涌现出一大批"网红餐馆""网红厨师"和"网红菜式",在一定程度上解决了该地区的"滞销"问题,并推动了该地区荔枝经济的发展。江西省分宜县融媒体中心所属的融美文化传媒公司,以"新闻＋商业"为核心,通过经济服务为自身发展造血，如龙舟旅游节、夏布文化节等，还利用对市场的评估，展开长期的投资，向农业迈进，已投资了农业基地开发等领域。

（二）突出问题

1. 缺乏资金投入

就县级融媒体中心建设的整个投入资金来讲，需要一个大的资金支持，后期的维护、运行和服务成本也是非常高的。目前，大多数融媒体中心主要依靠财政收入，部分县区受到市场规模和资金实力的限制，经费保障不够充足。一方面，传统媒体相较于互联网公司，具有一定的特殊性，尤其是在资金的申请、审批、使用方面，流程过于烦琐，且往往申请不到合适的经费，资金申请的滞后性使传统媒体在一些新闻信息采集方面力度欠缺；另一方面，媒体融合进入深水区，最大限度开发 5G、大数据、人工智能等技术应用于新闻生产流程之中，"媒体 + 技术"成为融合新生态。那么如何让技术更"精细化、适用化"于媒体行业，如何通过技术程序迭代更满足于媒体行业的多样化、多场景的任务需求，都需要投入大量的资金进行探索，而这笔资金无论对于互联网公司还是传统媒体都是一笔很大的开销。

2. 矩阵建设不够均衡

各级融媒体中心坚持移动优先策略，大力建设推广本地移动客户端，推动移动传播矩阵的覆盖面和影响力有效提升，但个别融媒体中心在平台建设上仍呈现出"重微信、抖音，轻 APP"的情况，仍将"融合"理解为"叠加"，在内容生产上存在优质产能不足、原创产品不多等问题。从目前的情况来看，许多主流媒体的"传播矩阵建设"只是单纯的内容与形态的"叠加"，将相同的新闻内容分别发布于不同的媒体平台之上，内容同质化现象严重，用户不可避免地多次阅读到重复的新闻内容，审美疲劳与阅读疲劳也就出现了。另外，有些媒体在生产新闻产品的过程中，将内容生产与传播相互割裂开来，缺乏相互连接与融合，文不对题，内容与传播形态不符等问题逐渐出现。

3. 全媒体人才短缺

全媒体人才的培养是媒体融合发展的重要内在推动力，但在当下的媒体融合大背景之下，技术被放在融合过程的首位，而全媒体人才的培养却被忽略。技术更新迭代所引发的传播效果是最为直观的，因此许多传统媒体或新媒体过度强调技术的更新与参与，过度依赖技术或设备的更新和使用，寄希望于让技术弥补新媒体与传统媒体在媒体平台发展过程中的差距。媒体工作者中真正精通融媒体业务特别是全媒体采编、运营、维护、5G技术等方面的复合型人才较少；再者，无编制、待遇低、发展空间有限等问题，导致不易招聘到优秀的专业人才，且容易流失，严重制约媒体融合转型；在传统媒体之中存在着个别编制内员工"躺平"心态严重的现象，同时缺乏自身造血功能，不能实现社会效益和经济效益双丰收。

4. 缺少融媒体精品内容

在媒体融合实践过程中，虽开辟的传播渠道众多，但运营能力有限，部分平台沦为"僵尸号"；另外，各平台之上的内容依旧是照搬报纸内容，在下沉上还需有所进展。不同层次的媒体客户端在用户运营上呈现出两种极端：一种是高装机量；另一种是低活跃人群，活跃用户规模小、黏性低。无论是县级融媒体还是地市级融媒体中心，大多建设于近几年，在内容生产方面缺乏经验，缺乏融媒体精品内容的输出，都没有十分精准地抓住地域资源优势和特色打造品牌，或产品同质化，或忽视用户需求和体验，传播渠道弱化、平台影响力弱化，缺乏具有核心竞争力的新闻品牌和爆款产品，传播力和影响力有待提升。

二、影响媒体融合发展的新技术新应用及其发展趋势

（一）当前的媒体新技术新应用基本情况

1. 数字技术：5G 提升媒体内容生产能力

在 5G 技术广泛应用、"云—网—端"深度融合的背景下，超高清内容实现了直接上云的"直通通道"，视频新闻制作从传统的"远距离"到"云上"的"移动化"，从"固定点"走向"移动端"，从"重设施"走向"轻应用"，以满足"全媒体"下的新闻制作与内容传播需求。新华社进行了世界上第一

个 5G 虚拟多地点、跨屏幕的深度采访，并于 2021 年两会新闻发布会上发布。以新立方为主要拍摄地点的智能工作室，通过 5G 技术、CAVE 技术、磁共振技术、LED 屏幕立体拼接技术，将工作室内的一切都进行了等规模的还原，在工作室内创造出了一个无限广阔、丰富多彩的沉浸式场景，让两个工作室之间实现虚拟交互，使整个工作室与周围的环境达到了最好的结合。2019 年，浙江新闻客户端、天目新闻客户端联合中国电信，通过 5G+AR 直播，实现"打卡西湖十景，足不出户看杭州"，将演播室搬到西湖边。

2. 人工智能：实现全媒体生产的生态智能

近几年，传媒产业对技术的赋能已经从对创意的辅助表现转变成为将其嵌入融合的生产体系中，要想实现智能化，就必须在最短的时间内将融合技术体系的全数据应用和全业态覆盖。目前，人民日报、央视、新华社、浙报集团、南方报业等主流媒体先后建设了媒体智能中台或数据中台。浙报集团自 2020 年起，提出了"面向全省业务的智慧中台"，并以"三大终端""媒立方""天目云""天枢"等为中心，进行新一代"智慧中台"的技术支持系统的研究与开发，建立了"1+6+39+ X"中台的"1 个基本数据能力系统、6 个智能系统"，形成了 39 项"智慧服务功能"和 X 项"个性化拓展功能"。与互联网公司的智能中台有所区别，媒体类智能中台、数据中台的技术发展方向在于，形成支撑智能采编与智能传播并重的全媒体传播体系。基于人工智能、大数据、云计算等技术，实现内容、管理、运营等方面的高效联动，可同时服务于智能传播、内容服务和智慧服务等应用场景。

3. 功能服务：构建数字化智慧城市

媒体的功能逐渐从"新闻 + 宣传"到"新闻 + 宣传 + 服务"，其功能价值于政务、商业、民生等各方面不断进行扩展。各级媒体借助数字化与智能化技术将政务与生活进行最大程度的链接，紧贴政府与群众需求，提供智能化、精准化的政务服务。例如，湖南日报建立了"新闻 + 政务 + 服务 + 其他"的模式，使自己的服务触角遍布湖南的每一个角落；《宁波日报》"甬派"客户端，探索了"新闻 + 服务 + 福利"的传播方式；河南济源传媒集团，以"新闻 + 党建 + 政务 + 服务 + 商业"的方式，把"文明实践""志愿服务""智慧城市"三大板块融为一体。"新闻 + 服务"的功能不应只停留在表面，而是应当以此作为基底，不断进行领域扩展。对接政务数据与民生数据，借助大数据的分析、挖掘与整理功能在检测、预测与应急等各方面的优势，及时掌握社情民意、引导社会舆论，让"新闻 + 服务"功能辅助政府的政策制定与实施，以及为创建智慧型城市打下数字化、数据化基础。

（二）媒体新技术新应用的发展趋势

1. AR、VR 技术创新媒体传播形态

2021 年被认为是"元宇宙元年"。有"媒介军师"之称的喻国明教授提出，元宇宙是集成、融合现在与未来全部数字技术的终极数字媒介，它将实现现实世界和虚拟世界连接革命，进而成为超越现实世界的、更高维度的新型世界。[1]在 2022 年，东方卫视与中兴通讯携手，将 5G 云端 XR 技术应用于考古现场的现场直播，并在中兴 XR 资源管理平台上，通过空间计算、实时渲染等技术，实现对古建筑与生活的沉浸式展示。在 2021 年两会上，央视新一届虚拟主持人小 C 以与全国人大"云端连线"的形式"出道"，参加了《两会 C+ 真探》。目前，众多学者持续跟踪研究元宇宙、AR、VR、XR 等数字化技术，研究其对新闻传播形态与社会形态的影响，这也启发我们要持续关注数字人、数智化等创新型技术为媒介带来的更加多样化的传播形态。

2. AI+ 区块链技术重构内容管理体系

利用人工智能、区块链等技术，重新界定"媒体 3.0"，对其进行全方位的挖掘，构筑"媒体 3.0"的"护城河"，并有效地赋能"媒体 3.0"的二次创造。

在央视频联合华为云上线的"数字雪花"互动活动，以人工智能技术为基础，利用人工智能图像识别技术，对相片中的人脸进行毫秒级的识别，从而产生出个性化的数字雪花。同时，它还整合了京剧脸谱，可根据使用者的面部特征，产生一个独特的京剧脸谱图像。另外，在"我的东奥数码雪花"凭证中，还包含了雪花 ID 编号、存证时间、交付凭证编号、数据散列值等独

---

[1] 肖珺.元宇宙：虚实融合的传播生态探索［J］.人民论坛，2022（7）：40-44.

一无二的信息，构成了一笔宝贵的数字财富，并且可以将其永久保存，不会被篡改和盗号。区块链技术不断被应用于新闻生成流程之中，建构全新的内容管理体系，对于用户知识产权的保护被人们提上日程，受到广泛关注。

3. AIGC 技术重塑媒体生产

以 ChatGPT 为代表的 AIGC 技术或将重塑媒体生产和运营模式。Chat GPT 是由人工智能研究实验室 OpenAI 于 2022 年 11 月推出开发的人工智能聊天机器人程序，该程序基于其主导的 GPT-3.5 架构的大型语言模型建构，通过基于人类反馈的强化学习进行训练，从而获得比以往更为逼真的结果。给 ChatGPT 一个话题，它既可以据此写出一篇新闻资讯框架，也可以给出完善意见。从媒体生产角度来看：第一，AIGC 技术可以在很大程度上提升新闻生产的效率，不仅可以从大量新闻资料数据中快速提炼有用信息并速成一篇文字稿件，也可以通过语言文字学习新媒体时代的稿件特点来进行新闻产品的生成；第二，可以明显降低文字稿在文字和语法上的低级错误率，帮助编稿人员把大部分精力放在文字内容上；第三，利用机器学习生成模型，还可以让模型学到不同文字风格的特征，如政治报道、文化报道等，实现同一事件的不同角度、不同风格的报道，更好地提升新闻产出效率。由 Chat GPT 带来的交互界面的演变、互动内涵的变化，有望进一步重塑媒体生产模式和运营模式。

三、媒体深度融合发展的未来方略

未来，媒体融合要强化顶层设计，更好地处理好传统与新兴、中央与地方、主流与商业、大众化与专业化等方面媒体的关系，做到分类施策、分类管理、分类发展，使力量拧成"一股绳"、下好"一盘棋"、织成"一张网"，构建起协调有效的全媒体传播生态圈。一方面，要培育更多新型主流全媒体集团，提升国内国际传播力影响力；另一方面，要形成良性竞合机制，合纵连横增强自我造血功能。为此，要在主要思路、重点任务、重大举措和配套政策等方面做好科学谋划，要对深化组织、人事、财务、工资等方面的改革给予明确的指引，使各层级的媒体都能得到更好的发展。

（一）主要思路

以加快构建新型主流媒体为媒体深度融合发展的主要思路。新型主流媒体作为塑造、引导主流舆论的主力军，新闻舆论的传播力、引导力、影响力、公信力都要进一步增强，要强化全媒体的传播系统，形成新的主流舆论格局。一是加强网上网下一体化的新型主流媒体建设，在思想政治工作中牢牢把握住主力军和网络这个思想政治工作的主战场；二是新型主流媒体需要以思想先进性打造内容核心竞争力，以技术先进性提升传播力；三是善于将掌握的社会思想文化公共资源、社会治理大数据、政策制定权的制度优势转化为巩固壮大主流思想舆论的综合优势，在全媒体传播体系和社会舆论格局中发挥主导作用。

（二）重点任务

一是加强全媒体传播体系建设。遵循资源集约、结构合理、差异发展、协同高效的原则，对中央媒体、省级媒体、市级媒体和县级融媒体中心四级融合发展布局进行纵向优化，横向构建主流媒体与政务媒体、自媒体相协调，内宣与外宣一起统筹的社会传播体系，塑造主流舆论新格局。二是建设好自主可控的开放平台。组织动员群众在主流媒体开放平台及互联网商业平台参与内容生产传播，用丰富生动的实践呈现全面真实的社会图景，通过广泛深入的交流对话，激发社会正能量。三是增强主流媒体内容核心竞争力。主流媒体内部不断完善不同媒介形态、传播渠道有机协同的传播格局和相适应的机制流程，真正实现融为一体、合而为一，提升专业化、智能化内容生产能力，广覆盖、精准化信息传播能力，及时高效反馈评估能力，形成强大的内容竞争力和舆论引导力。

（三）重大举措

以先进技术为支撑是确保意识形态安全、提高国家治理能力的重要路径。建议发挥新型举国体制优势，加强网络空间信息生产传播治理的关键核心技术攻关，着眼于打赢舆论战、认知战，加强人工智能、虚拟现实、社会计算等新技术前瞻性研究应用，占领信息传播制高点，掌握虚拟空间意识形态主动权和主导权。

（四）配套政策

一是加强网络空间内容治理，实行内容审核人员持证上岗，审核机构凭执照（牌照）执业。二是给予主流媒体资金和政策支持。建议给予主流媒体类似于非营利机构的资金投入支持，给予免税等优惠政策。三是优化人才政策，持续建强主流队伍。四是设立孵化基金，打造主力军挺进主战场的新力量。五是加大财政投入，激发创新活动，支持技术更新。

四、结语

在我国的媒体融合发展进程中，无论是政府管理者、从业者、研究者还是各个市场因素，都在通过自身的思维和实践，推动着媒体的转型，媒体融合发展已经取得了显著成果。经过十年的融合发展，一个又一个融媒体机构已经形成，并且具备了全媒体传播能力，全媒体内容生产也在持续提质增效，新型主力军挺进网络主战场后也逐渐站稳脚跟，充分发挥了强大的意识形态塑造和主流价值观传播作用，巩固了主流舆论阵地。当然，还存在着一些问题，比如：思想观念还没彻底转变、体制机制不够灵活、全媒体人才队伍还不成熟、融媒体发展资金还存在着很大的缺口、国有媒体还没有形成自己的核心竞争力等。贯彻党的二十大精神、奋进新征程已吹响了时代号角，媒体深度融合发展正处在十分关键的思想、理想、理念、实践、问题及未来等各个层面的交锋中，我们一定要充满信心、坚定不移地推进媒体融合发展建设，要全面系统深刻地认识到融媒体深度发展的纵向理论逻辑、政策遵循和横向社会作用、实践架构，要更加努力地加厚加实加固发挥基础性作用的"四梁八柱"。如此，我们一定能在新媒体技术不断革新的浪潮中行稳致远，一定能在国际传播竞争中彰显不可取代的独特作用与世界地位。在国内外各种经济、政治、文化力量的交锋中，媒体融合的历史性任务必将胜利完成，中国式现代化进程中也必然有融媒体的重要贡献和关键力量。

参考文献

［1］蔡雯,韩逸伦.新闻业务智能化趋势及其应对［J］.当代传播,2023（3）:76-81.

［2］刘建华.党的十八大以来媒体融合的遵循与逻辑［J］.传媒,2022（21）:45.

［3］刘建华.建成新型全媒体:中国传媒融合创新的六大机遇和入口［J］.编辑之友,2022（7）:39.

［4］刘建华.中国新闻传媒业融合发展十二大现状［J］.编辑之友,2020（2）:25.

［5］王筱,张晓军,刘爽.数字时代"AI+广电"智能化转型路径浅析［J］.全媒体探索,2023（4）:35-37.

［6］唐嘉仪,李春凤,黄凌颖.新闻伦理视野下的AIGC:冲击与反思［J］.南方传媒研究,2023（2）:29-37.

［7］曾祥敏,邹济予,胡海月.多维聚合与深度嵌入:2023年全国两会融媒报道创新探析［J］.传媒,2023（8）:9-13.

［8］丛蓉,王晴川.地市级媒体深度融合困境与路径探析［J］.青年记者,2023（7）:77-80.

［9］方兴东,顾烨烨,钟祥铭.ChatGPT的传播革命是如何发生的?——解析社交媒体主导权的终结与智能媒体的崛起［J］.现代出版,2023（2）:33-50.

［10］田维钢,温莫寒.媒介化与结构化:我国媒体融合研究的知识演进（1999-2022）［J］.当代传播,2023（2）:17-22,28.

［11］贾蓓,郇安妮.县级融媒体中心打造"网红县"的实践与对策探析［J］.传媒,2023（5）:41-43.

［12］方兴东,顾烨烨,钟祥铭.中国媒体融合30年研究［J］.新闻大学,2023（1）:87-100.

［13］甄锐,袁璐.困境与出路:技术视角下的媒体融合与智能传播［J］.青年记者,2022（19）:44-46.

［14］胡正荣,李荃.融合十年:2012—2022年媒体融合历程回顾与前景展望［J］.现代视听,2022（9）:5-10.

［15］黄楚新,贺文文,任博文.激活与探索:我国西北五省区地市级广电媒体融合发展状况［J］.传媒,2022（17）:26-30.

融媒体在区域文化传播中的历史责任与时代实践[1]

2023 年 7 月 17 日至 8 月 5 日，为落实主题教育开展调研活动，中国新闻出版研究院传媒研究所聚焦县级融媒体中心与地方文化传承传播问题，对湖北宜昌的三峡融媒体中心、夷陵区融媒体中心、秭归县融媒体中心，江西的南昌市融媒体中心、东湖区融媒体中心、吉州区融媒体中心、吉安县融媒体中心、分宜县融媒体中心、鹰潭市融媒体中心、贵溪市融媒体中心、浮梁县融媒体中心、景德镇市融媒体中心、共青城融媒体中心、庐山县融媒体中心，福建的三明融媒体中心、尤溪县融媒体中心，浙江的湖州融媒体中心、安吉融媒体中心，江苏南京的江宁区融媒体中心等有关单位开展了深度调研访谈。总体而言，这些融媒体中心融合发展呈现以下特点。

一是模式多样，各具特色。2018 年 8 月 21 日，习近平总书记在全国宣传思想工作会议上指出，"要扎实抓好县级融媒体中心建设，更好引导群众、服务群众"。自此，县级融媒体中心建设上升到国家战略高度。我国县级融媒体中心建设的典型模式主要分为三种，分别是平台共享型、财政扶持型和企业运作型。三种类型的代表分别有江西分宜县融媒体中心、湖北夷陵区融媒体中心和浙江安吉融媒体中心。

二是功能齐全，建设综合服务平台。县级融媒体中心打造自己的移动客户端和新媒体矩阵，以大数据为核心，通过数据汇集、数据挖掘、用户画像和精准推送，以"一张网整合"的方式打破组织界限和数据壁垒，为市民提供一体化便民应用、一站式指尖服务，正在进行县域生态级互联网平台建设，

---

[1]　本文原载于《新闻战线》2023 年第 11 期，有删节，光明网 2023 年 11 月 29 日全文转载。

统筹县域资源，开发综合服务功能，为地方群众干部提供政务服务、生活服务、传播服务、培训服务、社交服务等。

三是信息丰富，构建社区信息枢纽。县级融媒体中心积极尝试基于地缘关系的智慧社区、智慧城镇的构建途径，多数县级融媒体客户端开设了"报料""互助"等本地化信息沟通功能模块，并有一部分以跟帖等方式优化了网民与政府机构互动交流的功能，有利于及时发现问题，了解民情民意。县级融媒体中心积极参与社会治理和新时代文明建设，积极整合外部资源，打造新型智慧融媒体中心、新时代文明实践中心、网络应急中心，推动"三中心"一体化建设。

四是商务服务，实现双效目标。县级融媒体中心充分发挥品牌营销作用，助力地方经济发展，实现社会效益与经济效益双丰收。"新闻＋电子商务"的运营模式以用户为中心，用户在享受内容服务的同时也满足了"购物欲"。如安吉县融媒体中心通过直播带货推出的"优品汇"，不仅极大推动了当地优质农产品的销售，而且也给融媒体中心带来较好的经济创收。江西省分宜县融媒体中心所属的融美文化传媒公司，以"新闻＋商业"为核心，通过经济服务为自身发展造血，如龙舟旅游节、夏布文化节等，还利用对市场的评估，展开长期的投资，向农业迈进，已投资了农业基地开发等领域。

五年来，全国县级融媒体融合发展取得了较好成绩，但同时也存在资金不足、矩阵不均衡、全媒体人才欠缺、精品内容缺乏等问题，需要我们利用好政策、资源、技术优势，在今后的实践工作中逐步解决问题，建设新型主流全媒体，实现全媒体传播体系的建设目标。

2022 年 10 月，习近平总书记在党的二十大报告中指出："坚持和发展马克思主义，必须同中华优秀传统文化相结合。"2023 年 6 月 2 日，习近平在文化传承发展座谈会上强调："在新的起点上继续推动文化繁荣、建设文化强国、建设中华民族现代文明，是我们在新时代新的文化使命。"2023 年 10 月 7 日召开的全国宣传思想文化工作会议首次提出了习近平文化思想，习近平总书记对宣传思想文化工作作出重要指示强调："坚定文化自信，秉持开放包容，坚持守正创新，为全面建设社会主义现代化国家、全面推进中华民族伟大复兴提供坚强思想保证、强大精神力量、有利文化条件。"经过五年的融合发展，县级融媒体中心已全面进入能力建设阶段，在主流舆论阵地、综合服务平台、社区信息枢纽的目标指引下，融媒体中心的能力建设一是要占领舆论引导制高点，二是要建设本地方文化体系。占领舆论引导制高点主要是紧紧围绕中央及各级党委政府的中心任务，解读好党的理论和路线方针政策、讲好本地老百姓生产生活故事、做好重大危机事件干预和外宣传播等工作。地方文化是传媒创意生产取之不尽、用之不竭的活力源泉，是县级融媒体中心可能与中央省市级媒体鼎足互补的倚仗。在"新闻＋政务服务商务"的发展路径上，融媒体中心在解读好党的理论和路线方针政策、讲好本地老百姓生产生活故事、做好重大危机事件干预和外宣传播等工作的同时，着力进行本地文化传播、塑造本地文化强符号、构建本地文化体系、传播本地良好形象，在第二个结合上稳定持续发力，建设当代地方文化，为建设中华民族现代文明助力。

从此次调研对象来看，尽管都有关于文化传承传播方面的专题策划与新闻报道，但大多数融媒体中心还停留在自发状态，未能有意识地进行文化融合传播，未能认识到地方文化是其彰显核心竞争力的重要内容源泉，未能真正自觉承担起建设本区域文化体系的重任。相对而言，湖北宜昌夷陵区融媒体中心整体能力建设和区域文化传播实践做得较为出色，主要表现为以下三方面。

一、夷陵区融媒体中心能力建设亮点

一是健全体制机制，激发全员活力。融合发展的本质是需要构建新的组织机构，配备新的体制机制，适应新媒体技术背景下的媒体生产与传播要求，提供适合社会需求的传媒产品与服务。作为一种新的媒体组织机构，县级融媒体中心要根据区域内外现实条件，选择适合自身融合发展的体制机制，重构生产流程，形塑经营管理理念，激发全员活力，提供适销对路的产品与服务，切实发挥"治区理政"的作用。夷陵区融媒体中心建成了全媒体指挥系统，成立了融＠新闻指挥中心，整合了区广播电视台、三峡夷陵网、"云上夷陵"APP、"夷陵发布"微信公众号、"夷陵发布"视频号、"5210 我爱夷陵"抖音号等融合传播平台，成立了小视频生产团队，按照扁平化、小团队模式建立了适应全媒体运行、具备融媒体特征的新型组织架构和管理体制。

与机构建设相匹配，夷陵区融媒体中心牢牢进行内部管控，大力加强队伍建设，既夯实了保障能力，又提升了工作积极性。在内部管控方面，一是强化安全播出。全天候开展安全检查，全面保障重要保障期、重大时间节点及广播电视节目的安全播出工作，实现节目播出无差错零事故。二是强化宣传管理。加强节目编审流程管理，实施节目差错责任追究，推进宣传管理规范高效。创新内容生产、平台服务和广告管理，推进精品创作。三是强化考核培养。推行积分制量化考核绩效管理。开展新闻质量提升月采编播业务集中培训，全年组织各类线上线下培训 300 多人次，全面强化采编人员"四力"教育。在队伍建设方面，加强中心人才保障，开展教育培训，年均引进成熟型融媒体记者、编辑、全媒体技术人才 10 名左右，组织各类业务培训 100 余次，组织送出去、跟班学习等形式全面提升采编人员"四力"，引导从业人员向全媒体记者、全媒体编辑、全媒体管理人才整体转型。设立科学合理的考评体系、薪酬分配制度、特殊人才激励手段，按照"一类保障、二类管理"原则，实行 2.5 倍绩效工资激励考核机制，逐年优化绩效工资考核方案，最大限度调动职工积极性，不断提升凝聚力和向心力。通过健全体制机制，基本实现调动指挥更畅、新闻质量更高、传播速度更快、宣传渠道更广、服务功能更强。

二是强化平台建设，锻造精品力作。加强与省市级媒体深度合作，全面优化"云上夷陵"APP 和三峡夷陵网功能。通过强化新闻生产，举办线上线下活动、拓展服务功能等途径，打造拓展"1+5+3+X"全媒体传播矩阵，实现重大新闻、突发事件、重点报道在移动端新媒体首发，提高在区域内的覆盖面、传播力和影响力，发挥"融多多"效应。务实探索新时代文明实践中心和融媒体中心"两心"人融、心融、事融、地融，多种生成、多元传播的"融多多"实践之路。与看看新闻合作，推出《追光2022》慢直播，全网点击量突破 1 亿 +。2023 年上半年，"云上夷陵"APP 发稿 4800 条、51 条稿件阅读量过万，三峡夷陵网发稿 3520 条，"夷陵发布"微信公众号发稿 670 条，"魅力夷陵"微博发布内容 152 条。夷陵发布视频号、"5210 我爱夷陵"抖音号共发布视频 935 个，其中 50 万＋视频 3 条，10 万＋视频 37 条，抖音号粉丝增加至 15.8 万。30 多次上榜长江云营运周报，10 多个单项排名第一。

夷陵区融媒体中心聚焦区委、区政府工作中心，持续强化重大主题宣传，不断创新内容生产，锻造一系列精品力作。精心打造的《云端三峡》大型山水线上直播栏目全网阅读量达 1.5 亿次，开创全省县级融媒"媒体＋旅游"先河，该案例入选中国新闻出版传媒集团组织评选的全国新闻出版深度融合发展创新案例和《全国广电媒体融合实战案例蓝皮书》。与上海东方卫视联合推出的《理想照耀中国｜许家冲村——大坝之畔建新村》阅读量达 1.94 亿＋，荣获第三十九届湖北新闻奖二等奖，新闻美术（公益广告）《聚焦党代会｜"2345"数说蓝图》荣获第三十九届湖北新闻奖三等奖。全年生成"报、刊、网、端、微、屏"等融媒体作品 27000 余件，其中报纸、书刊等线下作品 3000 余件，网站、客户端、双微平台、数字显示屏等线上作品 24000 余件。2023 年在中央广播电视总台采用稿件 32 条（其中《新闻联播》4 条），湖北广播电视台采用稿件 124 条（其中《湖北新闻》59 条），荆楚网采用评论文章 18 篇。

三是优化公共服务，强化融合外宣。积极探索、挖掘、整合省市区各类政务服务资源，推动"云上夷陵"APP 功能建设，优化政务、民生服务大厅，实现"云上夷陵"APP 与政府服务的互通互融，用户一次注册即可享受政府相关部门提供的户籍办理、资质认证、公积金服务、车辆违章查询等 100 项政务公共服务。搭建网络问政平台，强化政务公开功能，切实增强客户端平台"新闻＋政务服务商务"的综合服务能力。实现"两心"的线上融合，通过"云上夷陵"APP 新时代文明实践板块实现线上点单、线下接单、精准服务。2022 年元旦，推出《追光 2022》慢直播，全网点击量突破 1 亿＋。4 月，"两心"联合发起"峡州本草夷陵传承"送你一朵芍药花活动，活动宣传全网点击量突破 3000 万。推出"智慧农业"板块，持续发布优质农产品销售等信息。在移动、联通、电信网络接入夷陵广播电视节目信号，促进电视用户的大幅增长，实现了传统媒体与新媒体传播力、影响力的同步跃升。

通过全媒体联动，聚焦区委、区政府重要工作，聚焦夷陵好山好水、好人好事、好产好业，深入挖掘、突出亮点，讲好夷陵故事，传播夷陵声音。全媒体平台每月发布稿件2500条（次）以上，拓宽对外宣传渠道，每年在国家省市主要媒体发稿数量和质量居全市前列。2020年8月上线的《云端三峡》大型山水实景直播，引发各大媒体持续聚焦并学习借鉴。《我宣誓》系列广播剧在全国30多家广播电台推出。《党旗在基层一线高高飘扬——强基固本　基层党组织更加坚强有力》在央视《新闻联播》中播出。雾渡河猕猴桃九上央视，湖北广播电视台采用稿件84条。全面创新短视频生产，其中抖音破10万+播放量的短视频达到23条。百里荒滑翔伞邀请赛以网红沉浸式体验的形式，带网友领略夷陵的秀美山川，采用抖音"共创"形式进行宣传，成功拍摄制作共创视频6条（次),《宜昌百里荒，弹射起飞》阅读量达32.6万次。

二、夷陵区融媒体中心文化传播实践

一是着力传播红色文化。结合党史学习教育，夷陵区融媒体中心策划7场次"百炼成钢路，音乐颂党史"音乐党史课，将革命歌曲与党史学习教育有机融合，反响很好。策划"我宣誓"沙画和夷陵版画，《我宣誓》系列广播剧在全国30多家广播电台推出，对本土真实革命历史进行造像，再现血与火的革命岁月。作品以声音作为形式要件，以"我宣誓"为线索、符号和载体，在融合创作中实现"还原真相、正视历史、启迪现实"的创作初衷。作品全长120分钟，用直扣人心的诵读和对白，追忆革命岁月，传承红色文化。全国100多家广播、电视传统媒体滚动播出，网站、手机APP、视频号、微信、微博、抖音等"轰炸式"立体播发，"学习强国"、《中国艺术报》、《湖北日报》、湖北卫视、《三峡日报》等中央省市媒体推介，累计流量超千万次，在夷陵和宜昌城区及周边县市区形成传播热点，做到了英雄故事家喻户晓、人人皆知。通过音乐党课和广播剧等融合传播，在全区营造了党史学习教育的浓厚氛围。

二是着力传播生态文化。2020年，与三峡环坝旅游集团合作，由三峡环坝旅游集团出资，依托夷陵区融媒体中心"云上夷陵"APP，共同打造《云端·三峡大剧院》，以直播、短视频等形式为游客打造沉浸式游玩体验，推进文旅融创深度合作。夷陵区融媒体中心为客户进行"高端定制"，策划现场直播，制作短视频 140 多条，超千万名网民在线浏览互动。自 2020 年 8 月 8 日上线以来，三峡人家风景区平均每天游客数量超过 8000 人次，截至当年 12 月底累计接待游客 100 多万人次。2022 年 9 月 30 日，与相关媒体合作推出《江山多娇——探访国家文化公园·长江篇（下）》，行进式探访长江国家文化公园宜昌市夷陵区段黄陵庙、三峡大坝、许家冲村，忆往昔、看今朝。在游览过程中重点讲解了湖北省、宜昌市、夷陵区对长江文化的保护与传承。

三是着力传播民俗文化。2023 年 7 月 7 日，夷陵区融媒体中心推出了《中国节令·小暑》直播，走进大学校园，与外国朋友们一起感受小暑节气文化，全国 30 多家媒体平台同步推送，累计流量超 500 万。2022 年、2023 年春节期间推出了《夷陵年味》《文化过年》系列视频，夷陵发布视频号与"5210我爱夷陵"抖音号共推出短视频 85 条（次），点击量逾 20 万次。《夷陵年味》系列视频共推出 22 期，点击量最高的《夷陵年货节，启动》是 1.4 万次。《文化过年》从除夕至初六一共七期，展现了夷陵版画、牵花绣、剪纸等非物质文化遗产。融媒专题《天南地北夷陵人》以在外逐梦的夷陵人为主角，通过电视访谈的方式，旨在记录和传播优秀夷陵儿女的故事，弘扬乡贤文化，目前已制作播出 32 集，全媒体播发浏览量 500 万次以上。

四是着力传播地缘文化。《飞阅夷陵》是宜昌市夷陵区融媒体中心探索融合传播、走出概念、守正创新，策划推出的短视频专栏。作品充分利用航拍视角，立体式、直观化呈现夷陵工业、农业、城市、民生、文旅的关键节点和重要成果，也是基层媒体追求节目形式创新与本土化的一次尝试。"飞"是高度，飞上去了就看得更广、更高，就是用更高的高度去看更广的夷陵。"阅"是以目之所不能及的视角，更高、更广、更深地去看夷陵的重大项目建设，去看夷陵的人文风景，让广大群众通过精悍短小的视频感受夷陵火热的发展气场，爱祖国、爱家乡之情油然而生。《飞阅夷陵》通过"5210我爱夷陵"抖音平台首发，再由"夷陵发布"视频号、"云上夷陵"APP 等平台传播，共推出近 30 期视频，总流量过百万。早在 10 年前，《夷陵边界行》摄制组就沿着夷陵区的边界地域，实地采访了 63 个边界村，总行程逾 5 万公里，节目旨在把更多的目光聚焦于边界村，尤其是很多从来不为人熟知的山区村，让更多人通过了解边界村转而关注、支持边界村的发展。节目获得"全国新闻宣传传媒发展实践学术成果交流评析金奖"和"湖北新闻奖"等荣誉。

五是着力传播艺术文化。多年来，夷陵区融媒体中心紧盯群众关注的热点，通过音乐和唯美的画面讲述夷陵故事，全方位展现夷陵的风土人情和好人好事。先后推出《流淌的三峡》《倾述》等融媒 MV。在新中国成立 70 周年之际，先后制作了《今天是你的生日》《我和我的祖国》MV。《这是一个好地方》《请你走进我的家》作为区歌将夷陵美景尽情展现，广为传唱。推出了《深山里的烛光》《长江恋曲》《情满峡江》《香草幽兰》等共 20 多首 MV，让夷陵精神、夷陵故事在优美的音乐声中广为传诵。2023 年 7 月 14 日至 15 日，夷陵举行百里荒青燥音乐节，陈楚生、光良、动力火车等登台演出。夷陵区融媒体中心整合全中心力量，短视频、内外宣同时发力，取得了较好的宣传效果。"夷陵发布"视频号和"5210 我爱夷陵"抖音号累计推送短视频共计 66 条（次），截至 16 日凌晨，抖音热榜及"#百里荒青燥音乐节#"话题总流量 1003.5 万次。中心充分挖掘粉丝力量，宣传"百里荒 21 度夏天"的避暑概念，《当音乐节遇上绝美晚霞》等极具现场感的视频火爆网络。2020 年初，为了引导广大市民安心宅家，夷陵区融媒体中心和区文联紧密联合，在"云上夷陵"APP 开设了"文学艺术"专栏，当年编发夷陵文艺界人士的文章、评论、美术等作品 50 多件，之后持续开设该栏目，发挥弘扬夷陵文化、传播夷陵精神、讲好夷陵故事的积极作用。

六是着力传播饮食文化。夷陵区融媒体中心利用多平台，通过播发系列品牌产品研发新闻动态、品牌产品广告等形式，加强对稻花香酒品牌及企业文化的宣传，对稻花香主打品牌活力型、矗香型系列白酒的推广起到积极作用，助力稻花香品牌打造及科技成果应用。陆羽《茶经》里说："山南，以峡州上。"夷陵自古以来就是中国优质茶产地之一，全区有茶园 23 万多亩，年产干茶 3.5 万多吨。中心加强宣传策划，加大茶叶产业发展宣传报道力度，有力助推"茶叶大区"向"茶叶强区"转变，打造全国知名"茶乡"品牌。

中心深入挖掘茶旅文化，组建专门团队，对全区每届茶艺节、茶旅小镇等进行全媒体采访报道。中心大力宣传造势，传播夷陵雾渡河猕猴桃文化。雾渡河镇是世界公认的猕猴桃原产地，产品获国家"绿色食品"认证，"湖北夷陵雾渡河猕猴桃栽培系统"入选 2016 年全国农业文化遗产。2022 年 8 月底，夷陵区融媒体中心主动联系中央电视台湖北总站，提供相关线索和报料，邀请央视就猕猴桃种植、销售等内容进行采访，很好地传播了雾渡河猕猴桃文化。

地方文化传播与地方形象塑造是融媒体中心极为重要的任务。目前，这方面的实践还处在起步阶段，尚需大力践行习近平文化思想，挖掘、生产并传播多元丰富的地方文化产品，"着力赓续中华文脉、推动中华优秀传统文化创造性转化和创新性发展，充分激发全民族文化创新创造活力，不断巩固全党全国各族人民团结奋斗的共同思想基础"。而这，正是县级融媒体中心发挥"传播最后一公里"、助力地方党委政府"治县理政"作用的用武之地和巨大机会。因此，需要在地方文化传播与县域形象塑造方面作重点关注和重大努力。

三、融媒体中心未来文化传播方略

2022 年 10 月，习近平总书记在党的二十大报告中指出："坚持和发展马克思主义，必须同中华优秀传统文化相结合。"[1] 2023 年 6 月 2 日，习近平在文化传承发展座谈会上强调："在新的起点上继续推动文化繁荣、建设文化强国、建设中华民族现代文明，是我们在新时代新的文化使命。"[2] 2023 年 10 月 7 日召开的全国宣传思想文化工作会议首次提出了习近平文化思想，习近平总书记对宣传思想文化工作作出重要指示强调，"坚定文化自信，秉持开放包容，坚持守正创新，为全面建设社会主义现代化国家、全面推进中华民族

[1] 习近平.高举中国特色社会主义伟大旗帜　为全面建设社会主义现代化国家而团结奋斗 [M]，北京：人民出版社，2022：18，42-43.

[2] 习近平出席文化传承发展座谈会并发表重要讲话 [EB/OL]. https://www.gov.cn/yaowen/liebiao/202306/content_6884316.htm.

伟大复兴提供坚强思想保证、强大精神力量、有利文化条件"[1]。建设本区域文化体系是县级融媒体中心的又一个重大任务，这个任务完成得如何，关系到融媒体中心的长期永续发展。区域文化是传媒创意生产取之不尽、用之不竭的活力源泉，是县级融媒体中心可能与中央省市级媒体鼎足互补的倚仗。在"新闻＋政务服务商务"的发展路径上，融媒体中心在做好舆论引导工作的同时，着力进行本地文化传播、塑造本地文化强符号、构建本地文化体系、传播本地良好形象，在马克思主义与中华优秀传统文化相结合上稳定持续发力，建设当代区域文化，为建设中华民族现代文明提供助力。未来，县级融媒体中心在区域文化传播中应从以下三方面着力。

第一，在传播理念上，融媒体中心应肩负起构建区域文化体系的历史责任。文化体系是文化各要素相互连接的整合系统，是文化特质和文化复合体的组合，是核心思想与基本行为的集合，具有文化模式化、文化整合、界限保持和体系自律四种属性。美国地理学家 J. E. 斯潘塞等认为，文化的最小单元，即文化的某个项目，无论它是人的某一行为还是使用的某一工具，都是文化特质。文化体系是某个区域某个团体为自己的生存而设计，经过历史传承和沉淀形成的一种有明显辨识度的自给自足的体系，区域有自己的文化体系，民族有自己的文化体系，行业有自己的文化体系，无论是从空间时间而言，还是从人群或行业而言，都可以拥有属于自己的文化体系，当然，这些不同的文化体系是具有相对性和历史性的，它们存在包含交错的关系。从民族层面而言，中华民族有自己的文化体系，美、英、日、韩等民族也有自己的文化体系，中华民族所属的 56 个民族，又有自己的文化体系；从空间而言，中国、法国、德国因为政治和地理空间的间隔，有各国的文化体系，在一国之内，各省各市各县由于地理空间的间隔，有各区域的文化体系；就行业而言，由于行业的生产本质和规律不同，电力行业、石化行业、教育行业有自己的文化体系；就人群而言，由于人口统计特征与兴趣爱好不同，也有丰富

---

[1] 习近平对宣传思想文化工作作出重要指示［EB/OL］. https://baijiahao.baidu.com/s?id=1779185777
4732365059&wfr=spider&for=pc.

多元的文化体系（文化圈子）。文化是人类发展进步的支撑力量，文化自信是一个国家和民族发展中最基本、最深沉、最持久的力量，文化体系对于所属的圈子、民族和国家而言，发挥着塑造共同思想基础、鼓舞群体士气的作用，能够推动经济社会永续强劲发展。

譬如夷陵区，由于地理空间与历史习惯的原因，夷陵在拥有所属民族国家文化体系之外，也拥有专属于本区域的文化体系，千百年来夷陵区的人们在这片土地上的核心思想与基本行为，构成了夷陵文化体系，这种夷陵文化是这个区域生活和生产的人们所熟悉的，它就像血液一样浇灌着每个人的思想与行为，使在这片土地上生存的人们拥有大体一致的世界观、价值观与人生观，令这片土地上的人们因夷陵而彼此关照、相互帮助、共同进步，无论走到哪里，夷陵都会是他们的牵挂、乡愁和骄傲，自古以来历久弥坚的"老乡情"其实就是区域文化体系的生动写照。尽管区域文化的存在是毋庸置疑的，但区域文化体系却并不一定都是一种成熟的存在。有些地方的文化可能是成体系的，有些地方的文化可能是零散的自然状态，有些地方作为行政区域的历史不长，文化可能较为贫瘠，就更谈不上文化体系了。因此，需要我们把自然、零散的文化特质，通过有组织有计划的行为，转化为自觉、系统的文化体系，融媒体中心因其传媒的天然优势，历史地成为区域（圈子或行业）文化体系的组织者和构建者。无论哪个级别哪个类型的媒体，都有自己的"一亩三分地"，如《人民日报》《光明日报》面向全国，《江西日报》《四川日报》面向全省，三峡融媒体中心、萍乡融媒体中心面向全市，夷陵区融媒体中心、共青城市融媒体中心面向全县（区），全国、省、市、县都有不同于他国／省／市／县的区域文化，这就需要各自的媒体肩负起塑造区域文化体系的历史重任。媒体有充足的社会动员能力，能够整合各种人力、物力和财力，共同塑造一个区域的当代文化体系，如此顺延，一代代媒体及其从业者都在着力塑造当下的区域文化体系，千百年后，回过头来看，该区域文化体系的内涵与外延将无比灿烂丰富，而且都各具特色，有着无法替代的文化主体地位。夷陵区拥有丰富灿烂的地方文化，在夷陵区融媒体中心的持续努力下，必将能构建既有历史文化传承又有现代化风格的当代夷陵文化体系，塑造夷陵现代文明，为建设中华民族现代文明添砖加瓦。

　　第二，在传播对象上，融媒体中心应发挥鉴别区域文化强符号的时代作用。我们经常会对文化、符号、媒介这三个概念的关系产生困惑，主要原因在于这些概念有着十分亲密的包含或重叠关系。文化是人类一切生活方式的总和，即只要打上人类印记的东西，都可以称为文化。符号的本质是一种代表关系，即以"此"代表"彼"，有作为意义的所指和作为形式的能指，这个能指是丰富多彩的，也就决定了符号的多元性。媒介是信息的中介，是可以传达意义的人事物，按照现代的说法，一切皆媒介，自然世界和人文世界的各种元素都可以成为媒介。从时间顺序上而言，符号与媒介要早于文化，当人类还处在野蛮时期时，风雨雷电声音动作都可以是符号，媒介借助符号来传达意义，符号本身也是一种媒介，文化则是随着人类文明的不断演进而理论化体系化符号化，精神文化、物质文化、制度文化构建了人们生存发展的意义世界。随着物质产品的繁荣发展，有些物质品牌具有了文化意义，反映出某些价值观和生活方式，也就成为象征符号，人们消费物质产品不仅仅是生活需要，更是精神需要，品牌产品的文化符号所指，能够表达和传递某种意义和信息，体现消费者的地位、身份、个性、品位、情趣和认同，在满足人的基本需要之外，体验社会表现和社会交流。在符号学看来，有声语言、文字、实物、衣饰、人物、事件等都可以是符号，一切人事物都具有指代功能，因此都可以是符号，自然世界和人类世界是符号化的世界。文化是媒介传播的重要内容，是传媒机构进行创意生产取之不尽、用之不竭的活力源泉，媒介要通过文字、图片、数据、声音、影像、动漫等各种符号来承载信息、传播意义，因此，文化强符号自然成为传媒机构的宠儿，可以用最低的社会成本产生最优的社会福利，实现社会效益和经济效益的双丰收。

　　然而，"符号的价值不在于数量，而在于表情达意的鲜明性、突出性、代表性、巧妙性、智慧性，在于被强调、被改变甚至被颠覆的过程，只有在这个过程中，强符号才能产生并发挥作用。强符号是社会共同体的价值认同、主流意识、社会关系，包括媒介、组织、群体的主观推动等因素的共同结晶"[1]。当区域文化资源与品牌产品具有很强的传播力和影响力的时候，实际上就是代表这个区域古往今来人事物的文化强符号，这些文化强符号反映了区域当代主流意识形态，传播富有持久性，能指形式独特，被大众传媒和人们广泛使用，体现出较为稳定的价值认同。长城、故宫、京剧、功夫、长江、黄山等就是中国著名的文化强符号，它们既有独特的呈现形式，又有通适的价值意义，可以为全世界人们所认可，有效传播了中国的良好形象，有利于可爱、可信、可敬的中国形象塑造。对于夷陵区而言，需要辨识、塑造和强化本地的文化强符号，融媒体中心恰逢其时地发挥了这一时代作用。物质品牌产品和历史文化资源都可以成为文化强符号的来源，包括儒家经典文化、历史名人、重大事件、自然风光、建筑服饰、物质产品、艺术歌舞、饮食等自然物质文化遗产和非物质文化遗产内容。譬如宜昌夷陵区，它的文化强符号包括：夷陵，一座来电的城市（指三峡大坝等大大小小的水电厂，是中国发电量最大的城市，号称世界水电之都）；橘都茶乡桃源酒城（夷陵柑橘产量位居全省前列，茶产业综合实力全省第一，是猕猴桃的发源地，稻花香酒厂所在地，这四种产品单论一项可能并不显眼，但四项合在一起发挥结构优势时，是全国其他区县所不具备的，这就有了文化强符号的独特性与影响力）。再如，江西吉安吉州区的白鹭洲书院、钓源古村，吉安县的吉州窑；景德镇浮梁的瓷源茶乡、瑶里古镇；庐山市的白鹿洞书院、庐山瀑布；鹰潭贵溪的象山书院、龙虎山天师文化；浙江安吉的两山理论发源地、安吉白茶等，都是地方宝贵的文化资源，所在地融媒体中心应聚焦这些文化符号，通过多种形式的宣传报道，逐步丰富其能指形式，强化其所指意义，使其成为区内外人们熟知的文化强符号，从而有力传播区域形象，获得人们的肯定和好感，引进更多更优的区外资源，促进当地经济发展。

第三，在传播手段上，融媒体中心要致力于全媒体生产与传播的当下实践。县级融媒体中心是新型主流媒体的主力军，是党的宣传思想工作的重要抓手，这些中心的基本要求就是应该具备全媒体生产和传播能力，县级融媒

---

[1]　隋岩.符号中国 [M].北京：中国人民大学出版社，2014：215.

体中心与中央省市级媒体共同为社会主义意识形态塑造与主流价值观传播发挥作用，合力为党和人民服务，构建网上网下一体、内宣外宣联动的主流舆论格局，建立以内容建设为根本、先进技术为支撑、创新管理为保障的全媒体传播体系，牢牢占据舆论引导、思想引领、文化传承、服务人民的传播制高点。

全媒体生产与传播既是一种生产能力又是一种传播手段，要求融媒体中心生产出多形态与多介质的传媒产品，实现线上线下综合传播。"所谓多形态指的是利用新媒体技术，对文字、图片、音频、视频等几种表达元素进行无极限的组合；所谓多介质指的是报刊、图书、广播电视、互联网、微信微博等不同介质的媒介形态。"[1] 当然，全媒体传播并不是指所有媒体机构所有时候对同一题材都得进行全媒体传播，全媒体传播只是一种理论要求和能力具备，要根据不同报道题材和不同消费需求生产出或传统或新媒体或融合的传媒产品，以最低的社会成本实现最优的社会福利。对于夷陵区融媒体中心来说，在对六大文化强符号的梳理、挖掘与传播中，要根据它们的特质，从每个强符号独立的文化体系构建出发，对其历史源流、相关人物、类型文化、社会关系、实践影响等方面的文化特质进行深入描述与分析，用文字、图片、短视频、纪录片、影视等各种介质和形态去表现其本质、规律、特征与价值意义，通过有计划地扎实推进，五年或十年以后，各个符号所属的文化体系大厦必将建成。如此，"一座来电的城市""橘都茶乡桃源酒城""钓源古村""吉州窑""瓷源茶乡""瑶里古镇""白鹿洞书院""龙虎山天师文化""安吉白茶"等文化强符号必将成形，届时，它们对夷陵、吉州、浮梁、庐山、安吉等县区人民的意义将如同长城、故宫、长江等对中国人民的意义。

[1] 刘建华.建成新型全媒体：中国传媒融合创新的六大机遇和入口[J].编辑之友，2022（07）：38.

2024 年

关键词：新型主力军　生成式人工智能　融合理论逻辑

四级融媒体　国际传播能力

我国媒体十年融合发展的十大突破[1]

经过十年的融合发展，我国传媒业取得了较大成功，基本实现了融合发展目标。一个个融媒体机构已然成形，全媒体传播能力已然具备，全媒体内容生产也在不断地提质增效，新型主力军挺进网络主战场也脚跟渐稳，发挥强大的意识形态塑造和主流价值观传播作用，主流舆论阵地得到稳固。在众多成绩中，核心突破主要表现在以下十个方面。

一、党的新闻舆论工作理论创新成果斐然

2023 年 10 月召开的全国宣传思想文化工作会议正式提出了习近平文化思想。党的十八大以来，习近平总书记在全国宣传思想工作会议等不同场合的讲话中，提出了一系列新思想、新观点、新论断。这些新思想、新观点、新论断，是党的新闻舆论工作重要创新成果，形成了自己的理论体系，明晰了自身的坐标定位、核心本质、根本要求、根本目的、关键保障、工作理念和工作方法。这个新闻舆论工作理论体系是习近平文化思想的重要内容和有机组成，是指导我国宣传思想文化事业建设发展的强大理论武器。新闻舆论工作的理论创新成果主要内容包括：新闻舆论工作本体论——以人民为中心的工作导向；新闻舆论工作原则论——党性与人民性的统一；新闻舆论工作功能论——新闻舆论"48 字"方针；新闻舆论工作效益论——以社会效益为首位的两个效益相统一；新闻舆论工作宣传论——舆论监督与正面宣传的统一；新闻舆论工作方法论——舆论引导的时度效；新闻舆论工作发展论——

---

[1] 本文原载于《视听界》2024 年第 1 期，光明网、中国社会科学网全文转载。

全媒体的融合发展；新闻舆论工作场域论——网络空间命运共同体；新闻舆论工作对外传播论——"讲故事"的国际传播；新闻舆论工作教育论——"部校共建"新闻学院。

"以人民为中心的工作导向是中国特色社会主义新闻出版业存在发展的定海针与压舱石，规定了我国新闻出版的根本属性，解决了新闻出版的本体问题。在2013年8月19日全国宣传思想工作会议上，习近平总书记强调，要树立以人民为中心的工作导向，把服务群众同教育引导群众结合起来，把满足需求与提高素养结合起来。"以人民为中心的导向包括新闻舆论工作本体论理论、根本属性、生产、功能、意义等内容。党性与人民性的统一包括新闻舆论工作原则理论及其基本内涵、根本要求和意义等内容。新闻舆论"48字"方针明确了新闻舆论工作的政治功能、经济功能、统战功能、文化功能、教育功能与外交功能，具体包括新闻舆论工作功能论的形成背景、理论溯源、基本内容、实现的基本条件和意义等内容。以社会效益为首位的两个效益相统一包括新闻舆论工作效益论的理论根基、历史渊源和现实逻辑、基本内涵、实现路径等内容。舆论监督与正面宣传的统一包括其理论溯源、必然性、体系构建、实现路径等内容。新闻舆论工作的时度效包括其理论溯源、基本内涵、方法论意义、要求与原则、实践应用等内容。全媒体融合发展的目标是在全国范围内建立强大有效的全媒体传播体系，发挥主力军在新时代"治国理政"中的作用，包括媒体融合发展的社会背景、重大意义、基本内涵、发展路径等内容。习近平总书记指出："讲故事，是国际传播的最佳方式。""讲故事"的国际传播包括我国对外传播事业的历史进阶、当前对外传播研究的主要着力点、党的对外传播理论的主要内涵与时代要求、对外传播的文化差异机理等内容。"部校共建"新闻学院包括党的新闻舆论工作人才观、教育观及其实践运用等内容。

党的十八大以来，宣传思想文化工作理论创新成果有其内在规定性，形成了内涵丰富的逻辑体系。在这个逻辑体系中，以人民为中心的工作导向、党性与人民性的统一、新闻舆论"48字"方针、以社会效益为首位的两个效益相统一、舆论监督与正面宣传的统一、新闻舆论工作的时度效、全媒体的融合发展、网络空间命运共同体、"讲故事"的国际传播、"部校共建"新闻学院十个方面全面阐释了新闻舆论工作是什么、为谁服务、如何服务等理论问题，对新闻舆论工作的本体属性、传播功能、传播对象、传播机制、传播方法手段、传播效果、国际传播及人才教育等维系新闻舆论生态链有序健康运行的具体理论问题，都作了专门性的解释，形成一个具有强大理论解释性与科学未来预测性的系统理论架构。"以人民为中心的工作导向"是灵魂所在，是贯穿其他重大新思想新判断的主线。其他重大新思想新判断是"以人民为中心的工作导向"在新闻舆论工作各个领域各个方面的生动展开与具体体现。第一，作为新闻舆论工作功能的"48 字"方针，是"以人民为中心的工作导向"的内在要求；第二，党性与人民性的统一、舆论监督与正面宣传的统一，是"以人民为中心的工作导向"的根本任务与根本原则；第三，全媒体的融合发展、新闻舆论工作的时度效、网络空间命运共同体、以社会效益为首位的两个效益相统一、"部校共建"新闻学院是"以人民为中心的工作导向"的根本保障；第四，"讲故事"的国际传播是"以人民为中心的工作导向"的新闻舆论工作营造良好外部环境的迫切需要。

二、习近平总书记媒体融合发展论述逻辑化系统化

十年来，习近平总书记关于推动传统媒体与新兴媒体融合发展的论述，展示出一条清晰的演进轨迹，不断逻辑化与系统化，从"你是你、我是我"变成"你中有我、我中有你"，进而变成"你就是我、我就是你"，到"四全"媒体，最后在全媒体传播体系建成的基础上，不断扩大传播力、引导力、影响力、公信力，为推动构建人类命运共同体贡献智慧和力量。

2013 年 8 月，习近平总书记在全国宣传思想工作会议上强调，"要适应社会信息化持续推进的新情况，加快传统媒体和新兴媒体融合发展"。2014 年 8 月，习近平总书记在中央全面深化改革领导小组第四次会议上强调，"要坚持先进技术为支撑、内容建设为根本，推动传统媒体和新兴媒体在内容、渠道、平台、经营、管理等方面的深度融合"。2015 年 12 月，习近平总书记在视察解放军报社时指出，"'互联网 +'就是'互联网 + 各个

传统行业'"。2015年12月，习近平总书记在第二届世界互联网大会开幕式上的讲话中提出了构建网络空间命运共同体的五点主张。2016年2月，习近平总书记在党的新闻舆论工作座谈会上指出，"融合发展关键在融为一体、合而为一""要尽快从相'加'阶段迈向相'融'阶段，从'你是你、我是我'变成'你中有我、我中有你'，进而变成'你就是我、我就是你'，着力打造一批新型主流媒体"。2017年10月，习近平总书记在党的十九大报告中指出，加强互联网内容建设，建立网络综合治理体系，营造清朗的网络空间。2017年12月，习近平总书记在给第四届世界互联网大会的致信中指出要携手构建网络空间命运共同体。2018年4月，习近平总书记在网络安全和信息化工作座谈会上指出，"把握好时度效，构建网上网下同心圆"。2018年8月，习近平总书记在全国宣传思想工作会议上指出，要使互联网这个最大变量变成事业发展的最大增量；要扎实抓好县级融媒体中心建设，更好引导群众、服务群众。2019年1月，习近平总书记在中共中央政治局第十二次集体学习时强调，推动媒体融合发展、建设全媒体成为我们面临的一项紧迫课题。2020年6月，中央全面深化改革委员会第十四次会议审议通过了《关于加快推进媒体深度融合发展的指导意见》，习近平总书记强调，"推动媒体融合向纵深发展，建立以内容建设为根本、先进技术为支撑、创新管理为保障的全媒体传播体系"。2021年11月，习近平总书记致信祝贺新华社建社90周年时指出，"加快融合发展，加强对外传播，努力建成国际一流新型全媒体机构"。2022年10月，习近平总书记在党的二十大报告中指出，"巩固壮大奋进新时代的主流思想舆论""加强全媒体传播体系建设，塑造主流舆论新格局"。

媒体深度融合发展成功与否的根本前提是要把握好习近平总书记媒体融合发展论述的基本逻辑及行业社会生产总过程的关键节点。三个基本逻辑分别是：从媒体角色与功能逻辑来看，媒体融合发展的根本宗旨是巩固马克思主义在意识形态领域的指导地位，巩固全党全国人民团结奋斗的共同思想基础，为实现中华民族伟大复兴的中国梦提供强大精神力量和舆论支持。从媒体传播主体地位逻辑来看，媒体融合发展的根本目的是占领舆论引导、思想引领、文化传承、服务人民的传播制高点。要实现巩固共同思想基础、提供强大精神动力和舆论支持的根本宗旨，需要融合发展后的新型主流媒体能够占领信息传播的制高点。从媒体社会生产总过程逻辑来看，媒体融合的根本任务是建立以内容建设为根本、先进技术为支撑、创新管理为保障的全媒体传播体系。融媒体社会生产总过程八个节点分别是：从融合技术上来看，主流媒体要以先进技术为支撑；从融合主体来看，要深化体制机制改革，推动媒体市场主体深度融合，打造一批具有强大影响力、竞争力的新型主流媒体；从融合生产来看，要推动内容与技术深度契合，必须以内容建设为根本；从融合创新来看，要实现内容、渠道、平台、经营和管理等方面的持续创新；从融合政策来看，各级党委和政府要加大对媒体融合发展的支持力度；从融合人才来看，要加大力度培养全媒体人才；从融合消费场域来看，要融通线上线下，构建网络空间命运共同体；从融合对外传播来看，要把握国际传播领域移动化、社交化、可视化的趋势，构建对外传播话语体系。

三、媒体融合发展政策不断完善

2014 年 8 月 18 日，中央全面深化改革委员会发布《关于推进传统媒体和新兴媒体融合发展的指导意见》，标志着我国媒体融合已经从媒体行业的发展措施上升到顶层设计，并作为国家战略开始实施。媒体融合发展政策是我国传媒业过去十年行业政策的重要组成部分，是我国传媒业发展过程中的核心议题，是党和国家对技术驱动的媒体融合所做出的回应与关切。在中国式媒体融合演进过程中，传媒业与政治权力的相融从探索阶段到融合初级阶段，到融合升级阶段，再到目前的深度融合阶段，政治逻辑一直嵌于媒体逻辑之中，意在对技术驱动所引发的社会结构变革起到调节与规范作用，意在让主流意识形态在不断革新的媒体格局之中占领舆论高地、发挥主流引导作用。基于我国传媒业过往十年发展的语境判析，媒体融合政策具有以下特征。

（一）数量聚集性增长

2014 年至 2023 年间，我国中央级政府管理机构出台媒体融合相关政策将近40条。从每年发布政策的数量来看，2014年与2016年国家发布政策最少，均为一条，分别为《关于推动传统媒体和新兴媒体融合发展的指导意见》与《关于进一步加快广播电视媒体与新兴媒体融合发展的意见》。随后2019年迎来高峰期，国家层面发布政策高达14条，这一年是全媒体传播体系建设提出的一年，也是县级融媒体中心建设提出后全力发展的一年，由此正式形成中央、省级、市级、县级媒体为架构的现代融媒体系。2019年的政策无论是数量还是覆盖范围都远超任何时期，《县级融媒体中心建设规范》《县级融媒体中心省级技术平台规范要求》等相关政策，让媒体融合不再是简单的"相加"，而是形成了从上到下、从下到上融合互助的稳定结构。制度化的政策为县级融媒体中心建设提供要求与规范，鼓励县级政府部门积极与县级融媒体中心进行对接，加快实现政务新媒体建设，且为广播电视媒体的融合发展指明方向。

（二）技术要素被持续关注

从政策关注的技术要素重点来看，十年政策发展之路可大致划分为三个阶段：第一阶段（2014~2018年）以"互联网+"为技术要素；第二阶段（2018~2022年）以"大数据+政务/服务/商务"为技术要素；第三阶段（2022~2023年）以"数字化"为技术要素。第一阶段政策以互联网健康发展、服务用户为主。2015年3月，国家发展和改革委员会、工业和信息化部等多部门联合制订了"互联网+"行动计划。同年，我国第一家专注于媒体融合的研究院——CTR媒体融合研究院正式成立。第二阶段政策文本以大数据技术应用服务为主。自2018年开始，县级融媒体中心成为关键词，如何更快推进县级融媒体中心建设、如何提升媒体的信息传播、政府治理、公共服务、商业服务是这一阶段的热点话题。数据同源、服务同振，加快建设5G信息服务中心。第三阶段政策文本以数字化建设为主。2023年《数字中国建设整体布局规划》指出，按照"2522"的整体框架进行布局，即夯实数字基础设施和数据资源体系"两大基础"，推进数字技术与经济、政治、文化、社会、生态文明建设"五位一体"深度融合，强化数字技术创新体系和数字安全屏障"两大能力",优化数字化发展的国内国际"两个环境"。

(三)规范主体范围广泛

从政策关注主体对象来看,可分为对四级媒体、政务新媒体、商业平台等各主体内容的规范与要求。以四级媒体为主体的政策,2018 年 11 月《关于加强县级融媒体中心建设的意见》打通信息传播"最后一公里";地市级媒体深度融合发展相关政策自 2022 年推出,将一直处于边缘地带的地市级融媒体中心建设摆到政策层面上,成为研究发展的重点对象。以信息安全治理为主体的政策,从《关于促进移动互联网健康有序发展的意见》到《网络安全审查办法》《关于工业大数据发展的指导意见》等政策,这些政策既提出了媒体加快布局移动互联网阵地,也注重从基础设施入手杜绝网络信息安全隐患;2020 年 3 月发布的《网络信息内容生态治理规定》推动了网络舆情监测平台向不同政府部门延伸。

四、党端、短视频成为宣传报道第一抓手

2021 年 10 月 20 日,国家网信办公布的最新版《互联网新闻信息稿源单位名单》首次将公众账号和应用程序纳入其中。这里的客户端实际上是指以手机为载体的移动客户端,作为一种信息平台,可以容纳不同功能的媒介形态,报刊图书、广播电视、新兴媒体等所有媒介都可以在客户端呈现,同时,客户端还可以提供新闻信息之外的服务。通过客户端这个入口,人们可以进行社交互动、办理政务、生活缴费,甚至可以利用它解决所有的生存方式问题。

新闻客户端是继报刊、广播电视、网站之后的又一党的重要喉舌,并且将会作为新型主力军的主要力量发挥信息传播和舆论引导作用。党端已经成为党媒的重要家庭成员,作为一种新的媒介业态,拥有与报纸、期刊、广播电视、网站等相同的新闻传播发展历史地位,是承继这些媒介业态的最新一代媒介,具有自己特有的本质属性与功能特点,发挥不可替代的信息传播与社会服务作用。2023(第七届)全国党媒网站高峰论坛发布的《2022—2023

报业融合发展观察报告》显示：考察的 1330 家报纸中，自建客户端达 570 个，开通率达 42.9%，还有 13 家报纸的客户端新增下载量超过千万。党媒客户端建设具有全局性、战略性意义，是党媒的重要组成部分。坚持移动优先原则，将人力、资源、资金等汇集于移动客户端建设中，成为媒体转型、深度融合发展、建设全媒体传播体系的重要举措。

根据 CTR 监测数据，截至 2022 年底，8 家央媒共有 18 款新增下载量过百万的自有 APP 产品，38 家省级以上广电机构共有 64 款累计下载量过百万的自有 APP 产品；2022 年主流媒体机构累计下载量达 500 万以上的自有 APP 产品共计 23 款，相较于年初增长 15%，共有 22 款自有 APP 产品下载量增幅超过均值水平。我国中央级、省级、地市级、县级各级媒体已全面推进新闻客户端建设。中央级新闻客户端以人民日报客户端、新华社客户端、央视新闻客户端为主，三家旗下又有"人民智云""人民视频""央视频"等各类客户端，各客户端所提供的信息服务有所不同，内容丰富、形式多样。省级新闻客户端建设成果显著，有些党报集团把党端作为主要方阵来建设，如重庆日报集团的党端集群，其他省媒党端如津云新闻、北京时间、动静新闻、大象新闻、极光新闻、触电新闻、川观新闻、七彩云端、荔枝新闻、中国蓝新闻、闪电新闻、腾格里新闻、长江云、芒果云、今视频、视听海南、冀时等，全面关注社会民生热点，成为省内信息发布的第一大渠道平台。同样，地市级媒体也加速将资源配置的重心向移动端倾斜，占领舆论高地，发挥社会治理作用，如湖州市新闻传媒中心客户端"南太湖号"、无锡市广播电视集团客户端"无锡博报"、长沙市广播电视集团客户端"我的长沙"、绍兴市新闻传媒中心客户端"越牛新闻"、齐齐哈尔市融媒体中心客户端"看齐通"、梅州市广播电视台客户端"无线梅州"等。县级移动客户端的建设不仅将政务与社会功能连为一体，也为本地提供了综合信息服务，如"掌心长兴""爱安吉""智慧尤溪""最江阴""冀云香河""画屏分宜""邳州银杏甲天下""藏源发布""项城云"客户端。

整合客户端资源提供创新的优质服务，实现传播矩阵的精简化，是党媒客户端今后发展的新方向。如浙江日报传媒集团旗下"浙江新闻""天目新闻""小时新闻"三端合一为"潮新闻"客户端，早已正式上线，全网用户数超 1 亿、端内用户数突破 4000 万，最高日活用户数超过 50 万。"潮新闻"客户端的定位一直以来都十分清晰——深耕浙江、解读中国、影响世界，凸显"三味特色"——新时代味、人文味、浙江味。用户是客户端存在的根本，"留住用户、增强用户黏性、思考客户端与用户间的关系"是提高自身影响力的重要问题。如"澎湃新闻"客户端打造用户交互社区"澎友圈"，让用户在客户端内便可进行沟通交流，增强了用户间的互动连接，并且从用户视角出发，对客户端各频道的置顶推荐区、客户端弹窗新闻等仍坚持人工精选，以用户为本，抓住用户的兴趣爱好。

新媒体时代，相比文字内容，短视频因其直观化、个性化、娱乐性，广受人们欢迎，实现了很好的传播效果。第 52 次《中国互联网络发展状况统计报告》显示，截至 2023 年 6 月，我国网民规模达 10.79 亿人，短视频用户规模达 10.26 亿人，用户使用率为 95.2%。

一方面，以"内容—传播—技术"为逻辑起点，短视频表现出的时间跨度、空间重构和情感共鸣维度，成为媒体宣传报道内容的重要基点；另一方面，党端以短视频破圈入局，形成"央地同频、多方互动"的利好发展样态，对短视频的内容、价值观、表现手法等方面均可发挥引领作用。譬如，川观新闻在继续做强"C 视频"账号矩阵的基础上，10.0 版创新推出"双端"一体运行的 APP，视频端为用户提供沉浸式体验和年轻态交互。基于对全球传播生态、舆论环境与行业发展现状的判断，短视频是各主流媒体建设全媒体传播体系、抢占舆论阵地、重塑主流舆论格局、宣传重大主题、传递主流声音、实现党心民意协调同步发展的"第一抓手"。

就党端宣传报道而言，短视频又有特别的意义：一是短视频叙述媒介事件，弘扬主旋律。以党的二十大召开为例，人民网与人民日报"一本政经"工作室出品的报网融合产品——《你问我答·二十大》短视频栏目，采用"记者讲述 +MG 动画"相结合的方式，播放量超 4 亿。以国庆 70 周年为例，中国新闻网制作了百余条相关短视频，形成了包括《干了这杯解暑药，斗志昂扬向前进！》《全场高唱中华人民共和国国歌》《女兵方队，英姿飒爽！》《阅兵没看够？看小数细数国庆 70 周年阅兵中的那些"首次"》等各主题短视频的全平台、全账号、全矩阵、全时段、全流程投放传播矩阵。近十年来，党媒聚焦重大媒体事件，精心策划、守正创新，以立体化传播矩阵打造沉浸式视听盛宴，传达共通性细腻情感，推出一系列高站位的主题宣传报道。二是短视频内容青春化，引领社会价值观。年青一代逐渐成为新闻产品的主消费群体，主流媒体也作出相应回应，所生产的短视频内容逐渐趋于年轻化的语言表达、技术呈现、选题策划，更符合年轻人的消费习惯。以"亿万年轻人的生活方式"为口号的封面新闻，树立面对年轻人的传播理念，其新闻产品在语言表达、叙事逻辑、用户体验等方面均趋于年轻化。比如其短视频《你绝对没见过的史诗级 cosplay》《帕梅拉也在疯狂安利的养生操——八段锦》《更适合中国宝宝体质的常识课》等年轻化的标题，贴近当代年轻人的表达方式，看似"奇葩"，实则都在科普相关知识。财经新闻的《财经 Rap 说两会》等视频从说唱的角度切入，用新颖、颇具趣味的语言解读党的二十大内容，让年轻群体通过自己所喜欢的方式感悟社会价值观与党的二十大精神。三是短视频思维技术化，优化视听生态。技术迭代为媒介与媒介产品赋予全新的活力，树立技术思维，关系着短视频内容呈现方式的革新。党端在发展短视频的过程中积极利用新兴技术满足受众视听需求，对呈现方式和内容进行不断调整。2022 年北京冬奥会期间，央视频引入"AI 智能剪辑"系统，短时间内将整场比赛内容剪辑为几分钟的赛事视频，并及时在各大平台发布。此外，短视频平台还积极开拓社交功能，践行"强社交、高互动"的运行模式，进一步增强短视频内容的市场占有率。央视网推出"4K+VR"微纪录片《幸福坐标》，通过平行时空镜头、AR 特效等技术的运用，将我国脱贫攻坚的奋斗历程以互动的方式呈现给用户。

五、中央和省级党媒初步建成新型主流全媒体

中央和省级党媒始终代表着执政党的立场，体现着社会主流意识形态和主流价值观。十年来，我国主流媒体在顶层设计、模式改革、平台构建、队伍建设、技术应用、体制机制改革等方面均取得了全面进展，加速构建新型

主流媒体是媒体转型和深度融合的抓手和关键，是主流媒体适应分众化、个性化传播趋势，尊重新闻传播规律，承担社会责任的必然选择，是国家和政府把握主要舆论阵地的方式与手段。纵观中央与省级党媒十年发展历程中的现实与实践，媒体融合的道路逐渐清晰化，目标逐渐明确化，要求也逐渐精细化。

（一）道路选择阶段

《关于推动传统媒体和新兴媒体融合发展的指导意见》制定从"新型主流媒体"到"新兴媒体集团"，再到"现代传播体系"的融合目标。一是新闻生产模式探索时期。2015 年 3 月人民日报在全国两会期间积极探索"中央厨房"模式，建构起具备整体融合形态的新技术平台和组织架构，在当时形成了全新的全体系生产模式。从中央到地方的诸多主流媒体依照"中央厨房"模式进行媒体流程再造，形成常态化运行的实践模式，为今后的内容建设提供保障。二是集团化建设时期。2014 年中央首次提出"新型主流媒体集团"的概念，此后，传媒界响应政策，各级党媒率先组建为新型主流媒体集团，建设新型主流媒体集团成为主流媒体转型发展的有效路径。2013 年 10 月，上海报业集团成立；2018 年 3 月，中央三台组建为中央广播电视总台。三是从"传播格局"到"传播体系"。2018 年 6 月 15 日，习近平总书记致信祝贺人民日报创刊 70 周年时提出要构建全媒体传播格局。2020 年 9 月，《关于加快推进媒体深度融合发展的意见》提出要"建立以内容建设为根本、先进技术为支撑、创新管理为保障的全媒体传播体系"，我国媒体融合发展由此开启了以建设全媒体体系为目标的阶段。党的二十大报告更是指出"加强全媒体传播体系建设，塑造主流舆论新格局"。

（二）目标初步完成

我国媒体融合发展的十年出台了一系列相关政策，形成了涵盖方向、思路、措施、理念等内容的较为系统化的顶层设计，为建设新型主流媒体提供了全面的指导。各级媒体积极树立互联网思维、加强社会信息服务能力、推进深化体制机制改革和培养全媒体人才，发挥着引导社会舆论、传播主流声音、占领信息制高点、助力国家治理现代化的作用。一是全媒体传播矩阵基本建成。人民日报已初步构建起全媒体传播方阵，发展成为拥有报、刊、网、端、微、屏等10多种载体的新型主流媒体。二是搭建服务平台。江西省以"市县全覆盖、上下能对接、数据可互通"为目标，遵循"先联网、后建设，能联则联、尽量多联"的原则，搭建省级城市综合管理服务平台。三是体制机制创新。河北日报报业集团重构新型采编发网络，2021年推进采编机构设置改革，新设新媒体中心，新设事业发展和项目部；加强考核引导和人才队伍建设，将全媒体人才向移动端、互联网平台倾斜，努力打造一支办报、办网、办新媒体的全能型人才队伍。

（三）着手未来发展

在第四次科技革命和第三次全球传播浪潮的大环境之下，媒体融合早已进入"下半场"与"深水区"。我国主流媒体经过三网融合、报网互动、数字化转型、移动端建设等过程，已然迈入了智媒体阶段，这也是主流媒体发展转型的重要阶段。大数据时代背景之下，传统媒体转型为新型主流媒体必须看重技术创新与数据价值并贯彻数据化理念。如新华社建立媒体融合生产领域第一个国家重点实验室"5G融媒体应用生态联盟"。同时，新华社等头部媒体一直以来坚持党媒管党，加快融合步伐，努力建成国际一流新型全媒体机构，更好地履行党中央喉舌、耳目、智库职责。

六、市级媒体朝融媒体中心目标快速迈进

地市级媒体在中央、省、市、县级融媒体体系中发挥着承上启下的作用，是四级媒体融合发展布局中的重要环节，是加强全媒体体系建设的题中应有之义，承担着中间地带功能与社会治理职能。我国地市级媒体融合发展表现出了多元融合、跨界融合、管理融合的趋势，初步形成了集创新性、多元性、协同性等特点于一体的地市级融媒体中心发展格局。中宣部、财政部、广电总局在2022年4月发布了《关于推进地市级媒体加快深度融合发展实施方案

的通知》，明确了 60 家地市级"融媒体中心"作为试点并提出了"围绕着深化改革，严格落实好试点工作"的要求。

（一）融媒建设 + 运营模式

据不完全统计，截至 2022 年底，全国 60 个市级融媒体中心试点中，已完成机构整合接近 90%。动作较快的如甘肃省，除省会城市以外的 13 个市州融媒体中心已全部完成机构整合并挂牌成立；浙江省至 2023 年 6 月底，除杭州、宁波外，其余各市都完成报纸、广电资源整合，建成市级融媒体中心；江西省在 2023 年 6 月底前全面完成市级融媒体中心改革，实现全省各设区市级融媒体中心挂牌全覆盖。锡林郭勒盟融媒体中心、大理州融媒体中心、黔南州融媒体中心、克孜勒苏融媒体中心、巴彦淖尔市融媒体中心、克拉玛依市融媒体中心、通辽市融媒体中心、包头市融媒体中心、丽江市融媒体中心等各市级融媒体中心也均在 2023 年下半年挂牌成立。地市级媒体在转型发展过程中，不断打破传统媒体框架藩篱，彻底改变依靠财政投入的传统思维，立足当地市场结构，深耕区域产业布局，部分地市级媒体积极实现事业属性与企业运营的互动。三明市融媒体中心以"事业 + 产业"双轮驱动，实现"新闻事业 + 融媒产业"的双向互动与互补；内蒙古鄂尔多斯市确立了"中心 + 公司"的改革模式，鄂尔多斯市广播电视传媒集团有限责任公司以国有企业性质全权代理鄂尔多斯市融媒体中心的广告业务。

（二）智慧城市 + 城市文化

地市级媒体的发展目标逐渐从建立全覆盖的传播矩阵走向惠及市域用户的智慧全媒体传播体系，致力于实现信息内容的全面、全域抵达。当前，我国各地市级媒体正通过治理与服务，不断打造惠及用户社群、创新城市治理的综合平台，使其成为城市智慧化、数字化、综合化的枢纽。慈溪市融媒体中心成立智慧项目专班，充分发挥中心数字化建设的经验和资源优势，为智慧城市建设贡献融媒力量；《南京日报》"听语 +"平台以"新闻 + 政务 + 智库"的服务模式走好网络群众路线，创新了城市治理中的"政府—公众"互动新模式。另外，媒体有培育城市精神、锻造城市性格、弘扬城市文化的作用，地市级媒体是城市文化的建构者，在塑造城市软实力方面起着举足轻重的作用。如嘉兴市新闻传媒中心把"高质量打造红船旁的新型主流媒体"作为发展定位，弘扬"红船精神"成为新集团建构城市文化的重中之重；景德镇市融媒体中心因地制宜，致力于传播陶瓷文化，建设并传播千年瓷都文化体系，成为瓷文化对外交流的重要平台；温州台开发"温州人"等四大IP；荆州日报传媒集团与当地政府联合打造楚文化数字产业园。

（三）数据规范＋接口规范

2023年2月1日，中央宣传部和国家广播电视总局组织编制的《市级融媒体中心数据规范》规定了市级融媒体中心基础数据、媒体数据、媒体元数据、生产业务数据、发布运营数据及系统数据等要求，对数据的名称、类型、结构和描述提出规范要求。地市级媒体积极运用科技助力内容生产、提高分发效率，是当下各地市媒体满足受众个性化需求的主要手段，也是构建市级融媒体中心的必经之路。如徐州报业集团一直致力于产品研发和技术创新，推出全国首个地市级新闻数字藏品、首份透视版报纸"风雨同舟"、首个连续剧新闻H5等多项创新产品；淄博市广播电视台利用人工智能等技术推出AI主播、3D裸眼视频、动漫IP和短视频等优质新闻产品；嘉兴市新闻传媒中心推动智慧融媒体数据平台建设，利用人工智能、大数据等技术赋能内容生产与传播。

七、县级融媒体中心全面挺进互联网主阵地

县级融媒体中心是传播的"最后一公里"，在媒体融合、治理体系和治理能力现代化的大背景下，县级融媒体中心的功能与作用进一步拓展。按照主流舆论阵地、综合服务平台和社会信息枢纽的功能定位，坚持"新闻＋政务服务商务"的发展路径，县级融媒体中心在基层治理、引导舆论、乡村振兴、平台建设、服务功能拓展等多方面都取得了阶段性成效，进入了从数量增长向质量提升的新阶段。2021年7月，人社部办公厅印发《人力资源社会保障

部国家新闻出版署关于深化新闻专业技术人员职称制度改革的指导意见》，正式把县级融媒体中心列入新闻机构。2021 年 10 月，国家网信办公布的《互联网新闻信息稿源单位名单》中，列入了 10 家县级融媒体中心（江苏江阴市、浙江长兴县、福建尤溪县、江西分宜县、河南项城市、湖北赤壁市、湖南浏阳市、四川成都高新区、陕西陈仓区、甘肃玉门市），这说明了县级融媒体中心的生产实力优势。截至 2022 年 8 月，全国已有 2585 个县级融媒体中心建成运行，并全面挺进互联网主阵地。有了全国两千多家融媒体中心这支生力军的加入，党的新型主力军翻倍增长，极大扩充了新闻生产队伍，我国媒体融合创新迎来了巨大的生产机遇，主流舆论引导能力得以大幅增强。

（一）改革新能量：激发媒体新活力

基于党和国家一系列战略部署与规划，各县级融媒体中心因地制宜积极改革，不断革新体制机制，优化融媒体运营方式，努力建设全媒体人才队伍。一是实行事企分离。县级融媒体中心如何运营决定着其能否持续发展。"事业单位企业化管理"，这是县级融媒体中心提升"造血功能"的有效途径。大兴区融媒体中心坚持"开门办报"之风，创新"融媒体中心 + 国有公司"运行模式，开启融媒 2.0 时代；长兴县融媒体中心在 2011 年就率先进行改革，是探索"事业单位企业化运作"的先行者，所打造的"长兴模式"是全国融媒体中心的学习模板；安吉县融媒体中心确立事业单位企业化管理的运营模式，由融媒体中心负责新闻主业，新闻集团负责经营管理，2023 年经营收入达 6 亿元。二是优化人才队伍。一直以来，县级融媒体中心坚持对外引才选优、对内培强育强，打破传统媒体编制身份与考核机制，多劳多得，竞争上岗，彻底改变过往"吃大锅饭"的状态。项城市融媒体中心实行单位聘用制，中层领导大多为编外人员，"95 后"占中层的 60%，团队平均年龄为 26 岁；项城市融媒体中心坚持薪酬向一线倾斜，一线员工薪酬高于后勤人员的 10%，业务带头人、业务骨干、项目负责人薪酬高于一般员工的 30%。三是搭建传播矩阵。为进一步壮大主流舆论声音，县级融媒体中心实行多种生成、多端发布、立体传播，使各端媒体互融互通。长兴县、尤溪县、安吉县、邳州市、江阴市、秦安县等县级融媒体中心均在整合客户端、微信、微博等媒体资源的基础上，坚持移动优先战略，着力打造 APP，构建渠道丰富的"两微一端多平台"移动传播矩阵，如长兴县融媒体中心客户端"掌心长兴"、安吉县融媒体中心客户端"爱安吉"、尤溪县融媒体中心"智慧尤溪"、江阴市融媒体中心客户端"最江阴"等。

（二）服务新场景：深耕本土服务群众

县级融媒体中心是群众触碰国家与政府最有效的渠道，也是国家与政府接收社情民意最佳的渠道，对服务群众、服务国家、服务社会起着重要作用。一是新闻＋政务。分宜县融媒体中心所打造的"画屏分宜"APP 开通了问政服务板块，并在微信等平台开展 24 小时值班制度，随时满足群众诉求需求；长兴县融媒体中心自主研发"掌心长兴"客户端，目前已完成客户端 5.0 版本升级，累计接入各类政务服务、民生服务超 2000 项。二是新闻＋服务。近年来，各县级融媒体中心以智能化技术为依托，为群众提供了丰富多样的信息服务和高效畅通的社交平台，进一步缩小不同部门、不同社区间的信息隔阂，以便服务好人民。寿光市融媒体中心"以菜为媒"打造了全国最大的农业融媒服务平台，创建了全国最大的"蔬菜视频云校"，服务全国 200 多万菜农，且自主研发了"蔬菜云"APP、"棚管家""棚师傅"小程序，全国 40 多名蔬菜专家和 310 名技术员组成为农服务队全天坐镇，每年为菜农解决问题 20 多万个，24 小时畅通菜农权益保护专线"蔬菜 110"。三是新闻＋商务。一些县级融媒体中心积极地将用户引向商务平台，带动当地产品销售，打造具有地标性的商务品牌。安吉县融媒体中心于 2022 年 7 月 9 日在上海启动了区域公用品牌"安吉优品汇"全国配送，让农产品直达消费者手中，到 2022 年底创收超过 6000 万元，在带动当地劳动力就业的同时丰富了城市农产品的供应。

（三）交互新空间：赋能乡村经济发展

加速推进县级融媒体中心建设是助力乡村经济的强大支撑，是推进中国式现代化的重大举措。一是数字乡村。尤溪县融媒体中心推出的"尤溪县数字乡村公共服务平台"，能够提供民生诉求、农事咨询、便民服务、新闻资讯等多元化服务，构建了"县—乡镇—村（社区）—党支部—微网格"的分级管理体系，居民可直接对接所在区域的微网格长、家庭医生和民警等，有效地为基层群众提供生活服务。二是乡村直播。分宜县融媒体中心尝试建立"村主播"平台，打造直播团队，常态化开展"村主播"直播工作，推介当地优势产业、风土人情、特色产业、民俗文化等，推动分宜县经济发展；镇原县融媒体中心利用自身优势进行电商直播助农，运用人力、设备和平台优势积极助农扶农，通过直播向外界介绍当地特色产品。三是基层社会治理。县级融媒体中心是深入基层生活的"第一窗口"，在收集社情民意、预警舆情动态方面有着天然的优势。长兴传媒集团研发"基层治理四平台"，集"多通融合""事件处置""研判分析""综合指挥"于一体，全面提高办结效率，被列为全省基层治理四平台七个试点之一。

八、媒体技术不断革新

媒体融合因技术创新而兴，也必将因技术创新而盛。技术创新是媒体融合发展的根本驱动力，是媒体行业变革的底层逻辑，其本质在于数字技术日益成为整个社会的基础设施、社会结构重塑的推动力。数字化发展浪潮不断向前，智能互联网时代加速到来，大数据成为媒体融合发展的新动力，云计算推动媒体深度融合发展，区块链打造全内容版权生态，物联网成为媒体融合发展底层逻辑，人工智能革新新闻生产全流程，各项媒体技术正逐步深入到媒体融合发展过程之中，引发媒体更深层次变革，加快推动社会治理现代化。

（一）智慧内容

媒体技术实现了新闻采集的数据智能汇聚，新闻生产的内容智能创作，新闻分发的内容智能推荐，新闻接收的智能场景化，媒体内容的智慧化、高效化、高质量化。一是数字藏品。数字藏品作为塑造元宇宙的元素，具有数字化、透明化、稀缺性、真实性等特点，自 2022 年后逐渐进入大众视野。川观新闻上线 2023 年全国两会限量数字藏品"蜀与你"，将"带劲"豆花、永丰稻米、东坡文化等"一川风物"永久保存在元宇宙里。二是 AIGC。写作机器人、AIGC 等技术应用，能实现新闻内容自动化，为新闻工作提供更多的知识辅助并降低工作难度。新华社推出全国首个 AIGC 驱动的"元卯"元宇宙系统，包括数字人、元魔方、积木 AIGC 视频生产系统等；浙报集团等共同发起成立的"传播大脑"公司积极布局大模型领域，与阿里、百度、拓尔思达成战略合作协议，联合开展大模型研发，多款媒体内容生产类 AIGC 应用已供采编部门试用，赋能新闻内容创作。

（二）智慧治理

智能媒体的出现为政府与公众搭建起一个即时互动交流的信息平台，不仅提高了公众的政治参与热情与政府的办事效率，也推动了社会治理现代化。各媒体中心以智能化为依托，完善社会治理机制，建立智能化服务一体化信息平台。一是技术 + 服务。随着技术能力的不断提升，政务服务、社会服务、社会治理等内容融入媒体平台建设之中。长沙广电建设运营的"我的长沙"平台，牢牢抓住城市大数据资源，以数据和智能驱动，为城市治理提供触达民众、引导民众、服务民众的综合入口。二是技术 + 跨部门。技术嵌入社会化治理中化解各政府部门间的信息壁垒，增进部门间的交流、沟通与联动，促进政府组织模式变革，为实现跨部门协作的联合治理体系提供基础逻辑。青岛广播电视台构建社会综合治理与服务平台，以重点栏目、节目为载体，构建链接媒体、政府、企业等机构，深度参与社会综合治理的媒体赋能服务平台，重塑传播生态。

（三）智慧运营

所谓智慧运营，即借助于大数据平台能力，提高机构的管理效率。媒体通过媒介技术能力，构建面向经营、管理、运营等多方面的数据库，为不同部门、不同内容、不同群体提供高效、准确、多样化的数据智能分析服务。一是机制运营。华龙网基于"内容 + 技术 + 运营"的战略实施路径和"News+VIP"全链条服务生态图谱，创新媒体深度融合管理机制，在组织架构、人力资源、文化建设等六方面实施落地；《新疆日报》融媒体技术平台"石榴云"，运用大数据分析的算力，制定以发稿量、点击量、创新方式为指标的绩效考核制度，用数据实现用人体制机制创新。二是平台运营。一方面，平台基于智能算法，提供个性化内容推荐，提高平台运营的效率与转化率；另一方面，平台基于大数据，通过数据整合分析，提供社会服务，增量平台运营的社会价值。浙报集团以数据联通为基础，构建全省统一的技术引擎和中台支撑，形成统一媒体用户中心、统一媒体数据公共平台、统一媒体素材共享体系等平台，实现从静态数据呈现到动态运用的转变；青岛市广播电视台以数字化为驱动，以大数据、人工智能等技术为手段，构建全媒体宣传调度与运营指挥平台、舆情管控与舆论引导服务平台，持续推进智慧云平台系统建设。

九、全媒体人才队伍不断扩大

习近平总书记在党的新闻舆论工作座谈会上强调："媒体竞争关键是人才竞争，媒体优势核心是人才优势。"《关于加快推进媒体深度融合发展的指导意见》强调了人才队伍在建设全媒体传播体系中的重要性，强调要加大全媒体人才培养的力度。媒体融合发展的重点，在体制机制、在内容生产、在传播方式、在技术应用，归根到底在人才。媒体融合十年来，各级媒体积极创新内外部运营机制，积极探索合适的人才结构、管理机制与组织架构，形成适应外部市场竞争、满足融合需求、充满内部活力的良性运行机制，通过系统化的引人、育人、励人机制，培养高素质、高能力、高效率的全媒体人才，解放和发展专业化生产力，为新闻事业发展提供不竭动力。当前全媒体人才培养已然上升到系统工程层面，走向全面落实阶段。

（一）引人：制定人才引进机制

媒体融合发展，人才成为重中之重。突破传统用人机制的藩篱，实行积极、开放的人才引进机制，提高媒体自身人才吸引力，成为媒体融合发展的关键环节。媒体需把更多熟悉新媒体的青年人才放到合适的岗位上，充分释放人才活力，真正做到把专业青年人才向互联网阵地汇集、向移动端倾斜。江西报业传媒集团积极与中国传媒大学等著名院校进行联络和沟通，树立品牌形象，弘扬人才优势；齐鲁报系和山东省互联网传媒集团推行人才试点工程，通过设立"伯乐奖"、重点岗位人才"一事一议""首席员工待遇"等措施向全国招聘技术人才、深度记者和视频记者；尤溪县融媒体中心提供"保障型"政策，提供保障人才用房、高层次人才生活补助等政策，引进中国传媒大学播音硕士研究生等省外媒体人才 13 人。

（二）育人：培育全媒体技术人才

在全媒体人才"培育"上，要大力倡导业务成长和专业成长，不断完善优秀人才培养机制，且要进一步优化"蹲苗"制度，加大历练力度，加强对新入职人才的培养，完善导师帮带制，通过组建智媒体培训部门，以订单式、项目式培养方式让"老人""新人"尽快掌握技术。四川广播电视台下属两家公司四川观察和星空购物联合四川传媒学院，共同成立新媒体运营产业学院，积极创新探索"理论＋项目"联动教学模式，在媒体融合改革实践中拓展了大量"媒体＋"项目，尤其是把重人力、重运营的项目放在产业学院进行孵化；青岛广播电视台"青骑兵"团队模式，人单合一自驱动，构建生态广电体系，荣获 2022 年度全国广播电视媒体融合典型案例。

（三）励人：活跃体制机制

在人才激励管理上，要不断完善考核评价机制，加大人才交流力度，提升激励保障机制，探索在内设机构之间或与派出机构开展干部挂职交流，激发内生活力，培养复合型人才。四川观察在四川广播电视台人才晋升和薪酬激励体系框架下，从建立 OKR 考核机制、三通道双向晋升序列、薪酬激励机制、企业文化建设四个方面搭建人才晋升激励体系；江西报业传媒集团逐步实现由川台的"身份管理"向"岗位管理"转变，初步形成了人员能进能出、岗位能上能下、待遇能增能减的竞争性晋升机制；三明市融媒体中心创造性提出"事业绩效＋产业绩效"的双重激励机制，通过科学的评价体系和激励机制，既保证了社会效益，又提高了自身造血功能；江苏邳州广电探索事企并轨，以"企业化"薪酬招聘全媒体人才，打破编内外身份界限，用"一把尺子"量人才、评业绩，为融媒体中心发展提供人才支撑；湖州市新闻传媒中心打破编内编外身份差异，采用统一薪酬体系，做到客观公平公正。

十、国际传播能力不断加强

习近平总书记在党的二十大报告中指出："加强国际传播能力建设，全面提升国际传播效能，形成同我国综合国力和国际地位相匹配的国际话语权。"在推进中国式现代化建设的道路上，国际传播是一项重要课题内容。这就要求我们加快构建中国话语体系和中国叙事方式，向海外受众讲述中国故事、中国智慧、中国方案、中国理论、中国道路、中华文化等内容，综合用好各级政府、各类媒体、各方资源、各种力量进行国际传播，讲好中国故事、传递好中国声音，全面提高国际传播能力，为人类命运共同体建设作出贡献。

（一）换位与共情

国际传播要善于换位，了解海内外受众在解读新闻作品上的差异化，既要正视差异，又要善于共情，努力找寻国内外共同的"舒适区"，着力在对方的语境下用中国叙事表达自己。一是情感共鸣。情感共鸣是人类的一种天性，他人所经历的情感，自己也会感同身受。国际传播主体通过语言符号或非语言符号传递特殊情感，以影响海内外受众的情感、态度与行为，是我国国际传播实践中最为常见且传播效果较佳的方式。中新社二十大报道团队以"乡情"为出发点，策划推出"吾乡拾年"系列专题片，邀请世界各地的华商、华人科学家、华媒从业者、新侨代表等，与故乡的亲人、朋友通过视频连线的方式进行线上对话，引发海内外受众对于"乡愁"的情感共鸣。二是文化交流。媒体是文化传播与交流的主阵地，有责任传播中华优秀传统文化，有责任在差异文化中消解文化鸿沟，向海内外受众倡导文化平等与人类文明的要旨。北京冬奥会作为一场盛大的媒介事件，吸引全球目光的不仅是来自各国的奥运健儿，更有其中蕴含的中国文化元素及中华文化的独特魅力，如冬奥会奖牌传达着"天地合·人心同"的中华文化理念。三是"软文化"。纪录片、电视剧、电影等依托其特有的视听符号跨越文化和语言上的隔阂，是当下国际传播的主要样式。

（二）陈情与说理

"讲故事"的同时更要情理兼顾、情理交融，让海外受众愿看愿听、爱看爱听。一是构建话语体系。加快构建中国话语和叙事体系，注重提炼和宣介展示中国道理的标识性概念。如"一带一路"的提出彰显了中国式现代化的世界意义，中央广播电视总台CGTN 10月18日在德国法兰克福推出《共建"一带一路"：人类命运共同体理念助力中欧前行》电视特别节目，并举行"思想的力量"系列产品发布仪式，节目通过68种语言向全球推送，获得1600余家海外主流媒体转载，被超过6.4亿海外受众观看。二是用年轻人的方式讲。Z世代是正在走向世界舞台的新一代年轻人群体，有着更高的媒介素养、更广阔的国际视野、更新颖的叙事方式，已然成为国际传播不可或缺的新生力量、增强国际传播效果的重要抓手。2022年中国游戏《原神》火爆海外，该游戏将中华优秀传统文化以及他国文化进行现代化改编和产业改造，制作成符合Z世代喜好、易于被其接受的兼具艺术性与社交性的产品；中国日报努力打造国际传播"未来工程"，以"传播＋英语教育"为特色，构建融通国际传播和语言教育的双轮驱动新生态，打造"世界学生汇"品牌。

（三）表达与抵达

中新网总编辑吴庆才认为，国际传播要努力解决"两达"的问题：一是表达，二是抵达，既要警惕文化间的"鸡同鸭讲"般的无效表达、低效传播，也要努力突破"算法"和"政治"两堵墙。一是微观叙事。借助视听语言的表现张力，在叙事视角上从偏好宏大叙事到秉承"微言大义"，通过构建国内普通民众的生活场景、个体故事消弭国外受众的心理距离，向海外受众展示最为真实的中国本土故事。江西广播电视台的专题报道《三宝村的"农民艺术家"》荣获第 33 届中国新闻奖国际传播类三等奖，该作品采取内外联动、融合矩阵式传播，实现全球传播，触达用户 1.4 亿；2022 年 6 月，由苏州市广播电视总台、苏州市非遗办联合出品的纪录电影《天工苏作》正式登陆北美，率先在纽约、洛杉矶、旧金山、多伦多等地上映，该片从 12 位非物质文化遗产代表性传承人的微观视角切入，讲述了每位传承人与手艺之间的故事。二是技术赋能产品。《兵马俑史密森尼数字教育》项目由秦始皇帝陵博物馆、西安电子科技大学、史密森尼学习与数字访问中心等合作打造，将我国的秦文化与秦始皇帝陵博物馆进行数字化，在中美两国 K-12 课堂进行教学。成都大运会期间，新华社推出《AIGC：珍稀"宝贝"为成都大运会加油助威》，利用 AIGC 技术创造了一系列国家重点保护野生动物与成都大运会场景相结合的精美海报图案及文案，取得良好的传播效果。

参考文献

[1]刘建华.新时代党的新闻出版理论创新成果的结构体系、产生背景与重要意义[J].现代传播,2020（9）:42-45.

[2]习近平对宣传思想文化工作作出重要指示[EB/OL]. https://baijiahao.baidu.com/s?id=1779185774732365059&wfr=spider&for=pc.

[3]魏玉山,黄晓新,刘建华,等.十八大以来党的新闻出版理论十大创新成果[J].传媒,2017（10）:20-21,24.

[4]刘建华.党的十八大以来媒体融合的遵循与逻辑[J].传媒,2022（11）:24-28.

[5]习近平.论党的宣传思想工作[M].北京:中央文献出版社,2020:14.

[6]推动传统媒体和新兴媒体融合发展[EB/OL]. http://media.people.com.cn/GB/22114/387950/.

[7]习近平视察解放军报社[EB/OL]. http://www.xinhuanet.com/politics/2015-12-26/c_1117588434.htm.

[8]习近平就共同构建网络空间命运共同体提出 5 点主张[EB/OL]. http://www.xinhuanet.com/world/2015-12-16/c_128536396.htm.

[9]人民网:习近平谈媒体融合发展,关键在融为一体、合而为一[EB/OL]. http://

www.qstheory.cn/2019–03–26/c_1124282589.htm.

［10］习近平致第四届世界互联网大会的贺词［EB/OL］. https://www.gov.cn/xinwen/2017–12/03/content_5244219.htm.

［11］习近平.在网络安全和信息化工作座谈会上的讲话［EB/OL］. http://politics.people.com.cn/n1/2016/0426/c1024–28303544–3.html.

［12］中共中央宣传部.习近平论党的宣传思想工作［M］.北京：人民出版社,2019：16–17.

［13］习近平在中共中央政治局第十二次集体学习时强调：推动媒体融合纵深发展巩固全党全国人民共同思想基础［EB/OL］. http://politics.people.com.cn/n1/2019/0126/c1024–30591056.html.

［14］习近平主持召开中央全面深化改革委员会第十四次会议［EB/OL］. http://www.xinhuanet.com/politics/leaders/2020–06/30/c_1126179095.htm.

［15］习近平致新华社建社90周年的贺词［EB/OL］. https://baijiahao.baidu.com/s?id=1715661601680524239&wfr=spider&for=pc.

［16］中国共产党第二十次全国代表大会开幕会文字实录［EB/OL］. http://www.news.cn/politics/cpc20/zb/xhwkmh1016/wzsl.htm.

［17］顾烨烨,方兴东.中国媒体融合30年：基于政策的视角［J］.传媒观察,2023（6）：13–24.

［18］朱春阳,刘波洋.媒体融合的中国进路：基于政策视角的系统性考察（2014–2023年）［J］.新闻与写作,2023（11）：12–23.

［19］黄楚新,薄晓静.深度融合时代主流媒体新闻客户端的发展创新［J］.南方传媒研究,2023（3）：12–18.

［20］郭全中,朱燕.推进我国媒体客户端高质量发展的对策研究［J］.南方传媒研究,2023（3）：29–35.

［21］吴占勇.主流媒体短视频生产的三重逻辑［J］.新闻战线,2022（9）：55–58.

［22］黄楚新,陈玥彤.加强全媒体传播体系建设建构主流舆论新格局［J］.广播电视信息,2022,29（12）：29–32.

［23］何平.努力建成国际一流新型全媒体机构更好履行党中央喉舌耳目智库职责［J］.旗帜,2022（3）：18–20.

[24]刘建华,杨雨晴.全国媒体融合发展的当前情况与未来方略[J].中国传媒科技, 2023（9）:116–121.

[25]马颖.打造新型主流媒体构建全媒体传播格局[N].甘肃日报,2021–12–04(001).

[26]桑爱梅,梁昕怡.融心聚智合力致远——"一合两改三体系"的寿光融媒实践[J]. 城市党报研究,2022（1）:16–19.

[27]黄新华.技术嵌入市域社会治理:优势、风险与规制[J].国家治理,2021（21）: 19–24.

[28]中共中央办公厅,国务院办公厅印发《关于加快推进媒体深度融合发展的意见》 [EB/OL].https://www.gov.cn/zhengce/2020–09/26/content_5547310.htm.

[29]刘世才.融媒体人才队伍建设研究及对策思考[J].新闻文化建设,2021（6）: 60–61.

[30]卢瑛琦.全媒体时代下传媒领域人才队伍建设探析——以江西日报社(江西报业 传媒集团)为例[J].传媒论坛,2022,5（17）:26–29.

[31]王瑜,黄敏.构建适应主流新媒体发展的人才战略——基于对四川观察的剖析 [J].全媒体探索,2023（10）:15–17.

[32]杨奇光,左潇.国际传播中的共情:理论、策略与省思[J].对外传播,2023（6）:35– 39.

县级融媒体中心深度发展的几个关键问题[1]

2023 年 10 月 7 日召开的全国宣传思想文化工作会议的最重要成果是正式提出和系统阐述了习近平文化思想，我们应着力研究阐释其核心要义、精神本质、主要内容、逻辑体系、时代背景及价值意义。"坚持提高新闻舆论传播力、引导力、影响力、公信力"和坚持营造风清气正的网络空间是"九个坚持"中的重要内容，媒体融合深度发展与舆论引导力提升是习近平文化思想的极为重要的课题。2013 年 8 月，习近平总书记在全国宣传思想工作会议上首次提出融合发展思想。2014 年 8 月，中央全面深化改革领导小组第四次会议审议通过《关于推动传统媒体和新兴媒体融合发展的指导意见》。以习近平总书记重要讲话和《意见》为标志，媒体融合正式成为国家战略，2013 年也被称为媒体融合元年。作为一种治国理政的战略安排，媒体融合发展已有十个年头，县级融媒体中心建设也进入了第五个年头，在多年的融合实践中，涌现了很多成功的县级融媒体中心典型案例，如江西分宜县融媒体中心和贵溪市融媒体中心、福建尤溪县融媒体中心、浙江安吉县融媒体中心和长兴县融媒体中心、江苏邳州市融媒体中心和江阴市融媒体中心、湖南浏阳市融媒体中心、四川双流区融媒体中心和仁寿县融媒体中心、湖北夷陵区融媒体中心、河南项城市融媒体中心、河北香河县融媒体中心、甘肃玉门市融媒体中心、宁夏贺兰县融媒体中心、黑龙江海伦市融媒体中心等。县级融媒体中心已由最初两年的挂牌成立阶段进入到今后较长时期的能力建设阶

---

[1] 本文原载于《学术探索》2024 年第 4 期，人大复印报刊资料《新闻与传播》2024 年第 10 期全文转载。

段。这个能力建设就是要通过体制机制、生产流程、经营管理、技术应用、人才培养、队伍激励、政策资源等方面的综合发力，形成符合本区域实际的全媒体生产与传播能力，真正建成主流舆论阵地、综合服务平台和社区信息枢纽，成为地方党委政府"治县理政"的抓手和平台，为中国式现代化实践服务，为中华民族伟大复兴中国梦目标助力。未来一段时间内，融媒体中心能力建设有两大重要任务：一是占领舆论引导制高点，二是建设本区域文化体系。在舆论引导方面，融媒体中心要紧紧围绕中央及各级党委和政府的中心任务，通过解读好党的理论和路线方针政策、讲好本地老百姓生产生活故事、做好重大危机事件干预和外宣传播等工作，发挥强大的舆论引导作用。在本区域文化体系建设方面，融媒体中心要高度重视传播本地文化工作，我们知道，中国特色社会主义道路的每一步开拓，都是基于中国国情和中国文化的实践探索，在全面推进中国式现代化的大潮中，马克思主义和中华优秀传统文化在进行紧密结合，锻造出丰富的当代文化，形成新时代的中华民族现代文明，现代意义上的文化认同，必将为中国特色社会主义文化发展提供强大精神动力，为实现中华民族伟大复兴提供关键思想资源。为此，各级各类媒体务必高度重视对本区域本行业文化的传播，形成自己独特的文化体系，成为传媒产品生产传播取之不尽、用之不竭的活力源泉，形成区域融媒体中心核心竞争力，打通传播"最后一公里"，紧紧黏附本区域传媒文化产品用户，与中央省市级媒体形成互补优势，真正成为不可替代的基层新型主流媒体。

一、县级融媒体中心的本质是一种新闻机构

2020年9月，中共中央办公厅、国务院办公厅印发的《关于加快推进媒体深度融合发展的意见》提出"新闻＋政务服务商务"的发展新模式，为县级媒体融合发展提供了切实有效的科学路径，这条路径的出发点和目的都是以新闻为本，即无论怎么融合发展，新兴媒体和传统媒体一样，其本体都必须是新闻机构。县级融媒体中心是一种新型新闻机构，是在整合原有媒体资源的基础上，通过组织机构再造与生产流程再造，借助新媒体技术的优势，实现一体策划、一次采集、多种生成、多元发布，以政务与服务紧紧黏附受

众，提供新闻信息服务，实现有效传播，达到传播主流价值观和塑造意识形态的目标，为本县经济社会发展助力，真正做到"不忘初心、牢记使命"，切实为人民谋幸福、为民族谋复兴。

县级融媒体中心和其他媒体一样，其根本属性依然是进行反映客观事实的信息传播（包括新闻），这种信息借助网络技术、数字技术、移动技术和智能技术，可以与各色人等、各个阶层、各种时空、各行各业、各民族各国家进行融合赋能，重构新型数字传媒经济产业链。数字经济是指通过大数据（数字化的知识与信息）的识别、选择、过滤、存储、使用，引导实现资源的快速优化配置，实现经济高质量发展的经济形态。数字经济的本质是信息经济。数字传媒经济就是大数据成为传媒生产流通的新型基础设施，数字技术再造了传媒社会生产总过程，传媒资源得到有效配置，生产和流通成本极大降低，消费者个性化精神需要得到充分满足的经济形态。

对于数字传媒经济而言，我们需要把握以下几个关键。第一，数字传媒经济是天然的信息经济。传媒作为传播信息和知识的载体，本身就是一种信息产业，与数字技术的衔接最为自然也最为顺畅。第二，数字传媒经济全链条的改造基本完成，但要素生产率还有待提高。"一体策划、一次采集、多种生成、多端发布"的生产流程基本建成，但是具体到多元媒介产品生产上，协调性和集约性还不够，不能真正做到最大化发挥生产要素效能。第三，数字传媒经济是包括传统媒体产业在内的信息经济。理论上而言，凡是有数字技术赋能其生产环节和流通环节的传媒行业，都属于数字传媒经济，不管何种类型的媒体，或者在内容生产上用到数字技术，或者在流通渠道上用到数字技术，这些经过数字技术赋能后的传媒都属于数字传媒经济。第四，数字传媒经济是区域协同发展的经济。"媒体＋其他产业"可以跨越区域的物理界线，形成自成体系的产业价值链。当然，在区域协同上，融媒体机构应该是分主体、分阶段的均衡联动。所有媒体综合用力，形成生态效应，从而构建区域协同发展的数字传媒经济产业链。当然，需要强调的是，数字传媒经济产业链条上的所有媒体组织和媒介形态，依然要有自己的价值追求与责任担当，依然要严守新闻的基本规律和原则，如"铁肩担道义，妙手著文章"，如真实性、客观性、公正性等，如既要正面宣传又要舆论监督，如公共利益的维护，如为弱势群体发声，如防止数字信息鸿沟，要不断发挥社会监督、协调沟通、经济推动和娱乐润滑的作用，促进人类社会的不断进步。

从组织构成来看，县级融媒体中心的基本构成包括生产者构成、职能部门构成、渠道构成、产品构成、受众构成、社会构成等。生产者构成包括记者、编辑、技术人员、经营人员和管理人员等。职能部门构成日益要求精干化、扁平化、板块化，尽量减少无谓的行政成本，如浙江安吉融媒体中心，在内部实行三条线管理，编委会抓新闻主业，经管会抓产业经营，行管会抓行政保障；福建尤溪融媒体中心职能部门主要包括融媒资讯中心、品牌传播中心、综合服务中心三大板块。传播渠道指的是传媒产品的流通问题，即传媒产品从生产者到达消费者所经过的线路。这条线路由各级中间商构成，渠道越长越多，产品市场的扩展可能性越大，但问题是生产者对产品的控制能力和信息反馈的清晰度也就越低，甚至生产者的获利和消费者的福利都会大幅降低，大多生产者都选择零级渠道。县级融媒体中心既有线上渠道也有线下渠道，既有传统渠道也有新媒体渠道，既有自身渠道也有"借船出海"渠道，既有传媒渠道又有活动渠道。不过，县级融媒体中心主要选择零级渠道的移动优先传播，借助网络服务商、平台服务商、技术与应用服务商的力量，以最小的流通成本实现最大化的传播效果。对于县级融媒体中心而言，产品构成可以分为新闻产品和非新闻产品，非新闻产品可以分为纯信息产品和信息赋能产品。新闻产品的比重视融媒体中心体量规模而有不同，经济实力较弱的可以专注做新闻产品，经济实力较强的可以在新闻产品和非新闻产品领域平分秋色，信息社会允许融媒体中心放心大胆地拓展信息产品业务，而且可以利用媒体天然的信息集聚与撒播优势，使信息资源赋能一二三产业及各个行业，如安吉融媒体中心利用直播做"优品汇"，其竹林鸡、安吉白茶已拥有较大影响的全国性市场，通过做强做大数字传媒经济产业，形成有重要社会主体地位的县级融媒体中心行业。在受众构成方面，由于"新闻+政务服务商务"的目标追求与实践行动，在本区域生活生产的人们理论上都是其用户，而且每个人都能拥有自己的趣缘圈，有坚定的归属感。作为无疆弗届的新媒体，县域之外乃至国际受众都可以是融媒体中心的用户，从这个意义上而言，县级融媒体中心实际上是具有强大国际传播能力的新型主流媒体，如尤溪融媒体中心制作的尤溪形象宣传片及守摊人纪录片等产品，已走向国际市场，发挥强大的国家形象传播效应。在社会构成方面，县级融媒体中心作为一种公益性的新闻机构，充分发挥信息纽带作用，成为地方党委政府"治县理政"的抓手和平台，有力促进了乡村振兴和县域经济社会发展。

要之，县级融媒体中心作为一种新型新闻机构，不管其层级、类型、规模如何，根本要求是具备全媒体传播能力，协力建成全国性的全媒体传播体系。为此，我们应正确把握以下几个问题：第一，从整个传媒大行业来看，新型主力军要共同构筑综合性全媒体传播体系。要合力为党和人民服务，构建网上网下一体、内宣外宣联动的主流舆论格局，建立以内容建设为根本、先进技术为支撑、创新管理为保障的全媒体传播体系，牢牢占据舆论引导、思想引领、文化传承、服务人民的传播制高点。第二，从具体媒体组织机构来看，要生产出多形态与多介质传媒产品，实现线上线下综合传播。所谓多形态主要指的是利用新媒体技术，对文字、图片、音频、视频等几种表达元素进行组合，满足不同圈子消费者的需求；所谓多介质主要指的是报刊、图书、广播电视、互联网、微信微博等不同介质的媒介形态。融媒体中心作为一个个新闻机构，深度融合的结果就是像太阳光一样，看起来是一种颜色，但实际上是由红、橙、黄、绿、蓝、靛、紫七种单色光组成的。在融媒体这个太阳光之中，涵括了文字、图片、音视频等不同形态和原子、电子、数字等不同介质的各种色光，这些多元媒体介质既是一个结构整体，又各自独立存在，真正实现融媒体社会生产全过程的一体策划、一次采集、多种生成、多端发布。如此，在移动优先的第一定律下，发挥报刊、图书、广播电视、新媒体等各自的传播优势，实现全媒体传播效果。第三，从内容传播业务来看，全媒体传播并不是指所有媒体机构所有时候对同一新闻题材都得进行全媒体传播。可以根据不同题材，进行或新媒体产品或传统媒体产品或全媒体产品传播。这样，我们可以灵活地进行新闻生产，最大化节约生产成本，最佳化达致传播效果。

二、县级融媒体中心深度发展的逻辑与遵循

十年来，习近平总书记关于推动传统媒体与新兴媒体融合发展的论述，展示出一条清晰的演进轨迹，不断逻辑化与系统化，从"你是你、我是我"变成"你中有我、我中有你"，进而变成"你就是我、我就是你"，到"四全"媒体，最后在全媒体传播体系建成的基础上，不断扩大传播力和影响力，为推动构建人类命运共同体贡献智慧和力量。

2013 年 8 月，习近平总书记在全国宣传思想工作会议上强调，"要适应社会信息化持续推进的新情况，加快传统媒体和新兴媒体融合发展"。2014 年 8 月，习近平总书记在中央全面深化改革领导小组第四次会议上强调，"要坚持先进技术为支撑、内容建设为根本，推动传统媒体和新兴媒体在内容、渠道、平台、经营、管理等方面的深度融合"。2015 年 12 月，习近平总书记在视察解放军报社时指出，"'互联网 +'就是'互联网 + 各个传统行业'"。2015 年 12 月，习近平总书记在第二届世界互联网大会开幕式上讲话中提出了构建网络空间命运共同体的五点主张。2016 年 2 月，习近平总书记在党的新闻舆论工作座谈会上指出，"融合发展关键在融为一体、合而为一。要尽快从相'加'阶段迈向相'融'阶段，从'你是你、我是我'变成'你中有我、我中有你'，进而变成'你就是我、我就是你'，着力打造一批新型主流媒体"。2017 年 10 月，习近平总书记在党的十九大报告中指出，加强互联网内容建设，建立网络综合治理体系，营造清朗的网络空间。在给第四届世界互联网大会的致信中指出要携手构建网络空间命运共同体。2018 年 4 月，习近平在网络安全和信息化工作座谈会上指出，"把握好时度效，构建网上网下同心圆"。在全国宣传思想工作会议上指出，"使互联网这个最大变量变成事业发展的最大增量。要扎实抓好县级融媒体中心建设，更好引导群众、服务群众"。2019 年 1 月，习近平总书记在中共中央政治局第十二次集体学习时强调，"推动媒体融合发展、建设全媒体成为我们面临的一项紧迫课题。网络空间已经成为人们生产生活的新空间。移动互联网已经成为信息传播主渠道"。2020 年 6 月，中央全面深化改革委员会第十四次会议审议通过了《关于加快推进媒体

深度融合发展的指导意见》，习近平总书记强调，"推动媒体融合向纵深发展，建立以内容建设为根本、先进技术为支撑、创新管理为保障的全媒体传播体系"。2021年11月，习近平总书记致信祝贺新华社建社90周年时指出，"加快融合发展，加强对外传播，努力建成国际一流新型全媒体机构"。2022年10月16日，习近平总书记在党的二十大报告中指出，"巩固壮大奋进新时代的主流思想舆论，加强全媒体传播体系建设，推动形成良好网络生态"。

媒体深度融合发展取得成功的根本前提是要把握好习近平总书记媒体融合发展论述的基本逻辑及行业社会生产总过程的关键节点。三个基本逻辑分别是：从媒体角色与功能逻辑来看，媒体融合发展的根本宗旨是巩固马克思主义在意识形态领域的指导地位，巩固全党全国人民团结奋斗的共同思想基础，为实现中华民族伟大复兴的中国梦提供强大精神力量和舆论支持。从媒体传播主体地位逻辑来看，媒体融合发展的根本目的是占领舆论引导、思想引领、文化传承、服务人民的传播制高点。要实现巩固共同思想基础、提供强大精神动力和舆论支持的根本宗旨，需要融合发展后的新型主流媒体能够占领信息传播的制高点。从媒体社会生产总过程逻辑来看，媒体融合的根本任务是建立以内容建设为根本、先进技术为支撑、创新管理为保障的全媒体传播体系。融媒体社会生产总过程的八个节点分别是：从融合技术上来看，主流媒体要以先进技术为支撑。从融合主体来看，要深化体制机制改革，推动媒体市场主体深度融合，打造一批具有强大影响力和竞争力的新型主流媒体。从融合生产来看，要推动内容与技术深度契合，必须以内容建设为根本。从融合创新来看，要实现内容、渠道、平台、经营和管理等方面的持续创新。从融合政策来看，各级党委和政府要加大对媒体融合发展的支持力度。从融合人才来看，要加大力度培养全媒体人才。从融合消费场域来看，要融通线上线下，构建网络空间命运共同体。从融合对外传播来看，把握国际传播领域移动化、社交化、可视化的趋势，构建对外传播话语体系。

三、县级融媒体中心深度发展的"四梁八柱"

县级融媒体中心如何做好能力建设，成为有强大传播力、引导力、影响力、公信力的新型主流媒体，关键是要做好其核心构成"四梁八柱"的建设工作，主要包括角色论、功能论、生产论、经营论、发展论、效果论、国际传播论、人才论八个板块。

县级融媒体中心扮演的是"主流舆论阵地、综合服务平台、社区信息枢纽"角色，它是我国国家治理体系和治理能力现代化建设的重要一环，是"治县理政"的抓手与平台。要把握好县级融媒体中心的角色内涵，需要对角色形成的历史背景与现实要求，主流舆论阵地、综合服务平台、社区信息枢纽等开展研究工作。县级融媒体中心角色的形成和发展有着一定的历史背景和现实需求。一是国家战略方针的重要环节。二是基层县域治理的现实需要。三是媒体深度融合的必然趋势。在这个历史背景和现实需求基础上，重点是理解和践行主流舆论阵地、综合服务平台、社区信息枢纽三个角色的内涵与外延、价值与作用、要求与实践等内容。

县级融媒体中心的三重角色需要发挥相应的功能。主要是在习近平新时代中国特色社会主义思想的指导下，使社会发挥更多元、更广泛的信息传播、政务服务、生活服务和商务服务等作用。从理论溯源来看，社会学的功能论是县级融媒体功能论的学术理论基础，功能学派强调各部分对自身功能的承担和自身与其他功能之间的关联。习近平新时代中国特色社会主义思想是县级融媒体功能形成的理论前提，媒介融合的社会趋势是县级融媒体中心发展的实现条件，主要有主流舆论阵地、综合服务平台、社区信息枢纽等重要功能。舆论阵地功能包含新闻服务功能、社会监督功能和协调沟通功能。综合服务平台功能包括党建信息、政务信息和各类文化、生活信息和服务的传递。社区信息枢纽功能包括全媒体传播功能和内容生产功能。县级融媒体功能发挥的实现条件是：力行体制机制改革，在推进改革创新中赢得主动；创新话语体系，加强舆论引导能力建设；发掘县域特征，利用本土资源引导服务群众；发展经济新业态，开拓多元创收渠道；精耕本土资源，打造品牌助力乡村振兴；依托本地优势，全面推进社会治理。

县级融媒体中心的生产必须坚持"内容为王"，在内容、理念、手法、形式等领域不断强化创新手段，切实发挥基层新型媒体的重要作用。县级融媒体中心生产能力提升的要素保障主要包括政治首位、新闻敏感、紧抓热点、本土表达、善于策划等方面。重大主题、大型活动、舆论监督、公益宣传、融媒产品、对外传播、专题制作、区域合作是其全媒体生产传播的重点方向。县级融媒体中心生产能力的提升还包括内容运营。内容运营的核心目的是让内容产品的价值得到更好的转化，包括全科室运营、全员化运营、栏目化运营、主播化运营、监督型运营、社区化运营、商业化运营、技术型运营、议题化运营、闭环式运营等方面。要提升县级融媒体中心的生产能力，需要我们在体制机制、组织架构、人才支撑、技术引领、智库建设、学习提升、经营创收等方面不断改革创新。

县级融媒体中心经营管理主要体现在四个方面：一是提供优质的信息服务，二是增强社会责任感，三是优化商业模式，四是提升媒体形象。县级融媒体中心经营管理方式包括深耕本土扎根县域、好用实用新闻赋能、找准赛道面向全国等方面。当前，县级融媒体中心经营管理表现为传统保守、有效开拓、无限扩张等方面，体现以我为主、非我不可、自我优化等特点，存在过度依附商业平台、自有平台黏合性不明显、专业运营人才短缺等问题。未来，应在争取当地党委和政府做最大程度支持、赢得人民群众的最大程度参与、不断总结经验更好推广外延等方面着力。

县级融媒体中心要重视内部要素整合和外部服务探索，整合政治、技术和市场，将媒体与政务、服务等业务相结合，推进自身建设发展。政治逻辑、市场逻辑、技术逻辑是县级融媒体中心发展的三维逻辑。县级融媒体中心发展有其目标定位，我们要从全国传播格局定位、组织机构定位、县域市场定位等方面来分析把握其目标定位。县级融媒体中心的高质量发展应该在县级融媒体中心平台化，县级媒体国家市场、中间市场、草根市场三层市场结构发展方向等方面发力。

县级融媒体中心的传播效果论是检验县级融媒体中心建设成绩的重要手段。县级融媒体中心的传播效果包括：从宏观层面来看，是牢牢占据舆论引导、思想引领、文化传承、服务人民的传播制高点；从中观层面来看，是业务效果；从微观层面来看，是受众使用度和满意度。传播效果制约因素包括体制机制和运营管理融合深度不够、运行资金紧张、缺乏全媒体人才和技术人才、经营能力欠缺、受众媒介素养较低等。技术接受理论、传播效果、使用与满足理论、利益相关者理论是效果评估体系的理论依据，并要遵循社会效益评估和经济效益评估相结合、系统性与有效性相结合、科学性与可操作性相结合、定量评估与定性评估相结合等原则。我们应对媒体服务、党建服务、政务服务、公共服务、增值服务分类进行效果评估指标初选，分类构建出版走出去效果评估指标体系。

国际传播是县级融媒体中心扩展自身受众规模、助力国家良好形象传播的重要内容，县级融媒体中心要积极服务于国家国际传播战略，用富有地方特色的媒体内容推动中华文化"走出去"的步伐。县级融媒体中心应因地制宜、大胆探索，在增强可持续发展能力的同时，将县域发展的信息传播至更广阔的国际场域，成为讲好中国故事、传播好中国声音的重要力量。县级融媒体中心有其国际传播的出场语境，国际传播的意义生成在于县域发展中的媒介治理与国际传播、国家发展中的媒介生态与国际传播、全球传播中的媒介联通与共同体构建等方面。国际传播能力的提升路径包括：内容生产策略——挖掘本地特色，打造文化纽带；传播创新策略——拓展内外关系，激发共情共鸣；平台构建策略——丰富传播渠道，拓展传播场域；产品运营策略——打造县域名片，丰富国家形象。

县级融媒体中心所有目标和任务的实现，归根结底要靠人才。激活人才资源是盘活内容的重要保证，是县级融媒体中心建设的动力之源，要完善绩效考核等人才激励机制，吸引人才，留住人才，确保建设需求。县级融媒体中心人才建设的类型包括管理层、采编人员、技术人员和经营人员等。当前，县级融媒体中心人才建设的主要问题包括：人员结构问题，普遍存在聘才引才难、育才难、留才难，缺乏技术和专业人才，创新意识不足，人才队伍管理方式落后，人才储备和后续动力欠缺等。县级融媒体中心人才建设应朝以下方面努力：优化现行管理体制，建立健全激励约束机制，优化考评机制，多元化的创新思路，做好选才、育才工作，完善人员流动机制，推行共建模式，推动人才融合等。

四、县级融媒体中心深度发展的舆论引导

占领舆论引导制高点是县级融媒体中心能力建设和深度发展的一项重大任务，也是县级融媒体中心之所以是新闻媒体机构的安身立命之本，如果这个任务没有做好，县级融媒体中心也就很难有存在的价值。

综观舆论引导能力做得较好的县级融媒体中心如尤溪、安吉、分宜、长兴、浏阳等，它们成功的共同之处为：一是在内容上立足本土，深挖特色。县级融媒体中心在覆盖面和传播力上，不能与上级媒体相比，只能牢牢把握本地新闻，发布当地各种政策，达到解疑释惑、凝聚共识的目的。二是切实做到扎根基层，为民服务。开设民生栏目，倾听百姓的声音，实实在在地为老百姓办事是县级融媒体中心连接群众的桥梁。三是坚持有效舆论引导，坚实履行职责使命。作为县级融媒体中心，就是要坚持以正面宣传为主，大力弘扬正能量，把本县人民的思想统一起来、精神提振起来、力量凝聚起来。

对于当下的县级融媒体中心而言，舆论引导主要是做好四个方面的工作：一是做好党的理论路线、方针政策的解释与传播，以老百姓喜闻乐见的方式传播出去。搭建好政府与老百姓之间的桥梁，不仅要将政策以便于接受的方式传达给人民，又要把老百姓的诉求与关切传达到政府管理者面前。二是讲好本地老百姓生产生活故事，用心用情用力去挖掘、报道、宣传本区域本行业人们努力学习、奋发有为、乐观进取的多彩实践。三是做好重大危机事件舆情危机疏导工作，采取各种方略有效引导社会舆论，使不利舆情"消落"、有利舆情"长起"，维护本区域社会心理稳定、社会关系稳定、社会生活稳定、经济稳定和政治稳定。四是通过外宣传播强化本区域公众认同，形成强大凝聚力和向心力，这个外宣就是本区域之外的媒体关于该区域的报道，既可以是本区域媒体的供稿，也可以是本区域之外媒体的自采稿和相互转载稿。这种外宣稿子可以更好地增强本区域公众的认同感，发挥潜移默化的舆论引导作用。做好外宣工作是每个媒体打造影响力的重要武器，不管是区域媒体还是行业媒体，都需要做好本区域本行业的外宣工作，塑造本区域本行业的良好形象，有利于吸引各种优秀资源促进本区域本行业发展。

　　当然，全国县级融媒体中心舆论引导能力建设也面临一些共性问题。一是内容生产问题，目前，大多数县级融媒体中心内容生产能力较弱，新闻策划、采访、制作都存在问题。无论是图文新闻还是短视频等媒体形式的精品力作较少，很多内容产品只是泛泛而谈，难以引发受众的共鸣和复利传播。二是社会观点多元问题，随着新媒体不断涌现，传播的信息也日益丰富，从传播形式到传播内容均呈现多元化的发展态势，所以大众舆论的焦点也在不断变化。随着观点交锋的日益活跃、传播主体的变化、信息诉求的不同，受众的角色及受众的价值观也发生了转变。面对舆论声音向多元化转变的现实，县级融媒体中心的单一传播会使其丧失原有受众，失去舆论引导能力。三是资金问题，全媒体生产与传播能力是增强舆论引导力的重要保障，基础设施的建设、技术设备的配备、人才队伍的培养、精品力作的生产、系统渠道的拓展、多元终端的打造，都需要大量而持续的资金投入，这对于体量本就不大的县级融媒体中心来说，是个难以解决的严峻挑战。四是人才问题，人才问题在县级融媒体中心的发展中体现得尤为明显，各县媒体多年来不断引进高新技术人才和播音、主持、策划、编导等专业人才。由于编制不足和待遇不力等关键短板，人才吸引能力较弱，人才激励动力不足，人才流失相对严重，需要协调多方力量来缓解这个问题。五是方式方法问题，舆论引导方式方法较单一，创新性不足，影响力有限，县级融媒体中心欠缺将新闻资源转化为社会影响力和竞争力的能力，深度报道、典型宣传和创新性报道少，引领社会思潮、塑造核心价值的有较大舆论影响的报道少。不仅如此，县域内媒体竞争也很激烈，县级主流媒体的影响力有限，再加上一些局委办政务媒体及社交媒体的竞争，县级融媒体中心尚不需要在舆论引导方式方法上寻求重大突破，从而把自己真正建成具有强大"四力"的新型主流媒体。

　　未来，县级融媒体中心要做好舆论引导，宏观层面的基本方略就是要掌握党的十八大以来习近平总书记关于新闻出版宣传工作的新思想、新观点、新论断，主要应掌握十大创新性成果：一是新闻出版本体论——以人民为中心的工作导向；二是新闻出版工作原则论——党性与人民性的统一；三是新闻出版功能论——新闻舆论"48字"方针（"高举旗帜、引领导向"规定了新闻出版的政治功能，"围绕中心、服务大局"规定了新闻出版的经济功能，"团结人民、鼓舞士气"规定了新闻出版的统战功能，"成风化人、凝心聚力"规定了新闻出版的文化功能，"澄清谬误、明辨是非"规定了新闻出版的教育功能，"联接中外、沟通世界"规定了新闻出版的外交功能）；四是新闻出版效益论——以社会效益为首位的两个效益相统一；五是新闻出版宣传论——舆论监督与正面宣传的统一；六是新闻出版方法论——新闻出版"时度效"；七是新闻出版发展论——全媒体的融合发展；八是新闻出版场域论——网络空间命运共同体；九是新闻出版对外传播论——"讲故事"的国际传播；十是新闻出版教育论——"部校共建"新闻学院。

微观层面的基本方略主要为：一是深化顶层设计，出台相关支持政策。融媒体中心的建设，既有媒体传播功能和服务功能的融合，也有政府行政功能、群众服务功能的融合，是地方政府提升执政能力、巩固基层政权的有效措施。对于管理者而言，首先要破除部门壁垒，各职能部门自上而下要拧成一股绳，媒体融合是一把手工程，党委和政府主要领导重视，部门齐心支持，这项改革工作才能做得好。县级融媒体中心不能"等、靠、要"，要明白"有为才有位"的道理，积极主动做好自己，积极为党委和政府排忧解难，为部门创新线上工作，才能被领导真正重视，部门大力支持，从而破解部门壁垒。其次要加快成立县级融媒体中心发展基金，有针对性地对县级融媒体中心建设项目进行扶持。最后，各级党委政府可以从政府购买服务角度入手，通过"输血"和"造血"的方式帮助县级融媒体中心解决资金不足问题，将公共资源优先配置给县级融媒体中心。二是明确导向，树立用户意识。对于县级融媒体中心自身而言，要深切认识到正确舆论导向是媒体安身立命之本，必须把握正确的政治方向、舆论导向、价值取向，"贴牢党政、贴紧基层、贴近群众"。在推进媒体融合发展上，要坚持"党政满意、群众喜欢"的价值取向。在内容生产上，要树立"用户的兴趣在哪儿，舆论阵地就在哪儿，融媒体的产品就要跟进到哪儿"的用户意识，提升媒体的贴近性和用户的黏性。三是以客户端为抓手，新兴媒体与传统媒体协同作战。建立"以移动客户端为核心，微博微信公众号和传统媒体为两翼"的舆论引导矩阵，新兴媒体和传统媒体协同进行舆论引导，使舆论引导力最大化。在新媒体时代，传统媒体通过新媒体可以与用户建立更深入的连接，拥有更多的手段和方式与用户互动，拥有更多的手段和方式引导受众舆论。通过与新媒体联动，发挥纸质媒体的深度、网络媒体的广度、社交媒体的热度。新媒体的优势在于可以汇聚各方观点和反馈，传统媒体可以将各方观点集纳式传播，体现权威性和导向性，增强互动性和吸引力，从而提升影响力。四是以人为本，加强队伍建设。（1）加强对新闻舆论工作者的政治教育和业务培训，为县级融媒体中心建设提供坚实的人才保障；（2）将新闻舆论工作队伍建设作为干部队伍建设的重要任务；（3）深化改革，改"身份管理"为"岗位管理"，将合理公平的绩效考核制度作为留住人才、吸引人才的根本。（4）着力精神嘉奖，赋予新闻工作者更高的社会地位，通过组织传播、大众传播与人际传播等方式，塑造新时代的名记者名编辑名主持人，鼓励人才向县级融媒体中心流动。

五、县级融媒体中心深度发展的文化建设

2022 年 10 月，习近平总书记在党的二十大报告中指出，"坚持和发展马克思主义，必须同中华优秀传统文化相结合"。2023 年 6 月 2 日，习近平在文化传承发展座谈会上强调，"在新的起点上继续推动文化繁荣、建设文化强国、建设中华民族现代文明，是我们在新时代新的文化使命"。2023 年 10 月 7 日召开的全国宣传思想文化工作会议首次提出了习近平文化思想，习近平总书记对宣传思想文化工作作出重要指示，强调要"坚定文化自信、秉持开放包容、坚持守正创新，为全面建设社会主义现代化国家、全面推进中华民族伟大复兴提供坚强思想保证、强大精神力量、有利文化条件"。建设本区域文化体系是县级融媒体中心的又一项重大任务，这项任务应从以下三方面着力。

第一，在传播理念上，融媒体中心应肩负起构建区域文化体系的历史责任。文化体系是某个区域某个团体为自己的生存而设计，经过历史传承和沉淀形成的一种有明显辨识度的自给自足的体系，区域有自己的文化体系，民族有自己的文化体系，行业有自己的文化体系，无论是从空间或时间而言，还是从人群或行业而言，都可以拥有属于自己的文化体系。文化体系对于所

属的圈子、民族和国家而言，发挥着塑造共同思想基础、鼓舞群体士气的作用，能够推动经济社会永续强劲发展。由于地理空间与历史习惯的原因，每个县区在拥有所属民族国家文化体系之外，也拥有专属于本区域的文化体系，千百年来人们在这片土地上的核心思想与基本行为，构成了本地文化体系，使在这片土地上生存的人们拥有大体一致的世界观、价值观与人生观。尽管区域文化的存在是毋庸置疑的，但区域文化体系却并不一定都是一种成熟的存在。需要我们把自然、零散的文化特质，通过有组织有计划的行为，转化为自觉、系统的文化体系，融媒体中心因其传媒的天然优势，历史地成为区域（圈子或行业）文化体系的组织者和构建者。媒体有充足的社会动员能力，能够整合各种人力、物力和财力，共同塑造一个区域的当代文化体系，如此顺延，一代代媒体及其从业者都在着力塑造当下的区域文化体系，该区域文化体系的内涵与外延将无比灿烂丰富，有着无法替代的文化主体地位。

第二，在传播对象上，融媒体中心应发挥鉴别区域文化强符号的时代作用。文化、符号、媒介是我们在实际工作中必须掌握的几个概念。文化是人类一切生活方式的总和，即只要打上人类印记的东西，都可以称为文化。符号的本质是一种代表关系，即以"此"代表"彼"，有作为意义的所指和作为形式的能指，这个能指是丰富多彩的，决定了符号的多元性。媒介是信息的中介，是可以传达意义的人事物，自然世界和人文世界的各种元素都可以成为媒介。从时间顺序上而言，符号与媒介要早于文化，当人类还处在野蛮时期时，风雨雷电声音动作都可以是符号，媒介借助符号来传达意义，符号本身也是一种媒介，文化则是随着人类文明的不断演进而理论化体系化符号化，精神文化、物质文化、制度文化构建了人们生存发展的意义世界。随着物质产品的繁荣发展，有些物质品牌具有了文化意义，反映出某些价值观和生活方式，也就成为象征符号，人们消费物质产品不仅仅是生活需要，更是精神需要，品牌产品的文化符号所指，能够表达和传递某种意义和信息，体现消费者的地位、身份、个性、品位、情趣和认同，在满足人的基本需要之外，体验社会表现和社会交流。在符号学看来，有声语言、文字、实物、衣饰、人物、事件等都可以是符号，一切人事物都具有指代功能，因此都可以是符号，自然世界和人类世界是符号化的世界。文化是媒介传播的重要内容，是传媒机构进行创意生产取之不尽、用之不竭的活力源泉，媒介要通过文字、图片、数据、声音、影像、动漫等各种符号来承载信息、传播意义，因此，文化强符号自然成为传媒机构的宠儿，可以用最低的社会成本产生最优的社会福利。当区域文化资源与品牌产品具有很强的传播力和影响力的时候，实际上就是代表这个区域古往今来人事物的文化强符号，这些文化强符号反映了区域当代主流意识形态，传播富有持久性，能指形式独特，被大众传媒和人们广泛使用，体现出较为稳定的价值认同。长城、故宫、京剧、功夫、长江、黄山等就是中国著名的文化强符号，物质品牌产品和历史文化资源都可以成为文化强符号的来源，融媒体中心恰逢其时地发挥了鉴别和传播文化强符号这一时代作用，当下，县级融媒体中心可以聚焦六种文化强符号的传播，包括名人（如苏轼等）、名事（如赤壁之战等）、名物（如故宫等物质文化遗产和越剧等非物质文化遗产）、名地（如九寨沟等风景名胜）、名牌（有名的农林渔业工商产品如桂林米粉、鸭鸭羽绒服等）、名作（如《红楼梦》《聊斋》《茶经》等）。全国县区拥有各自不同的地方文化资源，所在地融媒体中心应聚焦这些文化符号，通过多种形式的宣传报道，丰富其能指形式，强化其所指意义，使其成为区内外人们熟知的文化强符号，从而有力传播区域良好形象，引进更多更优的区外资源，促进当地经济发展。

第三，在传播手段上，融媒体中心要致力于全媒体生产与传播的当下实践。 县级融媒体中心是新型主流媒体的主力军，在本区域舆论引导、思想引领、文化传承、服务人民方面发挥着重要作用，需要持之以恒地用全媒体手段传播当下的生活生产实践。全媒体生产与传播既是一种生产能力，又是一种传播手段，要求融媒体中心生产出多形态与多介质的传媒产品，实现线上线下综合传播。当然，全媒体传播并不是指所有媒体机构所有时候对同一题材都得进行全媒体传播，全媒体传播只是一种理论要求和能力具备，要根据不同报道题材和不同消费需求生产出或传统或新媒体或融合的传媒产品，以最低的社会成本实现最优的社会福利。对于夷陵区融媒体中心来说，在对六大文化强符号的梳理、挖掘与传播中，要根据它们的特质，从每个强符号独立的文化体系构建出发,对其历史源流、相关人物、类型文化、社会关系、实践影响等方面的文化特质进行深入描述与分析,用文字、图片、短视频、纪录片、影视等各种介质和形态的手段去表现其本质、规律、特征与价值意义,通过有计划地扎实推进,五年十年以后,各个符号所属的文化体系大厦必将建成。如此,"一座来电的城市""桔都茶乡桃源酒城""钓源古村""吉州窑""瓷源茶乡""瑶里古镇""白鹿洞书院""龙虎山天师文化""安吉白茶"等文化强符号必将成形,届时,它们对于夷陵、吉州、浮梁、庐山、安吉等县区人民的意义将如同长城、故宫、长江等对于中国人民的意义。

参考文献

［1］习近平.论党的宣传思想工作［M］.北京:中央文献出版社,2020:14.

［2］推动传统媒体和新兴媒体融合发展［EB/OL］. http://media.people.com.cn/GB/22114/387950/.

［3］习近平视察解放军报社［EB/OL］. http://www.xinhuanet.com/politics/2015-12/26/c_1117588434.htm.

［4］习近平就共同构建网络空间命运共同体提出5点主张［EB/OL］. http://www.xinhuanet.com/world/2015-12/16/c_128536396.htm.

［5］人民网:习近平谈媒体融合发展,关键在融为一体、合而为一［EB/OL］. http://www.qstheory.cn/2019-03/26/c_1124282589.htm.

［6］习近平致第四届世界互联网大会的贺信［EB/OL］. https://www.gov.cn/xinwen/2017-12/03/content_5244219.htm.

［7］习近平,在网络安全和信息化工作座谈会上的讲话［EB/OL］. http://politics.people.com.cn/n1/2016/0426/c1024-28303544-3.html.

［8］中共中央宣传部.习近平论党的宣传思想工作［M］.北京:人民出版社,2019:16-17.

［9］习近平在中共中央政治局第十二次集体学习时强调:推动媒体融合向纵深发展 巩固全党全国人民共同思想基础［EB/OL］. http://politics.people.com.cn/n1/2019/0126/c1024-30591056.html.

［10］习近平主持召开中央全面深化改革委员会第十四次会议［EB/OL］. www.xinhua

net.com.

［11］习近平致新华社建社 90 周年的贺信［EB/OL］. https://baijiahao.baidu.com/s?id=1
715661601680524239&wfr=spider&for=pc.

［12］中国共产党第二十次全国代表大会开幕会文字实录［EB/OL］. http://www.news.
cn/politics/cpc20/zb/xhwkmh1016/wzsl.htm.

［13］本部分内容引自刘建华 . 区域融媒体在文化传播中的责任与实践[J]. 新闻战线，
2023（11）:98-100.

［14］习近平 . 高举中国特色社会主义伟大旗帜　为全面建设社会主义现代化国家而
团结奋斗［M］,北京:人民出版社,2022:18,42-43.

［15］习近平出席文化传承发展座谈会并发表重要讲话［EB/OL］. https://www.gov.cn/
yaowen/liebiao/202306/content_6884316.htm.

［16］习近平对宣传思想文化工作作出重要指示［EB/OL］. https://baijiahao.baidu.com/s
?id=1779185774732365059&wfr=spider&for=pc.

县级融媒体中心传播文化强符号的
逻辑动力与实践方向[1]

    党的十八大以来，习近平总书记把宣传思想文化工作摆在治国理政的重要位置，就文化建设提出了一系列新思想、新观点、新论断，构成了习近平新时代中国特色社会主义思想的文化篇，形成了习近平文化思想。"九个坚持"中的"坚持文化自信是更基础、更广泛、更深厚的自信，是更基本、更深沉、更持久的力量"，深刻揭示了文化对于一个国家、区域、民族、组织和个人生存发展的极端重要性，一个拥有自己独特文化的国家、区域、民族、组织和个人，必然拥有取之不尽、用之不竭的力量源泉，必然能够生产出满足人民日益增长的美好生活需要的精神产品和物质产品，从而促进整个经济社会的发展进步。十年来，作为精神内容产品生产和传播的重要力量，媒体业在不断革新的新技术推动下快速融合发展转型，且初步实现了预期目标。2013年8月，习近平总书记在全国宣传思想工作会议上指出，"要适应社会信息化持续推进的新情况，加快传统媒体和新兴媒体融合发展"。2018年8月，习近平总书记在全国宣传思想工作会议上指出，"要扎实抓好县级融媒体中心建设，更好引导群众、服务群众"。2022年10月16日，习近平总书记在党的二十大报告中指出，"加强全媒体传播体系建设，塑造主流舆论新格局"。经过6年的改革发展，作为全媒体传播体系的重要组成部分，绝大部分县级融媒体中心已形成一定的传播力、引导力、影响力和公信力，初具新型网络主力军气象。"有了全国2800多家融媒体中心这支生力军的加入，党的新型主力军

---

[1] 本文原载于《中国出版》2024年第17期。

翻倍增长，扩充了新闻生产队伍，中国传媒融合创新迎来了巨大的生产机遇。"为了不断提高"引导群众、服务群众"的能力，逐步建成面向基层的主流舆论阵地、综合服务平台和社区信息枢纽，县级融媒体中心当前的两大任务是做好基层舆论引导和构建区域文化体系，巩固人民团结奋斗的共同思想基础，为经济社会发展提供精神力量和智力支持。在区域文化体系构建方面，既有地方经济社会发展的客观要求，又有融媒体中心自身内容生产的主观要求；既有中央和各级党委政府的行政要求，又有本土文化产品"走出去"的市场要求；既有融媒体中心与文化生产传播的历史亲缘要求，又有地方党委政府"治县理政"抓手与平台的现实功能要求。因缘于这种种要求与背景，县级融媒体中心需要清醒认识自身内容生产短板，主动肩负起县域形象传播的历史重任，深刻把握文化品牌与文化符号媒介规律，科学塑造恒远生命文化强符号，不断提高内宣外宣能力，实现传播良好区域形象、促进域外资源资金资本技术人才不断流入的历史任务与时代目标。

一、县级融媒体中心的内容生产短板

1. 本地新闻资源相对缺少

作为基层媒体，县级融媒体中心一直面临的问题就是本地新闻资源相对匮乏。随着新媒体新业态的不断涌现，传受关系在时间和空间上得到很大解放，碎片化阅读和快餐文化消费已成为常态。这就需要各个媒体尽可能多地发掘新闻资源，生产丰富多元的媒体产品以满足用户需求。只有这样，才能保持自身的媒体特性，进而在激烈的竞争中保持自身的竞争力。但是，县级融媒体中心目前仍属于新兴事物，成立时间较短，再加上县域新闻环境相对不够成熟，新闻资源相对缺乏，而现有的新闻资源不足以支撑其无止境的报道要求，大多县级融媒体中心陷入内容生产困境。同时，"目前大部分县级融媒体中心的用户思维依旧落后，对于自身媒体受众的认识了解不深入，并未开始汇集、剖析目标用户定位、用户特征以及用户画像等"。县级融媒体中心主要依赖上一级媒体平台或者商业社交平台的数据库，去了解受众、潜在用户和新闻资源，深度挖掘用户数据和新闻资源进行内容生产的能力相对不足。

县城地域相对狭小，常住人口相对较少，行政组织和企事业单位相对不多，经济、文化、教育、社会、生态的变动频率相对不高，新闻事件发生率必然相对较低，这是县级媒体进行内容生产的先天不足。

2. 融媒体产品生产理念相对偏狭

县级融媒体产品生产理念相对偏狭主要表现为以下方面。第一，从融媒体产品的内容构成来看，大多限于政策与领导活动报道。县级融媒体中心作为我国意识形态工作和思想宣传工作的前沿阵地和主战场，始终坚持党的领导，贯彻党性原则，遵循党的理论路线、方针政策以及贯彻落实党中央的重大决策部署，做好这些方面的宣传报道是媒体的应有之义，但除此之外还应有其他类型和题材的报道，这恰恰是县级融媒体中心的重大不足。第二，从融媒体产品的介质形态来看，相对较为单一。大多县级融媒体中心以微信公众号的推文或是电视台播出的电视新闻为主，与上一级融媒体中心和商业新媒体相比，产品比较单一，当然也有做得较好的，如长兴传媒集团的"掌心长兴"，"做好短视频、H5、融合直播等多样化产品，用新媒体渠道开展主题宣传，让新媒体平台成为基层舆论引导的主阵地"。第三，从融媒体产品的受众来看，大多局限于体制内人群。县级融媒体中心面对的大部分是县域内的受众，目前占较大比例的是体制内人员，他们根据单位的相关要求对当地的县级融媒体产品进行浏览、阅读或转发，体制外及广大乡村的受众相对不足，县级融媒体中心几乎成为了"体制内人员的专属媒体"而非"大众传媒"。第四，从融媒体产品的表现手段来看，技术应用创新欠缺。大部分融媒体中心现有工作人员来自传统媒体，对新技术的运用相对不够熟练，创新意识和创新思维相对欠缺，生产时尚多元新媒体产品吸引年轻受众的能力相对不足。此外，在融媒体产品的传播渠道和呈现终端方面，还有诸多不足，需要努力构建自主把控的传播矩阵。

3. 本土文化资源挖掘力度相对较小

随着文化强国与乡村振兴等战略的不断落实推进，县级融媒体中心作为基层主流媒体被赋予着越来越重要的意义，对本土文化资源的关注传播是其重要任务。"本土文化建设的内涵有价值引领、思想教育、传承与发展地方文化资源、丰富地方居民的精神文化生活、建构地方形象等等。"当前，有些县级融媒体中心下手较快，对本土文化资源的利用可圈可点。譬如，北京市东城区融媒体中心，通过《新东城报》"都市阳光""美丽东城""北京东城"等平台，挖掘报道东城区所属的南锣鼓巷、雍和宫等历史人文资源，取得了较好的传播效果。内蒙古满洲里市融媒体中心积极传播草原新丝路文化、民族文化、美食文化、边城文化及额尔古纳河等自然景观文化，有力吸引了市内外受众，彰显了较大的传播力和影响力。然而，现实情况是大部分县级融媒体中心仍然面临着本土文化资源挖掘力度相对较小的困境，在思想理念和行动路径上都还没找到合适的突破口，需要通过行政、学界、业界与消费者的多方合力去解决这个问题。

4. 融媒体生产技术相对滞后

县级融媒体中心由于人才和资金的原因，生产技术相对滞后也是一种必然，是需要持续下大力气解决的问题。新技术新应用对融媒体的生产和发展十分重要，可以说"得新技术者得天下"。在数字技术、网络技术、移动技术和智能技术不断革新的背景下，云计算、元宇宙、AR/VR/MR、5G、ChatGPT，Sora 等不断涌现，使融媒体如虎添翼，不断扩大生产和拓展市场，成为地方党委和政府"治国理政"的重要抓手和平台。做得较好的如浙江省温岭市融媒体中心，该中心拥有较强的技术保障和研发能力，开发"村社传播通"数改应用，探索分众化精准传播路径，以"掌上温岭"APP 为主平台建立多维度用户标签库，注册用户数 70 万，信息阅读率和闭环处置率达90% 以上，该应用是唯一根据县级融媒体传播改革打造的重大应用，获评全省数字化改革最佳应用、省改革突破提名奖、省智慧广电创新大赛金奖。然而，更多的融媒体中心在这方面裹足不前，需要大力研发和引进新兴技术，建设健全智能化的媒体融合生产传播平台，利用新技术生产出个性化、精准化和定制化的内容去提升用户黏性，不断提升县级融媒体中心的传播效能。

5. 全媒体人才创新能力相对不足

县级融媒体中心全媒体人才创新能力相对不足表现为以下方面。第一，传统的人才管理模式不再适用。县级融媒体中心中来自传统媒体的人员一般年纪较大，虽然有较为丰富的媒体从业经验，但创新思维与创新意识明显不足，难以迅速适应新媒体要求，未能生产出年轻受众所喜闻乐见的产品。第二，融媒体中心对创新性的要求不够。大部分县级融媒体中心的领导层一味要求工作人员做政策性新闻产品，这些内容本身就比较常规，创新性先天不足。第三，具备创新性的全媒体"新鲜血液"较少。年轻的全媒体从业者在毕业以后，大部分希望在"北上广深"等媒体资源相对丰富的大城市发展，而非来到一些县级融媒体中心工作，人才匮乏导致的创新不足也是一种必然。为此，融媒体中心应对外招引与对内培育并举、"走出去"与"请进来"并重，及时"输血、换血"，激发人才队伍活力，一是引入"新鲜血液"，实现队伍年轻化；二是实行"内外兼修"，实现队伍专业化；三是拓展"编外力量"，实现队伍综合化。通过多措并举，整合各方人才资源，不断实现生产经营创新。

二、县域形象传播的迫切性和必要性

1. 塑造良好外部声誉、吸引优质资源、促进本县经济文化发展

"美国学者凯文·林奇在《城市的印象》这本书中，将城市印象定义为城市居民中多数人拥有的共同心理图像，包括道路、边界、区域、节点和地标五个物理要素。""但将一座城市的形象简单归结为上述五个要点，只体现了一座城市的外在特征表现，而一座城市，不仅有钢筋水泥构筑的城市框架，还有随着历史的演变沉淀的人文底蕴和精神风貌。因此，城市形象是城市物质文明和城市精神文明在人内心的感受与体验。"以象山县为例，它拥有浓厚的历史人文底蕴和丰富的文化资源。在象山当地有着彭祖养生和徐福东渡的传说。除此之外，陈汉章和殷夫革等的事迹也为构筑象山丰富的文化底蕴画上了浓墨重彩的一笔。这些传说和脍炙人口的事迹，都为象山塑造了良好的外部声誉。象山县还拥有海岛海洋等丰富的自然资源，这些都是当地的特色。因此，依托这些特色，利用县级融媒体中心，大力进行城市形象宣传，不仅能够吸引国内外游客前来游玩，也能吸引商人前来对其产业进行投资，从而促进当地经济社会快速发展。"2022年，象山县生产总值总量高达720多亿元，比2021年增长5.2%，城市化率高达62.5%，比2021年末提高0.9%，已然成

为浙江省最具发展潜力的城市之一。"这表明，利用县级融媒体中心进行文化传播，可以在一定程度上有效塑造良好外部声誉、吸引优质资源、促进本县经济文化发展，当然，这也正是地方发展的长期内在需要。

2. 提升县域品牌影响力、有效输出本地产品

"酒香也怕巷子深"，这对于县域品牌产品而言更是至理名言。作为地方经济文化代表的品牌产品，要不断拓展区域内外甚至国外市场，除央省市级权威媒体助力外，县级融媒体中心因其地方性与网络世界性的特点，更是本地品牌产品有效输出的重要媒介。近年来，全国各地因融媒体中心的助力涌现出一大批家喻户晓的县域品牌。譬如招远市的"农鑫优选"，建立起了"一个公共品牌＋多个子品牌"的"1+N"品牌展销模式，打造了以苹果为主，粉丝、甘薯、畜禽、花生、茶叶和蚕桑齐头并进的"1+6"产业集群。为了扩大这些品牌产品的影响力，融媒体中心在抖音、快手等平台以及"两微一端"进行内容发布，让更多的人了解到当地产品，促进了有效输出。其他地方品牌还有千岛湖的海鲜，依安的大鹅、紫花油豆角，高邮的咸鸭蛋，等等，都是优秀的县域品牌，需要县级融媒体中心在宣传推广有效输出方面持续助力。

3. 形成共识、凝聚力量、团结县内外人民奋力建设美好家园

融媒体中心进行有效的县域形象传播，在形成共识、凝聚力量、团结县内外人民奋力建设美好家园等方面发挥着至关重要的作用。"以桐城为例，当地媒体曾经以清代'六尺巷'的故事为蓝本，创作了一系列优秀的艺术作品。同时结合当地特色，拍摄了黄梅戏剧作《桐城六尺巷》，融合黄梅戏唱腔的现代歌曲《六尺巷》。"这些作品以互联网、电视等为载体广为流传，深刻影响着大众。当地群众以这些文化为荣，主动运用网络平台，积极投身到家乡形象的营造和传播行列中，唤起并巩固更多乡人的本地文化认同。再如浏阳的花炮产业，从唐朝发展至今，已经有了上千年的历史，积累和沉淀了丰富的价值内涵，在浏阳融媒体中心的不断宣传推广下，被国内外更多的人所认识，花炮文化成为浏阳显著的标签，其文化内涵和外延不断丰富，甚至成为浏阳人的精神图腾，发挥了强大的凝心聚力作用。在形成

共识、凝聚力量的目标牵引下，融媒体中心可以整合多方力量，掌握团结县内外人们奋力建设美好家园的主动权。如引导本地 UGC 和 PGC 的力量，借助社交媒体平台有效传播县域形象，提炼本地文化标识，构建区域文化体系，形成本地共同思想基础，迸发强大精神力量，促进县内外人民凝心聚力建设美好家园。

三、文化品牌是展示良好县域形象的载体

1. 什么是文化品牌

县域形象在县级融媒体中心的宣传过程中至关重要，而县域文化品牌是展示良好县域形象的载体。文化品牌是指通过不断建立、传播和维护品牌的形象，对受众产生积极影响的一种文化传播符号。县域文化品牌是指县内所有有知名度及影响力的文化产品和农林工商产品的总称。如"福茶"就是典型的县域文化品牌，"近年来，习近平总书记在大国外交活动中多次提到茶文化，盛世兴茶，弘扬茶文化"。"福茶"通过线上线下宣传推广，抓住"一带一路"发展契机，已成为有国际影响力的文化品牌。文化品牌本质上也是一种文化强符号，能够成为文化强符号的不外乎以下六类（当然这六类之间也有重叠交错）：名人（如苏轼、杜甫等）、名事（如赤壁之战等）、名物（如故宫等物质文化遗产和越剧等非物质文化遗产）、名地（如九寨沟等风景名胜）、名牌（有名的农林渔业工商产品如桂林米粉、鸭鸭羽绒服、齐齐哈尔烤肉等）、名作（如《红楼梦》《聊斋》《茶经》等）。我们需要利用融媒体中心，不断丰富这些文化品牌符号性价值的内涵和外延，朝更多的"老字号"文化品牌目标迈进。

2. 文化品牌本质上是一种传播媒介

文化品牌不单指一种文化强符号，它在本质上更指的是一种传播媒介。以"福茶"品牌的建设为例，结合"一带一路"背景，可以从 5W 角度进行分析。即福茶文化品牌的传播者——政府、传播内容——茶文化本身、传播媒介——"福茶"品牌本身、传播对象——"一带一路"共建国家和地区的众多消费者、传播效果——福茶文化自身的传播效果。"福茶"这个文化品牌

本身就是一种传播媒介。政府作为文化品牌的传播者，为其搭建了一个传播平台，促进了闽茶贸易；茶文化本身作为传播内容，有着深厚的人文积淀和丰富的精神内核。"林锡翁《咏贡茶》曰：'百草逢春未敢花，御茶葆蕾拾琼芽。武夷真是神仙境，已产灵芝又产茶。'后世文人对武夷茶的珍爱，又超越了前辈对北苑茶的钟情。"作为传播媒介的"福茶"品牌自身，不仅具有商业价值，还蕴含着丰富的文化价值。作为传播对象的"一带一路"共建国家的众多消费者，不仅可以通过茶文化进行交流，还可以进行文明互鉴。福建省政府加大力度扶持企业参与茶叶区域公用品牌营销推广，提升了"福茶"的品牌影响力，促进了茶文化的传播，达到了良好的文化品牌传播效果。除"福茶"以外，像广东高州荔枝、安吉白茶、莲花血鸭、邳州银杏等都是文化品牌，也都是传播媒介。

3. 文化品牌蕴含县域文明的核心精神标识

习近平总书记在党的二十大报告中的文化部分提出了精神标识的概念，如中华文明的"精神标识"。中华文明的精神标识，是中华民族在世界文明图谱中的"身份证"和"识别码"，它鲜明地投射出中华文明的精神特质，凝结着中华文明的精神内核，流淌着亘古至今的精神血脉。深入理解中华文明的精神标识，需明确其重要价值，把握其提炼原则，厘清其主要来源。在文化品牌的背后，同样也蕴含着精神标识，即专属于该文化品牌和本地文化的精神符号。譬如武术，在我国有着悠久的历史，它结合中国古代的儒家等各家思想，形成了别具一格的武术精神，这种精神也影响着中国人。今天，武术中蕴含的精神标识在新时代的社会主义核心价值体系中也迸发出了新的要义，比如爱国等社会主义核心价值观的内容。京剧作品蕴含着丰富的精神标识，如京剧唱腔就是其表演的灵魂所在，它以旋律和表达方式独特而出名，共同构成了音乐体系的灵魂。县级文化品牌也都蕴含着该县域文明的核心精神标识。如安吉白茶，蕴含的是"绿水青山就是金山银山"这个精神标识；江西吉州区的白鹭洲书院，蕴含"兴理学、明节义"的精神标识；海淀区的古建筑等文化品牌蕴含都城深邃厚重的精神标识。诸如此类的精神标识就代表了该县的良好形象，传播好了文化品牌就传播好了县域形象，进而也不断凸显了品牌的文化强符号特性。

四、符号学视域下的地方文化品牌价值

瑞士语言学家索绪尔在他的《普通语言学教程》中提出了符号学中的能指与所指的概念。"能指"也叫作意符，是指语言的声音或形象，"所指"也称为意指，是指语言所反映的事物的概念或意义。索绪尔认为，任何语言符号都是由"能指"和"所指"构成的。地方文化品牌作为地方文化在传播过程中的重要符号，也有它的"能指"与"所指"，即"外延"与"内涵"。我国也有一些具有典型性和代表性的地方文化品牌。如河南洛阳的"洛阳三彩"。它的出现，在中国的陶瓷发展史上留下了浓墨重彩的一笔。"洛阳三彩"是在"唐三彩"的基础上不断发展而来的。它不仅传承了"唐三彩"的工艺技术，还在此基础上进行了创新和发展。它的内容和题材相较于"唐三彩"更加丰富，并且突破了"唐三彩"在工艺、色彩等方面的局限，相比于"唐三彩"也更加精美。"洛阳三彩"作为地方优秀文化符号和文化品牌的代表之一，"不仅是历史和当下的完美融合，更是传承和革新的辩证统一"。它不仅是中国陶瓷史上顶级陶瓷制作技术的闪亮"名片"，而且见证了历史的变迁，在国际上也影响深远，更在一定程度上促进了陶瓷文化在国内外的交流与传播。"地域文化经过各个历史时期的发展与沉淀，形成了具有本地区特色的物质与精神。"诸如"洛阳三彩"这样的地方文化品牌对于地方经济社会的发展意义重大。它们不仅承载着大众消费者的集体记忆，更汇聚了民族情感，在一定程度上反映了当下的社会价值和当前的时代精神。随着地域文化品牌的不断发展，这些地方文化品牌形成了独具特色的符号定位。在此基础上，它们也通过与当地的地域性县级融媒体中心合作，进行符号化叙事，增强了品牌影响力，带动了地方的经济社会发展，让越来越多的人了解到了这些地方文化品牌以及其背后蕴含着的艺术精神和工匠精神。再比如江西省莲花县的特色——"莲花血鸭"。它是一道赣西的名菜，因文天祥在江西莲花和勤王义军歃血为盟的故事而出名。以莲花血鸭菜肴及其制作技艺为主体的多种文化元素逐渐演化形成了一种具有鲜明地域特色的非遗。"这些文化元素包含养

殖、烹饪、节令祭祀、饮食礼仪等。随着时间的推移，这道菜肴已经融入了当地民俗，成为莲花文化的符号，并随着人口流动和地域交流被广泛传播。"莲花血鸭于人们而言，已经不仅仅是一道美味的菜肴了，更是许多人提到江西莲花时率先想到的美食代表之一。如今，莲花血鸭的传播已经不仅仅局限在当地，它被送到了全国各地的餐桌上。除了百姓餐桌，甚至在许多正式的筵席场合也可以看见它的身影，它已经逐渐成为富有特色的江西地方饮食文化的代表之一。在当今的时代，与"洛阳三彩""莲花血鸭"等相似的地方文化品牌比比皆是，比如景德镇的陶瓷、高邮的咸鸭蛋等，它们已经超出了单纯的品牌范畴，成为具有代表性的文化符号。在县域媒体的宣发之下，这些富有地方特色的文化符号得到了传承和发扬，被更多人所熟知，这也是新时代赋予这些地方文化品牌和县域媒体的要求。因此，对于融媒体中心来说，当下最重要的工作之一就是通过自身的媒介优势，不断挖掘本地文化品牌价值，通过文化解读和故事传播，丰富文化品牌的外延和内涵，并把蕴含这些外延和内涵的媒介产品传播给区域内外的受众，最大化助力良好区域形象构建，实现域外人才、资本、资金、技术不断流入的外宣目的。

五、县级融媒体中心是传播地方文化符号的重要平台

县级融媒体中心作为打通传播"最后一公里"的基层主流媒体，是传播地方文化符号的重要平台，可以从以下几个方面来考察。第一，从接近性来看，它可以宣传报道本地百姓的生产生活故事，通过记者的实地调查，深入百姓生活，以融媒体作品的方式呈现出来，起到宣传当地百姓生活和县域精神文化的作用。第二，从历史性来看，县级融媒体中心是有着电视台和报纸等传统媒体基础优势的，一直以来就是文化传播传承的重要阵地，产品包括电视节目、报纸、网站、微信、微博新闻等，种类繁多，形式多样，是新时代地方文化符号传播的重要平台。第三，从时效性来看，作为最基层媒体，可以第一时间发现舆情，配合相关部门挖掘事件真相，以最快的速度将调查结果公之于众，及时有效地化解社会矛盾，在快速有效传播文化动态方面当然也具有无可替代的优势。第四，从媒体受众来看，县级融媒体中心的受众

主要是县域内的人群，县级融媒体中心作为最贴近基层的媒体，不仅可以进行政令的上传下达、百姓生活的报道、提供便民信息等，还可以进行公共事务的参与和舆论引导，从而使自己成为当地人民的"生活指南"，地方文化会以"润物细无声"的方式有效地加持到融媒体中心的所有产品和服务中。第五，从融媒体中心自身的长远发展来看，在促进社会治理和乡村振兴的同时，也需要深入挖掘本土乡村文化，并作为彰显自己特色的核心资源，以地方文化的持久再生力量，实现与央省市级媒体的优势互补。

六、县级融媒体中心如何塑造地方文化强符号

1. 在传播理念上，应肩负起构建县域文化体系的历史责任

文化体系是文化各要素相互连接的整合系统，是文化特质和文化复合体的组合，是核心思想与基本行为的集合，具有文化模式化、文化整合、界限保持和体系自律四种属性。美国地理学家 J. E. 斯潘塞等认为，文化的最小单元，即文化的某个项目，无论它是人的某一行为还是使用的某一工具，都是文化特质。文化体系是某个区域某个团体为自己的生存而设计，经过历史传承和沉淀形成的一种有明显辨识度的自给自足的体系，区域有自己的文化体系，民族有自己的文化体系，行业有自己的文化体系，无论是从空间时间而言，还是从人群或行业而言，都可以拥有属于自己的文化体系，当然，这些不同的文化体系是具有相对性和历史性的，它们存在包含交错的关系。从民族层面而言，中华民族有自己的文化体系，美、英、日、韩民族也有自己的文化体系，中华民族所属的 56 个民族，又有自己的文化体系；从空间而言，中国、法国、德国因为政治和地理空间的间隔，有各国的文化体系，在一国之内，各省各市各县由于地理空间的间隔，有各区域的文化体系；就行业而言，由于行业的生产本质和规律不同，电力行业、石化行业、教育行业有自己的文化体系；就人群而言，由于人口统计特征与兴趣爱好不同，也有丰富多元的文化体系（文化圈子）。文化是人类发展进步的支撑力量，文化自信是一个国家和民族发展中最基本、最深沉、最持久的力量，文化体系对于所属的圈子、民族和国家而言，发挥着塑造共同思想基础、鼓舞群体士气

的作用，能够推动经济社会永续强劲发展。尽管区域文化的存在是毋庸置疑的，但区域文化体系却并不一定都是一种成熟的存在。有些地方的文化可能是成体系的，有些地方的文化可能是零散的自然状态，有些地方作为行政区域的历史不长，文化可能较为贫瘠，更谈不上文化体系了。需要我们把自然、零散的文化特质，通过有组织有计划的行为，转化为自觉、系统的文化体系，融媒体中心因其传媒的天然优势，历史地成为区域（圈子或行业）文化体系的组织者和构建者。融媒体有充足的社会动员能力，能够整合各种人力、物力和财力，共同塑造一个区域的当代文化体系，肩负起塑造区域文化体系的历史重任。

2. 在传播对象上，应发挥鉴别县域文化强符号的时代作用

我们经常会对文化、符号、媒介这三个概念的关系产生困惑。文化是人类一切生活方式的总和，即只要打上人类印记的东西，都可以称为文化。符号的本质是一种代表关系，即以"此"代表"彼"，有作为意义的所指和作为形式的能指，这个能指是丰富多彩的，也就决定符号的多元性。媒介是信息的中介，是可以传达意义的人事物，按照现代的说法，一切皆媒介，自然世界和人文世界的各种元素都可以成为媒介。从时间顺序上而言，符号与媒介要早于文化，当人类还处在野蛮时期时，风雨雷电声音动作都可以是符号，媒介借助符号来传达意义，符号本身也是一种媒介，文化则是随着人类文明的不断演进而理论化体系化符号化，精神文化、物质文化、制度文化构建了人们生存发展的意义世界。随着物质产品的繁荣发展，有些物质品牌具有了文化意义，反映出某些价值观和生活方式，也就成为象征符号，人们消费物质产品不仅仅是生活需要，更是精神需要，品牌产品的文化符号所指，能够表达和传递某种意义和信息，体现消费者的地位、身份、个性、品位、情趣和认同，在满足人的基本需要之外，体验社会表现和社会交流。在符号学看来，有声语言、文字、实物、衣饰、人物、事件等都可以是符号，一切人事物都具有指代功能，因此都可以是符号，自然世界和人类世界是符号化的世界。文化是媒介传播的重要内容，是传媒机构进行创意生产取之不尽、用之不竭的活力源泉，媒介要通过文字、图片、数据、声音、影像、动漫等各种符号来承载信息、传播意义。当区域文化资源与品牌产品具有很强的传播力和影响力的时候，实际上就是代表这个区域古往今来人事物的文化强符号，这些文化强符号能指形式独特，被大众传媒和人们广泛使用，体现出较为稳定的价值认同。对于县区而言，需要辨识、塑造和强化本地的文化强符号，融媒体中心恰逢其时地发挥了这一时代作用。物质品牌产品和历史文化资源都可以成为文化强符号的来源，包括儒家经典文化、历史名人、重大事件、自然风光、建筑服饰、物质产品、艺术歌舞、饮食等自然物质文化遗产和非物质文化遗产内容。譬如，江西吉安吉州区的白鹭洲书院、吉安县的吉州窑，景德镇浮梁的瑶里古镇，庐山市的白鹿洞书院，鹰潭贵溪的象山书院，浙江安吉的安吉白茶，等等，都是地方宝贵的文化资源，所在地融媒体中心应聚焦于这些文化符号，通过多种形式的宣传报道，逐步丰富其能指形式，强化其所指意义，使其成为区域内外人们熟知的文化强符号。

3. 在生产要素上，应综合利用跨产业生态资源丰富本土品牌产品的文化内涵

新媒体技术给乡村振兴带来了难得的发展机遇，在本土品牌宣传推广方面，融媒体中心利用跨产业生态资源，丰富了本土品牌产品的文化内涵。第一，充分利用农业产业资源。近年来，国家大力实施乡村振兴战略，农业生态品牌的传播越来越受到重视。一些地方的融媒体中心树立起了品牌意识，提升了品牌传播的潜力，使农业生态在向产业化发展的道路上越走越远。地方政府可以及时进行政策引导，加快乡村的农业生态品牌化进程，借助融媒体中心的传播优势，促进农村电商发展，在本土品牌认同形成的基础上，丰富其文化内涵，逐步成为融媒体生产传播的主体资源。第二，注重"内容为王"，与内容产业融合发展。县级融媒体中心本质上依然是新闻机构，内容是其安身立命之本，农业生态品牌是其重要的取材源泉，本土品牌因其地方特色和生态优势，尤为媒体受众所喜爱。这些"主要是通过有机、绿色、生态、无公害等优势特色来提升产品附加值，需要在选种、种植、管护、采摘、仓储、运输等产业链环节符合有机认证，以此打造市场竞争优势"。本土品牌，在融媒体中心的加持下，以高文化附加值走向精神产品市场和物质产品市场。

第三，要利用信息产业来增加本土品牌的文化内涵。在对本土品牌的宣传推广中，融媒体中心要充分利用信息产业优势，运用大数据技术、云计算技术和数据挖掘技术等对消费者进行画像，了解消费者对本土品牌外延和内涵的认知、态度与行为选择，从而采取适当方式方法，加厚加长加深品牌的外延与内涵，以有利于本土品牌产品占有更大的用户市场。

4. 在表达方式上，应尽可能地挖掘创新本土品牌产品的多元故事

融媒体中心应该尽可能地挖掘创新本土品牌的多元故事，促进国内外传播和地方经济发展。习近平总书记在谈到国际传播的方法时，告诉我们要善于讲故事，通过故事来实现有效传播。无论内宣还是外宣，讲故事其实是一种十分有效的方法。譬如，一些本土体育品牌，它们的宣传推广是很有故事性的，有很好的文化内涵。安踏、李宁和鸿星尔克等在近些年都采取了讲故事的国潮文化发展战略，不断提升产品质量，将国潮文化作为基本的落脚点，以此来迎合大部分爱国消费者支持国货的心理，促进国潮品牌的文化传播。在商场随处可见的"马面裙""旗袍"等具有中国传统元素的服饰，在消费它们的同时其实都在被一个个故事所吸引。又如浏阳花炮和沙县小吃，花炮文化中充盈着诸多有趣的故事，浏阳人李畋发明的烟花爆竹驱逐了山魈使得李世民的病不治而愈的故事，北宋用纸卷裹火药制成爆竹并改名为"爆仗"的故事，南宋孟元老《东京梦华录》中描写的烟花的故事，雍正皇帝登基时要在元年元宵佳节庆祝传旨创新花炮上京的故事，与生产爆竹的原料土纸、土硝、硫磺、铁屑、炭末、红白泥土等相关的故事，无一不是受众所喜闻乐见的。2022 年，浏阳庆泰花炮发布了 33 款以职业命名的烟花，并以"有故事的烟花"这一主题，向世人征集与烟花相关的人生经历，为他们送上定制的浏阳烟花。受众在了解这些故事的同时，有效实现了花炮品牌的文化传播和市场拓展。"三明的沙县小吃是我们中华传统饮食文化的优秀代表之一，它因'便捷美味又富含营养'，同时'一元进店、两元吃饱、五元吃好'的价格，使其在大众之间树立起了口碑。"全国各地几乎都有"沙县小吃"的招牌，也都传播着有关"沙县小吃"的动听故事，沙县小吃已然成为当地的一个"响亮的招牌"。除此之外，还有许多本土品牌都可以通过与地方融媒体中心合作将多元文化故事讲好，扩大其影响力，这实际上也是融媒体中心自身发展壮大的重要力量支撑。

5. 在传播渠道上，应通过全媒体矩阵的多模态传播提升品牌产品的知名度和美誉度

随着网络与新媒体技术、计算机技术、算法技术与云计算技术等的发展和渗透，融媒体中心逐渐搭建起了全媒体传播矩阵，以便于更好地进行多模态传播，提升品牌产品的知名度和美誉度。全媒体矩阵指的是一个主体在多个不同的新媒体平台开设的不同账号的集合体，多模态即多种异构模态数据协同推理，多模态传播一般是指通过文字、语音、视觉、动作、环境等多种方式进行理解和表达。譬如"山东手造"品牌，在"两微一抖"等平台都有自己的账号，其相关稿件浏览量大，传播效率高，除了大流量平台如抖音、快手等搭建横向传播矩阵外，还朝着纵深方向进行矩阵搭建，由手造企业、手艺人或主流媒体选择"两微一抖"等大流量平台创造标签，形成细分领域的垂直化，专业化的纵向账号矩阵，实现横纵联合的地方文化品牌传播。在地方品牌产品的传播渠道建设上，县级融媒体中心可以有较大的担当。一是自身的传播矩阵赋能，通过自建平台和第三方平台，县级融媒体中心可以利用国有四级媒体优势和商业媒体力量，为地方品牌产品传播保驾护航。二是融合多种介质与形态的多模态传播赋能，所谓多形态主要指的是利用新媒体技术，对文字、图片、音频、视频等几种表达元素进行无极限的组合，满足不同圈子消费者的需求；所谓多介质主要指的是报刊、图书、广播电视、互联网、微信微博等不同介质的媒介形态。这其实就是一种成熟有效的多模态传播，从而实现地方品牌产品的立体式再现。三是实现新闻社会角色的赋能，融媒体中心本质上是新闻机构，发挥赋予社会角色荣誉的作用，正如梁衡在第六届范敬宜新闻教育奖颁奖仪式上说："新闻记者在改革开放40年来，捧起了100个太阳。因为这100个人的成名，没有一位没有经过我们新闻界的报道、宣传与推广。每一个名人的背后都有一双看不见的'新闻手'。"正是通过融媒体中心的社会荣誉角色赋能，地方品牌产品就不仅仅是地方属性，而且有国家甚至国际属性；不仅仅是物质属性，而且有精神文化属性；不仅仅是当代属性，而且有历史与未来属性。如此，其知名度和美誉度就不言而喻，其用户和市场也就不言而喻。

6. 在传播受众上，要生产出为国际受众所认可的高质量融媒产品

融媒体中心要宣传地方品牌产品，塑造区域文化体系，传播本土文化强符号，除了拥有巨大的本土市场和较好的国内市场，还应朝着国际市场这一更高目标迈进。"墙内开花墙外香"，反之亦然，有很好国际市场的产品，国内市场也不会弱。《边城》《江村经济》的"墙外开花墙内香"就是力证。融媒体中心在生产受国际受众认可的高质量融媒产品方面，可以从以下三方面着力。第一，从内容角度出发。以文学作品为例，"融媒 + 文学"逐渐成为国际传播的重要组成部分，譬如中原文学，"从冯沅君、师陀、姚雪垠到李准、乔典运，再到李佩甫、刘震云、阎连科、周大新等，三代豫籍作家接力完成中原文学的坚守与突破，不断寻求中原文化新的表达"。在茅盾文学奖的获奖者中，豫籍作家占据了大多数，他们被称为"文学豫军"。融媒体中心可以充分利用本土文学作家和文学作品，生产出高质量的融媒体产品。第二，从传播技术角度出发。譬如尤溪县融媒体中心，"运用大数据、云计算构建一体化融媒体中心，打造'思想工厂'的媒体智库"。在技术手段加持下，其县域形象宣传片、守摊人等融媒体产品独具地方特色，实现了很好的国际传播。第三，从传播效果角度出发。作为"世界陶瓷之都"的德化县生产出来的白瓷就在德化融媒体中心的宣传之下，被全国各地越来越多的人知晓，走出本土走向海外。"2023 年 8 月底，'中国白·德化瓷'国际巡展在德国法兰克福盛大举办，这些作品还将赴 26 个国家和地区巡展，用 5 年时间完成一场德化白瓷的'环球秀'。"河北香河的北运河，在香河县融媒体中心的融媒传播下，为国内外受众广为知晓，它不仅仅是香河的一张名片，更是香河文旅产业发展的龙头和重要组成部分。此外，全国许多县级融媒体中心正积极布局国际传播，以弯道超车的态势，尽力挖掘地方文化和本土品牌，利用新媒体技术进行生产传播，用高质量的独具地方特色的融媒体产品吸引国际受众，实现中华优秀传统文化的传承传播，共同为良好国家形象的传播添砖加瓦。

参考文献

［1］刘建华.建成新型全媒体:中国传媒融合创新的六大机遇和入口［J］.编辑之友,2022（7）:40.

［2］叶明睿,吴昊.重生之困:县级融媒体中心发展的逻辑断点、行动壁垒与再路径化［J］.现代传播（中国传媒大学学报）,2021（4）:9-14.

［3］卢剑锋,刘建华.县级融媒体中心舆论引导能力建设现状与发展路径［J］.传媒,2021（18）:23-25.

［4］李子蔚.县级融媒体的地方文化建设功能研究［D］.中南大学,2022.

［5］陈静.城市形象建构和传播研究［J］.中国广播电视学刊,2021（5）:127-129.

［6］谢礼.短视频在城市形象宣传中的传播效应——以宜宾城市形象传播为例［J］.西部广播电视,2022,43（12）:115-117.

［7］于蓝青,林蔚然.融媒体助力县域形象传播路径研究——以象山县为例［J］.新闻文化建设,2023（20）:80-82.

［8］韩飞黄.中小历史文化名城的城市形象传播研究［D］.中南财经政法大学,2020.

［9］方明,丁礼明.跨文化视域下闽茶文化发展策略研究［J］.洛阳师范学院学报,2019,38（1）:68-70.

［10］丁洁.地方品牌创新和媒介营销策略研究——以"洛阳三彩"为例［J］.艺苑,2023（1）:83-89.

［11］方晓正.地域文化符号在洛阳三彩釉画中的设计研究——以河南古都文化符号为例［D］.中原工学院,2017.

［12］李平,朱剑,李金娜,等.地方非物质文化遗产产业品牌打造与实现路径——以莲花血鸭为例［J］.萍乡学院学报,2023,40（4）:62-66.

［13］曹庆楼,毛宁静,王廷勇.5W视角下农业生态品牌传播策略研究［J］.农业科技管理,2020,39（01）:10-12,91.

［14］黄益军,杨思,林剑.基于价值链视角的非遗餐饮产业数字化转型研究——以三明沙县小吃为例［J］.科技和产业,2023,23（13）:10-15.

［15］侯巧红,刘俊娟."融媒+文学":文学豫军作品的国际传播新路径［J］.新闻爱好者,2023（12）:66-68.

［16］张敏. 县级融媒体建设要坚持移动优先和全媒体传播——以福建尤溪县融媒体中心为例［J］. 当代电视,2020（05）:95–97.

［17］太平,龙慧蕊,高静. 五彩斑斓"中国白""福籽"同心爱中华　福建以德化白瓷为媒创新讲好中华民族故事［J］. 中国民族,2023（11）:52–57.

2025年

关键词：主流媒体系统性变革

主流媒体系统性变革的几个理论问题[1]

党的二十届三中全会审议通过的《中共中央关于进一步全面深化改革、推进中国式现代化的决定》提出："构建适应全媒体生产传播工作机制和评价体系，推进主流媒体系统性变革。"这是我党深刻把握现代传播规律、深刻洞察媒体发展趋势后提出的重要改革举措。我们要全面梳理主流媒体系统性变革的思想研究，准确理解其目标定位、变革动因、基本内涵、关键举措，从理论上作出科学阐释与逻辑推演，立足媒体十年融合发展的实践基础，实施媒体全行业整体与个体的结构调整，建成全媒体传播体系，牢牢占据舆论引导、思想引领、文化传承、服务人民的传播制高点，为强国建设和民族复兴伟业提供更为强大的精神力量和舆论支持。

一、主流媒体系统性变革的提出与相关研究

"实现碳达峰碳中和是一场广泛而深刻的经济社会系统性变革。"——2022 年党的二十大报告中首次明确提出"系统性变革"。"坚持系统观念"是习近平新时代中国特色社会主义思想的重要内容。我国在系统性变革方面的研究涵盖物流业、新型能源体系、汽车业、传媒业等多个领域，有清晰的思想源流与逻辑轨迹。这些研究与论述为主流媒体系统性变革做了理论上与实践上的准备。张莹等认为，"系统性变革主要指从根本上改变产生环境或社会问题的条件或要素，其要求不仅仅是针对问题成因做出调整，而是通过系

[1]　本文为中央级公益性科研院所基本科研业务费专项资金资助项目"主流媒体系统性变革的理论框架与实践方向研究"（课题编号：2025–Y–D–CM–032）部分成果。

统的根本性改变来解决问题"[1]。吴湘韩指出，"系统性变革不是零敲碎打，而是系统谋划，注重顶层设计，纲举目张，路径清晰；不是单兵突进，而是统筹部署，立柱架梁，点面结合"[2]。魏际刚提出中国物流业系统性变革与高质量发展问题，认为物流业应以"完善体系，优化网络，调整结构、增强功能、合理布局、创造价值、整合资源、互联互通，融合发展、一体化运作、节能环保、惠及民生"[3]为着力点。杨雷提出构建新型能源体系系统性变革。潘家华等研究了碳中和进程中经济社会能源的系统性变革。浙江国资委成为国企改革的典型案例，构建国资监管大格局，实现系统性变革。车企的系统性变革成为可借鉴的典型案例，比亚迪、广汽集团、上汽集团等大型车企从产品、营销、产业链协同、干部队伍建设等多个方面入手，全面提升自身的竞争力和适应能力。在传媒领域，蔡雯等认为"'系统性变革'是系统论与社会改革实践相结合的新概念"[4]。

主流媒体系统性变革的相关研究可分为两个层面。一是对理论框架、发展趋势及认知层面的深入探讨。蔡雯等通过宏观、中观、微观三个维度，剖析了中国主流新闻媒体迈向系统性变革的路径及其面临的挑战。李彪等从战略、政策、问题及主体四个维度，论述了系统性变革的必要性和深刻内涵。胡正荣等认为，我国主流媒体系统性变革应围绕全媒体思维、技术系统、用户系统、产品系统、业态系统、体制机制和人才队伍七大方面综合施策。丁和根等认为，"主流媒体系统性变革要从系统论的理论逻辑出发，把它放在推进中国式现代化的全局、适应媒介化生态性革命的背景以及推动中国传媒业高质量发展的任务中进行系统思考"[5]。张志安等在分析2024年中国新闻业

[1] 张莹，吉治璇，潘家华."双碳"目标下的经济社会系统性变革：特征、要求与路径[J].北京工业大学学报（社会科学版），2024，24（1）：101-115.

[2] 吴湘韩.试论推进主流媒体系统性变革[J].智慧东方（新传播），2024（4）：8-13.

[3] 魏际刚.迈向物流强国：中国物流业系统性变革与高质发展[M].上海人民出版社，上海远东出版社，2024.

[4] 蔡雯，汪惠怡.中国主流新闻媒体走向系统性变革的道路及挑战[J].编辑之友，2025（1）：5-10.

[5] 丁和根等.推进主流媒体系统性变革的理论逻辑与行动方向[J].传媒观察，20242（S2）：5.

发展实践的基础上，认为"新闻业要以系统性变革的根本要求作为遵循目标，实现平台打造的影响升级、流程再造的效能提升、机制创造的绩效创新，以系统性变革推动全媒体传播体系建设"[1]。黄楚新认为，"主流媒体系统性变革是一场自我革命，目标就是建设全程媒体、全息媒体、全员媒体、全效媒体"[2]。李芸认为，"要坚持导向为魂、内容为王、创新为要，做精做强主业。遵循顶层设计、统筹安排、一媒一策、各美其美的原则，做优全媒体传播布局，做精全媒体内容品牌，构建全媒体评价体系，拓展全媒体经营模式"[3]。双传学认为，"改革要注重系统性、整体性、协同性，要把顶层设计和摸着石头过河结合起来，既在全局上谋划，又在关键处落子，防止畸重畸轻、单兵突进、顾此失彼"[4]。

二是对具体案例的实证分析。慎海雄在《扎实推进主流媒体系统性变革 牢牢掌握信息化条件下舆论主导权 奋力打造国际一流新型主流媒体》一文中以中央广播电视总台为例，认为其"媒体深度融合、推进系统性变革的最大成效之一，就是推进各类媒介形态聚合反应，电视、广播、新媒体不再泾渭分明，视频、音频、多模态交相作用"[5]。赵磊对浙江广播电视集团的深度剖析、龚荣生和赵洪潭对江西广播电视台的细致研究，以及崔学章对合肥日报传媒集团的个案考察等，揭示了媒体在系统性变革中的实践路径和成效。有学者从供应链管理、组织架构优化、内容创新等多个环节，对媒体的系统性变革进行了详尽的分析和探讨。其中值得一提的是澎湃新闻所做的大规模调整，从内容取向到 AI 技术再到人员架构，以及评价体系倾向于有影响力的产品和优秀人才等，都做了较大的改革，反映出澎湃新闻企业内部的再重构。

———————————

［1］ 张志安等.主流媒体系统性变革中的新闻生产与融合实践［J］.新闻界，2025（1）：9.

［2］ 喻瑾等.识变 求变 应变，深入推进主流媒体系统性变革［J］.新闻战线，2025（3上）：15.

［3］ 张博等.系统性变革让"老字号"焕发"新气质"［N］.中国新闻出版广电报，2025-03-05（4）.

［4］ 张博等.系统性变革让"老字号"焕发"新气质"［N］.中国新闻出版广电报，2025-03-05（4）.

［5］ 慎海雄.扎实推进主流媒体系统性变革 牢牢掌握信息化条件下舆论主导权 奋力打造国际一流新型主流媒体［J］.时事报告（党委中心组学习），2025（1）：35.

当然，当下的变革实践与理论研究还停留在探索阶段，对主流媒体系统性变革的实践基础、基本内涵、目标定位、基本要求、突破方向，以及融合发展与系统性变革的关系把握上尚显不足，需要有深刻的思想洞察和理论推演，为当前全国主流媒体系统性变革提供强有力的理论支撑与实践抓手。

二、主流媒体系统性变革的目标与定位

1. 目标

继续推进媒体融合深度发展，实现主流媒体成功转型，建成全媒体传播体系。全面建成以内容建设为根本、先进技术为支撑、创新管理为保障的全媒体传播体系，主流媒体不但挺进了网络主阵地，也成为了网民主心骨，牢牢占据舆论引导、思想引领、文化传承、服务人民的传播制高点，巩固马克思主义在意识形态领域的指导地位，巩固全党全国人民团结奋斗的共同思想基础，为实现中华民族伟大复兴中国梦提供强大精神力量和舆论支持。

聚焦顶层设计与制度供给，充分调研征询各方面意见，摸清十年融合发展家底，梳理有益经验，找到问题与不足，明晰系统性变革突破方向，做好全行业变革发展的顶层设计，中央出台针对性很强的政策保障与制度供给，地方各级党委政府根据本地实际提供相应的配套政策与制度支持。

聚焦生产传播工作机制建设，适应全媒体传播体系建设需要，着力在生产传播工作机制上进行根本性、整体性、持续性的结构调整，提高主流媒体生产环节生产力与流通环节生产力，提供适销对路的优质产品与综合服务，有效传播主流价值观，塑造社会主义意识形态，引导主流舆论，引领信息时代生存方式，建成有强大传播力、影响力、引导力、公信力的新型主流媒体。

聚焦科技创新与赋能，持续集中投入资金与人力，扶持大型主流媒体机构自主研发前沿技术，尤其是智能技术，鼓励全行业积极进行技术应用创新，成为前沿技术应用的引领者，实现先进技术对媒体社会生产总过程的全面赋能，尤其是人工智能对媒体劳动者、劳动资料和劳动对象的持续改造与深度赋能。

聚焦传播效果评价体系，紧紧围绕系统性变革主题，促使唯流量论转向，

强化有真实价值的数据权重，评估主流媒体的传播力、影响力、引导力、公信力，侧重激励有影响力的作品与优秀人才，实施动态分类分层考核，持续激发创新创造活力。

聚焦融媒体产业生态，促进传统媒体与新兴媒体的一体化发展，形成全新的全媒体产业生态系统，横向的多介质业态为主干，纵向的上下游产业为支撑，各种业态互相转换与循环，形成相互依存、共生发展的多维度系统，在协同社会系统和相关行业效益的基础上，促进融媒体产业结构功能优化，实现全行业社会效益与经济效益的最大化。

聚焦全媒体人才队伍建设，创新改革新闻传媒教育机构人才培养模式，有效构建媒体自身人才培养体系，分流现有队伍人员，激励复合型人才，提升新闻从业人员职业荣誉感，引导优秀人才向新型主流媒体集聚，实现人才辈出、人尽其才、才尽其用。

2. 定位

我国媒体融合发展的目标是建立全媒体传播体系，全媒体机构与融媒体中心是一枚硬币的正反面，无论是哪一种新闻机构，都应具备多介质多模态传媒产品的生产传播能力。融合发展是持续性动作，系统性变革是累积性结果，全媒体机构（融媒体中心）是指向性目标。在生产机制、传播矩阵、技术赋能、评估体系等方面进行系统性变革，努力实现个体一张网（平台）、行业一张网（平台）、区域一张网（平台）和全国一张网（平台），真正建成我国全媒体传播体系。融合发展作为量变式的持续性动作，是一种浅层次、局部性和阶段性的个体革新，系统性变革作为质变式的累积性结果，是一种根本性、整体性和可持续的结构调整。系统性变革需要对相互关联的要素全面发力，实现系统运行逻辑和最终目标的重塑。

从党和国家战略层面来说，推进主流媒体系统性变革关乎主流媒体是否真正挺进网络主阵地、成为网民主心骨的问题，是否真正掌握信息化条件下舆论主导权、广泛凝聚社会共识的问题。当前主流媒体在这方面还有差距，只有通过根本性、整体性和持续性的结构调整，构建适应全媒体生产传播的工作机制与评价体系，才能实现主流媒体行业系统与市场个体的彻底转型，建成新型主流媒体，占领舆论引导、思想引领、文化传承、服务人民的传播制高点，巩固全国人民团结奋斗的共同思想基础，为实现"第二个百年奋斗目标"和中华民族伟大复兴中国梦提供强大精神力量和舆论支持，这对党的前途命运、国家长治久安、民族凝聚力和向心力极为重要。

从社会发展层面来说，主流媒体除提供新闻信息之外，还可以提供国家治理、社会建设、经济发展、民生改善、文化繁荣等政务、社会、商务等综合服务。综合服务可以有力黏合受众，为主流价值观传播与社会主义意识形态塑造提供强大助力。承载综合服务的平台主要是指主流媒体的客户端，客户端作为一种平台型媒体，可以容纳不同功能的媒介形态，报刊图书、广播电视、新兴媒体等所有媒介传播都可以在客户端呈现，同时，客户端还可以提供新闻信息之外的综合服务。客户端将会作为新型主力军的主要力量发挥关键的信息传播和舆论引导作用。

三、主流媒体系统性变革的动因

1. 为强国建设、民族复兴伟业凝聚共识提供精神动力支持的需要

加强社会主义文化建设，壮大主流思想舆论，重点推动统一思想，是为强国建设、民族复兴伟业凝聚共识提供精神动力支持的需要，是实现中华民族伟大复兴的基础支撑。意识形态工作是党的一项极端重要的工作，是为国家立心、为民族立魂的工作。主流媒体是党进行意识形态工作的主阵地，是传播社会主流思想、引导社会前进方向的主战场。

党的十八大以来，以习近平同志为核心的党中央高度重视媒体融合发展和主流媒体系统性变革，从性质宗旨、发展进路等方面作出了系统性谋划和战略性部署。从习近平总书记亲自谋划、部署、推动媒体融合发展，到中央政治局以"全媒体时代和媒体融合发展"为主题进行集体学习；从2014年中央印发《关于推动传统媒体和新兴媒体融合发展的指导意见》明确要求"推动传统媒体和新兴媒体在内容、渠道、平台、经营、管理等方面的深度融合"，到2020年印发《关于加快推进媒体深度融合发展的意见》，强调"建立以内容建设为根本、先进技术为支撑、创新管理为保障的全媒体传播体系"；从党

的十八届三中全会提出"推动媒体融合发展重大任务",到"十四五"规划中明确提出"推进媒体深度融合,做强新型主流媒体",再到党的二十大提出"加强全媒体传播体系建设,塑造主流舆论新格局",党的二十届三中全会进一步提出"构建适应全媒体生产传播工作机制和评价体系,推进主流媒体系统性变革",这些要求既指出了主流媒体深度融合发展的可能性空间,亦为主流媒体高质量发展锚定了方向和目标。媒体融合发展、推进主流媒体系统性变革已成为新时代一项意义重大、影响深远的国家战略,对于更好塑造主流舆论新格局、凝聚共识提供精神动力支持具有重要意义。

随着经济科技快速发展和社会格局深刻调整,社会思想观念和价值取向日趋活跃。特别是以互联网、人工智能等为代表的信息技术日新月异,DeepSeek、Sora 等 AI 大模型被广泛应用,深刻重塑媒体形态、舆论生态、文化业态。在强国建设、民族复兴伟业的伟大进程中,"不仅有风和日丽,也会有疾风骤雨甚至惊涛骇浪",各种挑战和挫折在所难免,主流媒体要形成网上网下同心圆,使全体人民在理想信念、价值理念、道德观念上紧紧团结在一起,让正能量更强劲、主旋律更高昂,为我们的伟大实践提供更为强大的精神力量和舆论支持。

2. 为中央和地方各级党委政府治国理政、定国安邦提供综合服务的需要

面对百年未有之大变局,习近平总书记多次强调新闻舆论工作的极端重要性,指出"做好党的新闻舆论工作,事关旗帜和道路,事关贯彻落实党的理论和路线方针政策,事关顺利推进党和国家各项事业,事关全党全国各族人民凝聚力和向心力,事关党和国家前途命运"。这五个"事关",将党的新闻舆论工作与国家工作大局紧密相连,与人民群众的根本利益深度契合。历史与现实充分证明,新闻工作在治国理政、定国安邦进程中,发挥着稳定民心、维护社会和谐稳定的关键作用。《中共中央关于进一步全面深化改革、推进中国式现代化的决定》将"基本实现国家治理体系和治理能力现代化"确立为进一步全面深化改革的总目标之一。主流媒体因其公共传播属性,天然成为国家治理现代化的重要力量,新媒体新应用日益成为信息传播的主渠道、主平台。十余年的融合发展,各媒体机构基本形成"媒体+政务、服务、商务"

的格局，成为集政务服务、民生服务、商务服务、社会治理等多元功能于一体的综合服务平台，在增强党委政府社会治理效能、优化数字化公共服务体系、构建数字化问政新平台、加速智慧城市建设步伐以及培育城市品牌 IP 等方面，展现出了强大的推动力，促进了地方党委政府现代化治理能力的跃升。然而，当前互联网舆论阵地信息繁杂，受众在信息获取上呈现碎片化、娱乐化倾向。同时，部分媒体未能充分发挥综合服务功能，导致主流媒体在严肃议题设置、舆论引导能力提升、主流价值观传递以及发挥应有服务效能方面，面临严峻挑战。

3. 贯彻落实习近平文化思想、实现全媒体传播体系建设目标的需要

习近平总书记把宣传思想文化工作摆在治国理政的重要位置，围绕新时代文化建设提出一系列新思想新观点新论断，构成了习近平新时代中国特色社会主义思想的文化篇，形成了习近平文化思想。主流媒体的系统性变革是贯彻落实习近平文化思想的需要。习近平总书记指出，"做好党的新闻舆论工作，营造良好舆论环境，是治国理政、定国安邦的大事"，明确要求"掌握信息化条件下舆论主导权、广泛凝聚社会共识"，要求"把马克思主义新闻观作为党的新闻舆论工作的'定盘星'"。新形势下，习近平总书记提出"七个着力"，尤其是"着力建设具有强大凝聚力和引领力的社会主义意识形态""着力提升新闻舆论传播力引导力影响力公信力"等，都要求主流媒体系统性变革，破除体制机制积弊，充分释放创新创造活力，奏响引领主流思想舆论的最强音。具体而言，主流媒体系统性变革的目标就是建成全媒体传播体系。10 余年来，习近平总书记关于推动传统媒体与新兴媒体融合发展的论述，展示出一条清晰的演进轨迹——从"你是你、我是我"变成"你中有我、我中有你"，进而变成"你就是我、我就是你"，到"四全"媒体，最后到全媒体传播体系。我们正全力以赴突破全媒体传播体系建设的结构性障碍，以时不我待的紧迫感，努力在体制机制、组织结构、生产流程、传播矩阵、技术赋能、评价体系、人才队伍等方面实现根本性的改变，以强大的实力挺进网络主阵地、成为网民主心骨。当然，我们也要清醒地认识到，当前媒体融合发展遇到了一定的瓶颈，十年发展实践依然还未实现真正的化学融合，有些媒体甚至以各种借口放弃努力与拼搏，不愿做创新的引领者和推动者。系统性变革将成为一种巨大的推动力，促进我国媒体全行业整体与个体发生根本性、整体性与持续性的结构调整，赋能媒体社会生产总过程的生产、流通与消费环节，优化媒体劳动者、劳动资料与劳动对象，形成与中国式现代化相适应的传媒新质生产力，提升优质产品和服务的生产能力与传播能力，精准把握受众认知态势，不断增强用户黏性，打造个体、行业、区域一张网（平台），实现持久有效传播，成为有强大"四力"的新型主流媒体，传播好主流价值观和社会主义意识形态。

4.抢抓人工智能发展历史机遇、确保智能文明时代主流媒体传播主体地位的需要

当前，人工智能领域已成为国际竞争的核心战场，作为新一轮科技革命与产业变革的重要驱动力，它将深刻影响全球经济社会的发展与人类文明的演进。回溯媒体融合的探索之路，技术始终是推动媒体融合发展的基石。从数字化技术助力传统媒体实现内容的线上迁移，到互联网技术促成信息的共享与互动，再到大数据技术推动媒体精准洞察用户需求，直至如今人工智能技术深度融入新闻生产、传播以及用户互动的全流程，技术的每一次创新突破都为媒体融合注入了新的活力。从全球范围看，媒体智能化进入快速发展阶段。主流媒体必须加快适应新技术、新应用，才能牢牢占据舆论引导、思想引领、文化传承、服务人民的传播制高点。而强调统筹部署、立柱架梁、点面结合的系统性变革，在生产机制、传播矩阵、技术应用等多个维度，为人工智能的深入应用创造了有利条件，为媒体抢抓人工智能发展机遇提供了显著优势。抢抓人工智能发展机遇是主流媒体重夺舆论主导权的核心问题。随着新一代人工智能的迅猛发展，人类文明正加速迈向以数据为基本生产要素、以算法和算力为核心生产力的智能文明时代。[1]网络传播从"数字化"迈向"数智化"，以生成式人工智能为代表的新兴科技正深刻影响和改变着信

[1] 徐凌验，关乐宁，单志广.GPT类人工智能对我国的六大变革和影响展望[J].中国经贸导刊，2023（5）：35-38.

息传播格局和媒体行业生态，颠覆了原有内容生产传播的底层逻辑。[1]信息传播生态发生了深刻变革，舆论环境复杂多变，主流媒体的传播主体地位面临着诸多严峻挑战。通过系统性变革整合各类传播渠道，推动不同平台与终端的互联互通，凝聚起强大的传播合力。借系统性变革之东风，全面优化内部运行机制，积极拓展外部合作空间，以人工智能技术赋能主流媒体，更好地发挥舆论引导、价值传播和文化传承作用，为党和国家事业发展营造良好舆论氛围提供坚实思想文化支撑，确保主流媒体智能文明时代传播主体地位。

5.塑造主流舆论新格局、把握社情民意、引领社会生存方式的需要

掌握信息化条件下舆论主导权、塑造主流舆论新格局，是主流媒体系统性变革的重要出发点。当前，我国正处于经济体制深刻调整、社会结构全面重塑、利益关系复杂多变、就业方式灵活多样的关键时期，这使得社会思想意识日益多元化，舆论场愈发复杂。主流舆论与非主流声音相互交错，积极观念与消极思维不断碰撞，思想文化领域中的交流、融合与对立变得更为频繁且剧烈。特别是互联网的迅猛发展，深刻地"整合"与"重构"了人们的生产生活方式，极大地推动了舆论生态向多元化、复杂化方向发展。许多新情况、新问题在网络环境中滋生并迅速扩散，一些错误思潮也借助网络得以发酵蔓延。主流媒体需通过整体性规划与系统布局，强化互联网思维，全面推进组织架构、管理流程、运营模式、话语构建、媒体形态、平台技术等关键环节的革新，扩大主流舆论的传播力与影响力，切实走好网上群众路线，提高舆论引导的效能与水平，构建一个更加清晰、有力且高效的主流舆论新格局。

塑造主流舆论新格局还必然要求主流媒体精准把握社情民意，引领积极向上的社会生存方式。社情民意是经济发展与社会运行的"晴雨表""风向标"。在我国，社情民意多体现为社会心态，反映了特定时期内多数社会成员共有的价值理念、社会态度、社会情绪和社会需求等社会心理。社会心态作

---

[1] 邵鹏，杨舒羽.历史脉络与实践策略：主流媒体系统性变革的路径方向[J].声屏世界，2024（16）：5-10.

为一种宏观的社会心理现象，与社会变迁过程紧密相连。个体的心理需要影响整体社会心态。当个体对"美好生活的向往"未能得到满足时，不满情绪可能通过媒介传播形成群体情绪，进而影响社会行为的整体走向。网络暴力、谣言等不良网络行为，不仅扰乱网络生态，而且影响人们的认知观念与生存方式，对社会的和谐稳定构成潜在威胁。媒体需要担负起精准了解、全面掌握社会心态并担起积极干预、引导的重任，使不利舆情消弭、有利舆情长起，而这依然是当前主流媒体的不足与短板。主流媒体系统性变革是破解这一问题的必然选择，要求主流媒体"破圈""增效"，以"政治为先、导向为魂、内容为本、价值为要"的原则，构建科学、健康、积极的舆论格局，积极促进自我革新，巩固壮大主流舆论，精准把握社情民意，引领积极向上的社会生存方式，为国家发展和社会进步提供强大的舆论支持。

6. 构建更有效力的国际传播体系、提升国际传播效能的需要

国际传播能力是一个国家或执政党有组织、有目标地运用本国和他国媒体向全球公众传播信息，以塑造其国家或政党形象，进而影响他国舆论并获得国际公众认同的能力。[1] 国际传播能力关系到国际话语主导权的掌握，关系到文化传播高地的占据，更关系到"第二个一百年"奋斗目标和中华民族伟大复兴中国梦的实现。

在数字媒体技术迭代更新的推动下，国际传播格局正经历着深刻变革。然而，国际传播不合理秩序依然存在，国际舆论"西强东弱"的格局尚未根本改变，"中国音量"与"中国体量"严重不匹配。[2] 在"世界大变局"和"中国大发展"交汇的历史节点，重塑国际传播格局迫在眉睫。

习近平总书记在党的二十大报告中指出，要"加强国际传播能力建设，全面提升国际传播效能，形成同我国综合国力和国际地位相匹配的国际话语

---

[1] 高金萍.习近平国际传播系列重要论述的核心要素及价值意蕴[J].现代传播（中国传媒大学学报），2023，45（5）：1-9.

[2] 方平凡.主流媒体系统性变革：动因审思、逻辑进路与行动策略[J].特区实践与理论，2024（5）：24-32.

权"[1]。从"能"到"力"包含着国际传播影响力、中华文化感召力、中国形象亲和力、中国话语说服力、国际舆论引导力等丰富内涵，是对主流媒体能力的全面检验，是对工作力度的更高要求。作为国际传播的中坚力量，主流媒体的综合实力提升是提高国际传播效果的关键所在。

当前，如何有效地增强国际传播能力，已经成为媒体机构迫切需要解决的时代课题。推动主流媒体的系统性变革成为突破现状的关键策略。要充分利用海外社交媒体平台传播潜力，创新国际传播体制机制，全面提升国际传播效能。这将有助于提升国家的文化软实力和中华文化的全球影响力，最终形成与我国国际地位和综合国力相称的国际话语权。主流媒体系统性变革在构建更有效力的国际传播体系、提升国际传播效能的征程中扮演着无可替代的关键角色，不仅是顺应时代发展的必然选择，更是彰显国家实力、提升文化软实力、塑造良好国家形象的战略之举。

四、主流媒体系统性变革的内涵

主流媒体系统性变革是一种非渐进式变革，是由媒介技术革命性突破、生产传播要素创新性配置、传受方式颠覆性改变而促进主流媒体根本转型的发展手段。融合发展是量变式的持续性动作，系统性变革是质变式的累积性结果，量变不因质变而停止，系统性变革后的主流媒体仍将在新的层级继续融合发展。主流媒体系统性变革以生产机制、传播矩阵、技术赋能、评价体系、运营模式、人才发展为基本内涵，对这些相互关联要素进行全面、深层次的调整与优化，实现主流媒体系统运行逻辑和最终目标的重塑。

生产机制是生产体系的构造和运行规律，涵括一系列相互关联的要素与过程，它们的相互作用实现生产活动的有效运行和管理。自 2014 年实施媒体融合国家战略以来，就行业系统而言，我们的目标是建立全媒体传播体系，就行业个体来说，是建成新型主流媒体。这就要求媒体在生产机制上进行全

---

[1] 习近平.高举中国特色社会主义伟大旗帜 为全面建设社会主义现代化国家而团结奋斗［M］.北京：人民出版社，2024（46）.

面、深刻的变革，构建适应全媒体生产的工作机制。"第一，从整个传媒大行业来看，新型主力军共同构筑综合性全媒体传播体系，传统媒体和新兴媒体都有自己的位置和职责，共同为社会主义意识形态塑造与主流价值观传播发挥作用，合力为党和人民各项事业服务，构建网上网下一体、内宣外宣联动的主流舆论新格局。第二，从具体媒体组织机构来看，要生产出多模态与多介质传媒产品，实现线上线下综合传播。新型主流媒体作为一个个新闻机构，系统性变革的结果就像是太阳光一样，看起来是一种颜色，但实际上是由红、橙、黄、绿、蓝、靛、紫七种单色光组成。在全媒体这个太阳光之中，涵括了文字、图片、音视频等不同模态和原子、电子、数字等不同介质的各种色光，这些多元媒体介质既是一个结构整体，又是各自独立存在的，真正实现全媒体社会生产总过程的一体策划、一次采集、多种生成、多端发布。第三，从内容传播业务来看，全媒体传播并不是指所有媒体机构所有时候对同一新闻题材都要进行全媒体传播，全媒体传播只是一种理论要求和能力具备，并不是说每一个媒体机构都要把报刊、图书、广播电视、网站、微博、微信等各种介质的产品生产出来，根据不同题材进行或新媒体产品或传统媒体产品或全媒体产品传播，灵活进行新闻生产，最大化节约生产成本，最佳化实现传播效果。"[1]当然，新媒体生产是全媒体机构（融媒体中心）的必备基础能力。

传播矩阵指的是传播渠道布局问题，即联结传播者与受众之间的信息通道，是传播者通过多渠道、多平台和多形式的手段，实现信息最大覆盖和影响力最大发挥的战略布局。在数字技术、网络技术、移动技术和智能技术背景下，客户端是传播矩阵的主要组成部分，它既是生产平台与发布平台，也是流通平台与接触终端。主流媒体在传播矩阵的构建上，要充分发挥好移动优先的第一定律：一是建立自己能够把控的移动生产传播机制。要充分利用人工智能瞬时生产适于移动传播的产品，形成快速科学的三审三校机制，使传媒产品在第一时间通过移动端传播出来。二是借船出海实现矩阵式移动传

[1] 刘建华.建成新型全媒体：中国传媒融合创新的六大机遇和入口[J].编辑之友，2022（7）：46.

播。要借用人民号、新华号、强国号、澎湃号、抖音、小红书、脸书、推特（现名 X）等移动传播平台，构建传播矩阵，使自己的声音最大范围触达各个层级的用户。三是在内容生产上以适合移动传播的短视频、微短剧作为第一拳头产品，充分占领传播渠道，主导全社会传播矩阵的建设运营发展。

技术赋能指的是先进技术对媒体社会生产总过程的创新改造，促进媒体新质生产力的形成。要求对劳动者、劳动资料和劳动对象综合发力赋能，抢抓先进技术第一红利，迸发强大生产力，提供适销对路的内容产品与服务，满足人民日益增长的美好生活需要。技术是人类改造自然和社会的有力手段，每一次革命性的技术创新都极大地提高了人类的社会生产力，改善了人类的生存条件。当前及今后较长一段时间内，真正革命性的技术依然是数字技术、网络技术、移动技术与智能技术，层出不穷的新概念新技术新应用是这四种基础技术的延长与深化。这四种基础技术不但是媒介生态的基本生存方式，而且是人类的基本生存方式，是有别于原子媒介时代、电子媒体时代的数字时代人类生存方式，并将持续较长一段时间。在主流媒体系统性变革中，从行业到个体都要积极布局人工智能的研发与应用创新，用大模型、大数据、算力、算法等赋能生产传播全过程，提升媒体生产环节生产力与流通环节生产力，真正建成有强大"四力"的新型主流媒体。

评价体系是对主流媒体传播效果进行多维度、多层次、系统化的评估与判断的机制，由表征传播效果各方面特性及其相互联系的多个指标组成，具有科学性和实用性。在传媒"四力"中，传播力指的是媒体的生产能力，包括生产环节生产力和流通环节生产力；影响力、引导力、公信力指的是媒体的传播效果，即对用户的认知、态度、行为是否产生了作用，产生了多大作用，是正向还是负向作用，最终是否有利于主流价值观维护和社会整体进步。对于主流媒体而言，评价体系要考虑传播效果的三个层面：宏观层面是牢牢占据舆论引导、思想引领、文化传承、服务人民的传播制高点。中观层面是业务效果如信息服务、党建服务、政务服务、公共服务和增值服务等。微观层面是用户使用和满意度。原则是社会效益和经济效益评价相结合、系统性与有效性相结合、科学性与可操作性相结合、定量评估与定性评估相结合等。

在具体指标设计上，要全面注重数据权重，这些数据要避免唯流量，要考虑真正有价值的数据，考虑真实性数据。有价值的数据源于用户认知、态度和行为的动态变化，用户导向的生产思维是评价体系设计的内在逻辑，评价的最终落点就是生产者。总体而言，评价体系可以主流媒体客户端传播效果为评价对象，着力阅读量、转发量、点赞量、评论量等数据的甄选计量，评出真正有影响力的作品和优秀人才，拉开差距，加大激励，以动态考核、分层级考核的方式推动优质作品与优秀人才的不断涌现。对于不同类型的媒体，根据其具体特性和要求，指标体系可以进行有针对性的动态优化，真正发挥评价体系对于主流媒体的"指挥棒""度量衡"作用，激发人的创新创造活力。

运营模式指的是主流媒体为实现自身价值目标而采用的独特策略和管理模式，是其在日常运营活动中对内部和外部资源的组织、运作和管理的一种系统性方案。运营过程是一个投入、转换、产出的过程，是一个劳动过程或价值增值的过程，包括运营战略的制定、运营系统设计以及运营系统运行等内容。主流媒体必须坚持以社会效益为首位、社会效益与经济效益相统一，现代化企业经营管理是其发展壮大的应有之义。系统性变革强调的是根本性、整体性、持续性的结构转型，传统媒体与新兴媒体融合发展的结果就是一体化，即真正成为基于数字技术、网络技术、移动技术和智能技术而生产传播的新型主流媒体。这种新型主流媒体的组织呈现是全媒体机构或融媒体中心（尽管依然是某某日报、某某电视台之类的名称，但已经不是原来的报社、电视台等组织机构实体了），形成了适应信息时代要求的个体生产传播生态系统。一般的企业经营模式强调的是对市场作出反应的范式，这种范式不适应新型主流媒体生态系统的生存发展需要，实践呼唤新的运营模式，媒体社会效益与经济效益相统一也需要科学的运营模式。运营模式包括组织架构、管理制度、生产管理、财务管理等方面，根本目的是整合媒体内外资源，生产优质产品，提供有效服务，黏合破圈用户，引导主流舆论，吸引社会关注，促进社会进步。

人才发展指的是要培养一支全媒体人才队伍，宣传部门、媒体、高校应联动协作，共同培育能够担当时代大任的新型主流媒体生产者与建设者。全媒体人才主要包括管理人才、采编人才、技术人才和运营人才等。目前，阻碍人才发展的主要问题是人才结构不合理、聘才引才育才留才难、技术和专业人才短缺、创新意识不足、人才队伍管理方式落后、人才储备和后续动力欠缺等。一般的解决办法是优化现行管理体制，建立健全激励约束机制，优化考评机制，开拓多元化的创新思路，做好选才、育才工作，完善人员流动机制，推行共建模式，推动人才融合等。然而，这依然难以达到新型主流媒体建设和成为网民主心骨的人才要求。作为一种内容生产机构，新闻媒体竞争的关键是人才竞争，其核心优势就是人才优势，需要优秀人才进行不断的创新，生产出人民群众喜闻乐见的产品，符合党和人民的需要，符合时代的需要。

习近平总书记指出，"新闻舆论工作队伍的政治素养、理论水平、政策水平、业务能力，直接关系党的新闻舆论工作效果。要适应新形势新任务的要求，加快培养造就一支政治坚定、业务精湛、作风优良、党和人民放心的新闻舆论工作队伍"。主流媒体系统性变革的核心关键是人才队伍变革：一是要求新闻人才教育机构的系统性变革，教师队伍、课程设置、教学方式方法等都要进行根本性的结构调整，以满足新型主流媒体的人才需求；二是要求媒体机构内部人才培养模式的系统性变革，在岗位培训、继续教育、激励机制、社会保障等方面给予全新的设置，确保人才队伍有序健康地代际更替和升级；三是要求现有媒体从业人员的换血与分流，十年融合发展实际上是为主流媒体系统性变革争取时间与空间，资源、生产、技术、管理、人才等生产要素的更新升级已完成阶段性任务，对于那些无法更新与升级的存量生产要素，特别是人员队伍，要实施分流，为主流媒体系统性变革提供全行业人才保障。

五、主流媒体系统性变革的举措

1. 做好顶层设计，提供政策支持与制度保障

党的领导、政策的强力支持以及完善的制度保障，始终是我国媒体融合与创新发展的核心引领与坚强后盾。当前，我国媒体行业经过十多年的融合发展，已取得较大成绩。面对信息化与全媒体时代的大势，主流媒体的系统

性变革需要做好顶层设计，需要有更高维度的机制体制突破和更有效用的政策保障。这要求我们不仅要巩固现有成果，更要通过外部政策的精准赋能，激发媒体内部的变革活力，为媒体行业的转型升级提供不竭动力。

要充分利用全面深化改革的契机，解决长期存在的体制性障碍，为系统性变革扫清障碍。同时，要针对全媒体时代传播环境的新变化，系统应对媒体机构在传播能力、运行机制、反应速度等方面存在的不适应问题，通过优化内部管理机制，提升媒体机构的灵活性与响应速度。在人事人才、薪酬分配、绩效额度、经营制度等多个关键领域，应赋予主流媒体更多的自主权，鼓励其根据自身特点与市场需求，大胆探索、自主创新。通过建立健全激励机制，激发媒体人的工作热情与创造力，为打造具有强大影响力、竞争力的主流媒体提供坚实的人才保障与智力支持。

2. 聚焦人工智能，强化技术研发与应用创新

传媒行业作为与新一代信息技术紧密相连的领域，历经从"铅与火""光与电""数与网""云与端"的发展历程，现已步入"智与境"的新阶段。人工智能对媒体行业的影响极为深远，正全方位推动媒体运作流程各环节的深刻变革，成为媒体深度融合、迈向智能化发展的核心驱动力。推进主流媒体系统性变革，强化以人工智能技术为主的研发与应用创新，是顺应新时代媒体发展趋势、提升主流媒体影响力的必然选择。

主流媒体应充分认识到人工智能在新闻领域的关键作用，坚持以主流价值导向驾驭"算法"，确保技术应用符合社会主义核心价值观，全面提升舆论引导能力。在此基础上，主流媒体需以人工智能为引擎，综合应用其他前沿技术，积极拓展媒体服务新业态，推动媒体与社会治理、公共服务、文化教育等领域的深度融合，实现从单一传播功能向多元社会服务功能的转型升级。在技术研发方面，主流媒体应将人工智能作为系统性变革的重要抓手，推进技术自主创新：一方面，要加强与商业平台和科研机构的合作，依托合作研发和技术转化，引入先进的技术成果，提升媒体生产的技术水平；另一方面，要结合自身优势，聚焦新闻业务场景，研发具备自主知识产权的人工智能系统，形成独特的技术竞争力。自主研发并不排斥应用创新，要紧盯前沿先进技术，做新概念、新技术与新应用的应用引领者。同时，主流媒体必须高度重视技术的安全性和可靠性。在应用人工智能技术的过程中，应加强内容审核机制，确保新闻内容的真实性和可信度，避免技术滥用带来的信息失真和舆论误导。

3. 多方协同整合资源，构建全媒体生态

媒体融合实际上是一个系统性资源整合与化学融合的过程，不仅是某一行政区域内"横向"的资源整合与调适，更是从中央到地方"纵向"的技术指标与实践的耦合过程。协同整合资源是媒体融合发展的显著优势，也是其不断深化的必然产物。在这一过程中，媒体的功能不断扩展，由传统的信息服务转型为集政务服务、民生服务、商务服务、社会治理等多元功能于一体的综合服务平台。

主流媒体系统性变革是一种根本性、整体性且可持续的结构调整，其在资源整合与协同运作方面将产生更强大的效应。主流媒体应充分发挥自身优势，打破内部各部门之间的壁垒，实现新闻生产的全流程协同。通过建立智能中台等技术基座，推动数据、内容与技术的共享互通，进一步对接政府数据资源、服务资源和文化 IP，形成资源共享、优势互补的协同发展格局，将制度优势转化为巩固壮大主流思想舆论的综合优势。同时，主流媒体应以人工智能等新技术为依托，积极拓展媒体服务新业态，提升自身的造血功能，从而更好地适应新时代的传播需求，实现横向业态一体化与纵向产业链企业一体化，构建具有强大生命力的全媒体生态体系。

4. 重塑全媒体人才培养方式，提升主流媒体从业者职业荣誉感

"媒体竞争关键是人才竞争，媒体核心优势是人才优势"，要努力营造传媒领域"人才辈出、人尽其才、才尽其用"的生动局面。随着信息技术、传播格局、产业边界的不断迭代和升级，尤其是社交媒体的普及和影响力提升，新闻传播方式、媒体格局、舆论环境都在不断演化和重塑。全媒体时代，媒体形态的多样性和互动性对新闻人才提出了更高的要求。新闻工作者不仅需要掌握传统的新闻业务知识和技能，还需要具备跨领域的综合素养和创新能力，以适应新的媒体生态。这就要求主流媒体通过系统性变革重塑人才培养

方式，在具体实践中，应注意以下几点：一是完善人才培养体系，通过线上线下结合、实操演练、比赛选拔等多种方式，提升从业者的专业能力；二是加强与高校、科研院所的合作，建立联合培养机制，为媒体发展储备更多急需紧缺人才；三是推动媒体内部机制改革，打破传统用人模式，建立以业务能力为导向的评价和晋升体系，激发人才活力。

同时，职业荣誉感是激励新闻从业者坚守岗位、追求卓越的重要动力。当前，媒体融合加速推进，新闻工作者面临新的机遇和挑战。提升职业荣誉感，不仅是对从业者个人价值的认可，更是推动主流媒体高质量发展的关键。媒体机构应减少从业者"创收＋创作"的双重压力，明确岗位分工，让新闻工作者专注于内容创作。同时，给予一线新闻工作者更多技能提升空间和良好薪资待遇，增强其职业归属感和获得感。媒体机构应加强对新闻工作者的马克思主义新闻观教育，引导他们心怀"国之大者"，坚守人民情怀，将个人职业追求与国家发展紧密结合。通过记录改革实践、讲好发展故事，新闻工作者能够更好地履行社会责任，展现时代风貌。

5. 坚持全局性、整体性视角，持续评价变革效果、管控变革风险

主流媒体所进行的系统性变革，是一项极为复杂的系统工程，体制机制的革新、内容生产的重塑、技术应用的迭代以及人才队伍建设的优化等多个关键方面深度交织。鉴于此，必须从宏观的全局视角出发，以统筹协调的方式稳步推进媒体融合与系统性变革，确保各环节之间相互配合、协同共进，达成整体最优的变革成效。

持续精准地评估变革效果，是保障主流媒体系统性变革沿着正确轨迹前行的核心要点，同时也是有效管控变革过程中潜在风险的关键所在。为此，需建立科学合理的评价指标体系，定期监测和分析相关数据，及时、准确把握变革进展与成效，为后续调整与优化提供有力依据。在评价过程中，坚持效果导向，将是否有利于社会效益与经济效益相统一、是否提升主流媒体舆论引导能力、是否满足人民群众日益多样化和多层次的信息需求、是否增强主流媒体在新媒体环境下的竞争力等作为核心衡量标准。同时，需高度重视变革中的风险管控。一方面，强化技术安全管理，建立健全风险预警机制，

加强对新技术应用的监测与评估，确保技术应用安全可控；另一方面，积极应对内容风险，坚守正确舆论导向，加强内容审核机制建设，完善审核流程与标准，确保传播内容真实、合法，坚决杜绝虚假信息、有害信息传播，维护良好网络传播秩序。

（樊雅茹、郝天韵、徐雅涵、张欣然对此文有贡献）